E-Book inside.

Mit folgendem persönlichen Code können Sie die E-Book-Ausgabe dieses Buches downloaden:

461z6-p56r0-18001-26148

Registrieren Sie sich unter

www.hanser-fachbuch.de/ebookinside

und nutzen Sie das E-Book auf Ihrem Rechner*, Tablet-PC und E-Book-Reader.

Der Download dieses Buches als E-Book unterliegt gesetzlichen Bestimmungen bzw. steuerrechtlichen Regelungen, die Sie unter **www.hanser-fachbuch.de/ebookinside** nachlesen können.

* Systemvoraussetzungen: Internet-Verbindung und Adobe® Reader®

Gerstbach • Kultur und Innovation durch Raumkonzepte

Bleiben Sie auf dem Laufenden!

Unser **Computerbuch-Newsletter** informiert Sie monatlich über neue Bücher und Termine. Profitieren Sie auch von Gewinnspielen und exklusiven Leseproben. Gleich anmelden unter:

www.hanser-fachbuch.de/newsletter

Ingrid Gerstbach

Kultur und Innovation durch Raumkonzepte

Raum für kreatives Denken und
agiles Arbeiten im Unternehmen

2., überarbeitete Auflage

HANSER

Die Autorin: *Ingrid Gerstbach,* Gerstbach Business Analyse GmbH, Klosterneuburg, office@gerstbach.at

Alle in diesem Buch enthaltenen Informationen, Verfahren und Darstellungen wurden nach bestem Wissen zusammengestellt und mit Sorgfalt getestet. Dennoch sind Fehler nicht ganz auszuschließen. Aus diesem Grund sind die im vorliegenden Buch enthaltenen Informationen mit keiner Verpflichtung oder Garantie irgendeiner Art verbunden. Autorin und Verlag übernehmen infolgedessen keine juristische Verantwortung und werden keine daraus folgende oder sonstige Haftung übernehmen, die auf irgendeine Art aus der Benutzung dieser Informationen – oder Teilen davon – entsteht.

Ebenso übernehmen Autorin und Verlag keine Gewähr dafür, dass beschriebene Verfahren usw. frei von Schutzrechten Dritter sind. Die Wiedergabe von Gebrauchsnamen, Handelsnamen, Warenbezeichnungen usw. in diesem Buch berechtigt deshalb auch ohne besondere Kennzeichnung nicht zu der Annahme, dass solche Namen im Sinne der Warenzeichen- und Markenschutz-Gesetzgebung als frei zu betrachten wären und daher von jedermann benutzt werden dürften.

Bibliografische Information der Deutschen Nationalbibliothek:

Die Deutsche Nationalbibliothek verzeichnet diese Publikation in der Deutschen Nationalbibliografie; detaillierte bibliografische Daten sind im Internet über http://dnb.d-nb.de abrufbar.

Dieses Werk ist urheberrechtlich geschützt.
Alle Rechte, auch die der Übersetzung, des Nachdruckes und der Vervielfältigung des Buches, oder Teilen daraus, vorbehalten. Kein Teil des Werkes darf ohne schriftliche Genehmigung des Verlages in irgendeiner Form (Fotokopie, Mikrofilm oder ein anderes Verfahren) – auch nicht für Zwecke der Unterrichtsgestaltung – reproduziert oder unter Verwendung elektronischer Systeme verarbeitet, vervielfältigt oder verbreitet werden.

© 2022 Carl Hanser Verlag München, www.hanser-fachbuch.de
Lektorat: Brigitte Bauer-Schiewek
Copy editing: Petra Kienle, Fürstenfeldbruck
Illustrationen und Fotos (soweit im Text keine andere Quelle genannt ist): Peter Gerstbach
Layout: Eberl & Koesel Studio, Altusried-Krugzell
Umschlagrealisation: Max Kostopoulos
Titelfoto: Peter Gerstbach, gerstbach.at, bei UNLIMITED X, REHAU Gruppe
Druck und Bindung: Hubert & Co. GmbH und Co. KG BuchPartner, Göttingen
Printed in Germany

Print-ISBN: 978-3-446-46530-5
E-Book-ISBN: 978-3-446-46618-0

Inhalt

Vorwort **10**

Vorstellung der Personen **14**

1 Innovationsräume und Kommunikation **20**
1.1 Wieso Innovationsräume? 21
    1.1.1 Das Problem des Silodenkens .. 22
    1.1.2 Zusammenarbeit braucht Raum 29
    1.1.2.1 Der soziale Raum 32
    1.1.2.2 Ein Blick auf Arbeitsplätze weltweit 33
    1.1.2.3 Arbeitsplätze und Recruiting neuer Mitarbeiter 34
    1.1.3 Können Wissenschaftler das perfekte Büro entwickeln? 36
1.2 Intelligente neue Raumkonzepte 39
    1.2.1 Vier Arten von Räumen für kreatives Denken 42
    1.2.2 Vom Kleinen ins Große 44
    1.2.3 Der virtuelle Raum 48

2 Kreativität und Innovation **50**
2.1 Ein Umfeld für Kreativität erschaffen .. 51
    2.1.1 Kreativität 51
    2.1.2 Menschen sind nur kreativ, wenn sie sich wohlfühlen 53
    2.1.3 Wann sind Menschen am Arbeitsplatz zufrieden? Die Wohlfühlpyramide von Vischer 56
    2.1.4 Faktoren des Wohlbefindens . 62
    2.1.5 Kleine Teams – große Wirkung . 67
2.2 Design Thinking 71
    2.2.1 Was ist Design Thinking 71
    2.2.1.1 Design Thinking als Prozess ... 74
    2.2.1.2 Das Design-Thinking-Toolkit ... 76
    2.2.1.3 Das kreative Versprechen von Design Thinking 77
    2.2.2 Die Bedeutung von Räumen im Design Thinking 78

2.3 Innovationsmodelle und deren Einfluss auf Innovationsräume 86
    2.3.1 Steelcase-Innovationsmodelle 87
2.4 Zusammenarbeit und Wissensarbeit .. 93
    2.4.1 Wissensaufbau als Spirale 96
    2.4.2 Loop Learning 99

3 Grundlagen und Prinzipien 102

3.1 Grundlagenwissen 103
    3.1.1 Licht (Fenster und Leuchten) .. 103
    3.1.1.1 Achten Sie auf helle Räume 103
    3.1.1.2 Wählen Sie die Beleuchtung bewusst 108
    3.1.2 Decken, Wände und Boden 109
    3.1.3 Schall 110
    3.1.3.1 Was ist nun die perfekte Nachhallzeit? 111
    3.1.3.2 Nachhallzeiten messen 112
    3.1.3.3 Empfohlene Nachhallzeiten ... 113
    3.1.3.4 So verbessern Sie die Akustik in Ihrem Innovationsraum 114

3.2 Sieben Prinzipien für Innovationsräume 117
    3.2.1 Form follows function 118
    3.2.2 Struktur versus Chaos 118
    3.2.3 Räume formen Image – Marke sichtbar machen und Werte spiegeln 119
    3.2.4 Mitgestaltung 120
    3.2.5 Psychologische Sicherheit 121
    3.2.6 Analog versus digital 121
    3.2.7 Tradition und Moderne – Berücksichtigung von Generationen 124

4 Anwendung in der Praxis 130

4.1 Planung – Vorgehen 134
4.2 Ebene Arbeitsplatz 136
    4.2.1 Dein Büro gestalten 138
    4.2.2 Ablenkung am Arbeitsplatz 139
    4.2.3 Exkurs Home-Office 140
4.3 Ebene Meeting-Raum 144
    4.3.1 Gestaltung eines Innovationsraums 146

4.3.2	Grundfläche	149
4.3.2.1	Gibt es den idealen Grundriss?	149
4.3.2.2	Wie viel Raum benötigen Sie?	152
4.3.2.3	Offene Räume und Rückzugsmöglichkeiten	152
4.3.2.4	Beispiele funktionierender Grundrisse	153
4.3.3	Möbel zum Sitzen und Stehen	158
4.3.3.1	Regel Nummer 1: Ideen wollen rollen	160
4.3.3.2	Regel Nummer 2: Ideen möchten stehen	161
4.3.3.3	Produktbeispiele Sitz- und Steh-Tische	167
4.3.4	Moderationsmöbel	169
4.3.5	Technik	174
4.3.5.1	Welche Technik Sie wann sinnvoll einsetzen	176
4.3.6	Virtuelle Realität	181
4.4	Ebene Unternehmen	185
4.4.1	Was Unternehmenskultur mit Räumen zu tun hat	186
4.4.2	Die Geschichte, die ein Unternehmen erzählt, wenn du es betrittst	197
4.4.3	Neue Arbeit: weniger Hierarchie, mehr Flexibilität	205
4.4.3.1	Das neue Modell der Heterarchie	207
4.4.4	Räume für flexible Unternehmenskulturen	210
4.4.5	Räume von Führungskräften	212
4.4.6	Entwickeln Sie die Räume auch im Hinblick auf Besucher und mobile Mitarbeitende	212
4.4.7	Nutzungsszenarien mit Checklisten	213
4.4.7.1	Empfang	213
4.4.7.2	Cafeteria	214
4.4.7.3	Workshop-Bereich	218
4.4.7.4	Präsentationsbühne	225
4.4.7.5	Meetingboxen	230
4.4.7.6	Arbeitsplatz (Co-Working, einzelne Plätze, fix und flexibel)	231
4.4.7.7	Frischluftbereich	235

4.4.7.8	Bibliothek	236	**5**	**Literaturverzeichnis** **248**
4.4.7.9	Prototyping-Raum und Lager	238	**6**	**Index** **252**
4.4.7.10	Verschiedene Zonen	240		

4.5 Ausblick/Ebene Stadt-Land-Nation-Welt 241

Vorwort

Vorwort

Vor ca. 30 Jahren wohnte ich als Fünfjährige mit meinen Eltern und zwei Brüdern in Wien. Die Wohnung war verhältnismäßig groß, da meine Mutter zwei Wohnungen gekauft hatte, die sie zusammenlegen ließ. Der größte Raum war die Küche, die man betrat, wenn man den ersten Eingang nahm. Danach kam man ins Wohnzimmer, den zweitgrößten Raum. In diesem Zimmer stand im Mittelpunkt ein großer Fernseher, vor dem das familiäre Leben stattfand. Wir aßen dort, wir teilten dort unsere Gedanken und nebenbei lief immer der Fernseher. Von dort kam man in ein großes Vorzimmer, das sternförmig in verschiedene Räume führte: in das Bad, das WC, das Zimmer meines großen Bruders und in mein Schlafzimmer, gleich neben dem Zimmer meines kleinen Bruders. Mein Schlafzimmer war wirklich extrem klein, ich hatte darin nur ein Bett, einen Kasten, der angefüllt war mit Büchern, und einen Kleiderkasten, wobei eigentlich die meiste Kleidung am Boden lag.

Unsere Wohnung lag im Erdgeschoss eines großen Hauses. Man konnte durch das Fenster von meinem Zimmer in den Hof gelangen, was meine Brüder und ich auch gerne machten. Die gesamte Wohnung war stockfinster, selbst am helllichten Tag. Ich hasste diese Wohnung.

Das ist die Macht der Räume. Dieses Gefühl, meine damaligen Emotionen. Bei Räumen geht es nicht um Mathematik oder Statik. Es geht um diese tiefen, emotionalen Verbindungen, die wir alle mit den Orten haben, an denen wir leben und arbeiten. Laut Studien verbringen wir 90 % unserer Lebenszeit in Räumen. Wir sind also 90 % unserer Zeit von Architektur umgeben. Das bedeutet, dass Architektur uns auf eine Art formt, die uns gar nicht bewusst ist.

In Wien habe ich meinen eigenen Design-Thinking-Raum erschaffen. An diesem Ort haben mein Mann und ich versucht, das Ergebnis dessen umzusetzen, wenn sich Innovation mit Symbolik vereint.

Wir möchten, dass unsere Kunden diesen Raum nutzen, um ihre eigene Geschichte zu erzählen. Um sich mit anderen zu vernetzen und so eine Art kollektive Erinnerung und damit emotional aufgeladene Symbole entstehen zu lassen. Wir brauchen keine alten Griechen mehr, die uns sagen, was wir über Architektur denken sollen. Wir können uns gegenseitig mitteilen, was wir über Innovation denken.

Alles verändert sich rasend schnell. Wir alle sind zu unseren eigenen Architekten geworden. Wir brauchen keine geheimnisvollen Worte oder komplizierten Zeichnungen, damit Innovation und Veränderung akzeptiert werden.

Vielmehr können und müssen wir uns weiterentwickeln und relevante Lösungen für Probleme unserer Gesellschaft finden.

Das bedeutet, dass zukünftige Lösungen ganz anders als die aktuellen aussehen werden. Es bedeutet, dass ein Innovationsraum wie dieser auf einzigartige und individuell zugeschnittene Weise dient.

Doch letztendlich ist kein Raum zu groß oder zu klein, zu bunt oder zu schwarz für Innovation. Denn es geht am Ende darum, was in dem Raum passiert. Also um Zusammenarbeit, um einen Austausch miteinander, um Spaß und Spiel.

Es ist so wichtig, sich bewusst zu werden, was wir in Räumen erreichen wollen.

Es ist Zeit, Orte zu schaffen, an denen wir innovativ denken und kreativ miteinander arbeiten können, um eine bessere Welt zu entwickeln.

Es steht viel auf dem Spiel.

Bauten spiegeln nicht nur unsere Gesellschaft wider, sie formen sie – und zwar nicht nur in Innovationsräumen, sondern natürlich auch in Schulen, Bibliotheken, Rathäusern und dem Zuhause, wo Sie Ihre Kinder aufziehen.

Vorstellung der Personen

In diesem Buch kommen einige Personen zu Wort, deren Arbeiten mich inspiriert und fasziniert haben und mit denen ich gerne zusammenarbeite. Sie, liebe Leserin, lieber Leser, sind herzlich eingeladen, mit diesen Personen in Kontakt zu treten, wenn Sie zu der jeweiligen Fragestellung Näheres erfahren möchten.

Ewald Braith

Ewald Braith ist der Geschäftsführer von PULS Vario GmbH in Wien, einem agilen mittelständischen Unternehmen, das auf die Herstellung von Elektrotechnik spezialisiert ist.

So erreichen Sie Ewald Braith: *https://www.linkedin.com/in/ewald-braith/*

Sein Tipp, was unbedingt in einen Innovationsraum gehört: Unsere besondere Zirben-Almhütte, wo sich Innovation und Kreativität entfalten können.

Pamela Buchwald

Pamela Buchwald ist Senior Expert Digital & Content, Social Selling von T-Systems International GmbH.

So erreichen Sie Pamela Buchwald: *https://www.linkedin.com/in/pamela-buchwald/*

Ihr Tipp, was unbedingt in einen Innovationsraum gehört: Ein Blick in die Ferne. In virtuellen Spaces ist das auch sehr gut umsetzbar – fast alle unsere Räume bieten einen fantastischen Weitblick in die Natur, Seen, Berge, Meer, Ozean usw. –, um neue Energie zu tanken.

Vorstellung der Personen

Stefan Camenzind

Stefan Camenzind ist Architekt, Gründer und CEO von Evolution Design.

So erreichen Sie Stefan Camenzind: *https://www.camenzindevolution.com/, https://ch.linkedin.com/in/stefan-camenzind*

Sein Tipp, was unbedingt in einen Innovationsraum gehört: Ein Produkt, das in einen Innovationsraum gehört, wäre ein Raumdufter, der es ermöglicht, die Nutzer in unterschiedliche Stimmungswelten zu versetzen.

Andreas Droste

Andreas Droste ist verantwortlich für die internationalen Innovationsaktivitäten und ausgewählte Innovationsinitiativen mit Großkunden von T-Systems.

So erreichen Sie Andreas Droste: *https://www.linkedin.com/in/andreas-droste-74857b92/*

Sein Tipp, was unbedingt in einen Innovationsraum gehört: Es geht mir in erster Linie darum, die richtigen Themen mit den richtigen Menschen und der passenden Technologie zusammen zu bringen. Mein Kreativitätsbooster ist dabei, an Orten und mit Menschen zu arbeiten, in denen man sich wohlfühlt und die Freiräume für Empathie und Phantasie lassen.

Kai Uwe Eckmann

Kai Uwe Eckmann ist Geschäftsführer von werner works Vertriebs GmbH, einem mittelständischen Büromöbelhersteller mit der Kompetenz für hochwertigen Stauraum und modulare Empfangseinrichtungen.

So erreichen Sie Kai Uwe Eckmann: *www.werner-works.de*

Sein Tipp, was unbedingt in einen Innovationsraum gehört: ein selbsterklärendes Möbel für die schnelle und spontane Kommunikation, z. B. ein Stehtisch. Dazu noch eine gute Kaffeemaschine in der Nähe und die Gedanken sind frei!

Karim El-Ishmawi

Karim El-Ishmawi ist Architekt, Gründer und CEO von Kinzo.

So erreichen Sie Karim El-Ishmawi: *https://www.linkedin.com/in/karim-el-ishmawi-71053b64/*

Sein Tipp, was unbedingt in einen Innovationsraum gehört: In einen Innovationsraum/Kreativitätsraum gehören vor allen Dingen innovative und kreative Menschen! Die Gestaltung des Raums hängt dann ganz individuell von den Anforderungen und Nutzern ab.

Thomas Fundneiders Tipp, was unbedingt in einen Innovationsraum gehört:

Thomas Fundneider

Thomas Fundneider ist Gründer und Geschäftsführer der Innovations- und Wissensarchitekten von theLivingCore. Er realisiert seit vielen Jahren innovative Arbeitsräume und etabliert unternehmerische Denk- und Arbeitsweisen in Organisationen.

So erreichen Sie Thomas Fundneider: *www.theLivingCore.com, https://www.linkedin.com/in/thomasfundneider*

Bastian Gerhard

Bastian Gerhard ist ehemaliger Zalando Innovation Manager und aktuell als Managing Director beim Oyster Lab by Alps tätig.

So erreichen Sie Bastian Gerhard: *https://ch.linkedin.com/in/bastiangerhard*

Vorstellung der Personen

Peter Handlgruber

Peter Handlgruber ist Gründer und Geschäftsführer der Buerofreunde GmbH, einem Planungs- und Gestaltungs- und Einrichtungsunternehmen von Arbeitswelten.

So erreichen Sie Peter Handlgruber: *www.buerofreunde.at*

Sein Tipp, was unbedingt in einen Innovationsraum gehört: eindeutig eine beschreibbare und magnetisch pinnbare Wand. Solche Wände stellen herkömmliche Whiteboards einfach in den Schatten – sie geben Ideen nahezu unbegrenzten Raum.

Christine Kohlert

Christine Kohlert ist Expertin für Lern- und Arbeitswelten, Professorin für Mediendesign an der Mediadesign Hochschule München und Autorin.

So erreichen Sie Christine Kohlert: *https://www.christine-kohlert.com*, *https://de.linkedin.com/in/christine-kohlert*

Rainer Krumm

Rainer Krumm ist Managementtrainer, Berater und Autor für wertebasierte Unternehmen.

So erreichen Sie Rainer Krumm: *https://rainerkrumm.de/*, *https://de.linkedin.com/in/rainer-krumm*

Olaf Mackert

Olaf Mackert ist Senior Director Product & UX Management bei SNP Schneider-Neureither & Partner SE.

So erreichen Sie Olaf Mackert: *https://de.linkedin.com/in/olafmackert*

Wolf Wienecke

Wolf Wienecke ist Gründer und Geschäftsführer der Kommunikationsagentur Dialogbild, die Unternehmen dabei unterstützt, komplexe Themen wie Transformationen, Prozesse und Visionen mit der Hilfe von Visualisierung leichter zu erfassen und zu vermitteln. 2018 gründete er außerdem die Plattform Office Inspiration, die Tipps, Trends und Inspirationen aus der New-Work-Dimension „Arbeitsraumgestaltung" vereint.

So erreichen Sie Wolf Wienecke: *https://www.linkedin.com/in/wolfwienecke/*

Sein Tipp, was unbedingt in einen Innovationsraum gehört: Die Visualisierung der Endkunden/Anwender und ihrer Kundenwelt z.B. als Foto-Moodboard oder Illustration, um bei allen Überlegungen im Blick zu haben, wofür und für wen eigentlich etwas entwickelt werden soll.

01 Innovationsräume und Kommunikation

Wer einen Innovationsraum aufbauen will, erreicht dies nur unter einer Voraussetzung: Es gilt einen Ort zu schaffen, der Begegnungen und Gemeinsamkeiten ermöglicht und fördert – Lounge-Bereiche, Begegnungszonen etc. In anderen Worten: Es geht letztlich um Kommunikation, die Silodenken einreißt.

1.1 Wieso Innovationsräume?

Das erste iPhone wurde bereits 2007 verkauft – vor mehr als zehn Jahren. Das iPhone steht für ein neues Zeitalter, in dem sich auch die Arbeit extrem verändert hat, denn es beeinflusst maßgeblich, wann Sie Ihre E-Mails lesen, wo Sie sich über die neuesten Produkte informieren und wie Sie andere Menschen kontaktieren. Und das ist erst der Anfang: In weiteren zehn Jahren werden die künstliche Intelligenz und die virtuelle Realität dafür sorgen, dass Ihnen Ihr jetziges Büro ziemlich merkwürdig vorkommen wird.

Vielleicht werden Roboter durch die Räume laufen – die aber nicht mehr wie Roboter aussehen. Virtuelle Realitäten und die Holografie schaffen es, dass sich bestimmte Erlebnisse direkt vor Ihren Augen abspielen. Die Zimmer und auch die Einrichtung werden sich anders – intuitiver und komfortabler – anfühlen. Möbel werden so gestaltet sein, dass sie verschiedene Netzwerke unterstützen und dass sich Menschen gut zusammenfinden, um gemeinsam schwierige Probleme zu lösen. Und die Grenzen zwischen Technologie und Raum werden vollkommen verschwimmen: Einen Großteil der Arbeit übernehmen intelligente Sensoren und Spracherkennungssoftware. Sie selbst müssen dann weder Protokolle übertragen noch Telefonkonferenzen mühsam organisieren noch Mails beantworten. Es entstehen offene, natürlich beleuchtete Räume, die auf Ihr Wohlbefinden ausgerichtet sind und die den unterschiedlichen Arbeitsstilen und Persönlichkeitstypen gerecht werden. Ihr Büro wird zu einer zweiten Haut, in der Sie die beste (Arbeits-)Version von sich selbst leben können oder wo Sie sich zumindest wie in einer zweiten Heimat fühlen.

Das ist wichtig, denn die negativen Konsequenzen des derzeitigen Status quo sind schon längst spürbar: Die Mitarbeitenden werden durch das viele Sitzen müde und steif, ihre Produktivität leidet darunter. Der Austausch mit anderen Kollegen und Kolleginnen wird wichtiger. Unternehmen sind deshalb gefordert, die Räume an die menschlichen Bedürfnisse und die sich ändernden Arbeitsplatzanforderungen anzupassen. Moderne Büros müssen zum Standard werden.

Morgen werden Unternehmen in der Lage sein, Arbeitsplätze und Techniken wie nie zuvor zu managen, indem sie die Mitarbeitenden dabei unterstützen, ihre Umgebung besser zu nutzen.

1.1.1 Das Problem des Silodenkens

Viele Führungskräfte suchen nach Wegen, um durch Innovation zu wachsen. Aber die alten Methoden bzw. linearen Arbeitsweisen reichen nicht mehr aus, um Ideen voranzutreiben. Es ist jetzt wichtig, dass die Menschen in Unternehmen zusammenarbeiten und vor allem viel miteinander kommunizieren.

Und genau diese fehlende Kommunikation ist ein großes Problem in vielen Unternehmen. Den meisten ist diese Herausforderung unter dem Begriff Silodenken vertraut. Der Name kommt tatsächlich von den großen Getreidespeichern.

Aber was genau verstehen wir unter Silos und Silomentalität in der Arbeitswelt? Und warum sind sie so ein Problem?

Investopedia[1] definiert das Silodenken bzw. die Silomentalität folgendermaßen:

„Silo mentality is an attitude that is found in some organizations; it occurs when several departments or groups within an organization do not want to share information or knowledge with other individuals in the same organization. A silo mentality reduces the organization's efficiency and can contribute to a failing corporate culture."

Es ist also ein Mindset, das in Unternehmen dann auftritt, wenn mehrere Abteilungen innerhalb der eigenen Grenzen das Wissen nicht teilen bzw. teilen möchten. Wenn dem Silodenken nun über einen längeren Zeitraum nicht Einhalt geboten wird, wirkt sich das automatisch negativ auf das Unternehmen aus. Dadurch reduzieren sich Effizienz, Moral und Motivation. Zusammengefasst sinkt die Produktivität der Unterneh-

---

1 *https://www.investopedia.com/terms/s/silo-mentality.asp#ixzz5MotgcKBS*, abgerufen am 24.08.2021

menskultur. Unabhängig von Unternehmensgröße oder -struktur kann Silodenken überall und jederzeit auftauchen.

Im Gegensatz zu vielen anderen Managementbegriffen oder Hypes ist Silodenken ein Thema, das über die Jahre an Bedeutung gewonnen hat, sodass Führungskräfte ihre Teams dahingehend schulen, solche destruktiven Barrieren einerseits erst gar nicht aufzubauen und andererseits diese zu erkennen und wenn nötig auch gleich zu durchbrechen.

Es ist auch kein Zufall, dass Silodenken gerade in unseren modernen Zeiten auftritt und die meisten Unternehmen mit diesen abteilungsübergreifenden Grabenkämpfen zu tun haben. Wenn wir uns die Ursache dieser Probleme genauer ansehen, stellen wir fest, dass Silos mehrheitlich das Ergebnis eines schlecht aufgestellten Führungsteams sind.

Ich erlebe in vielen Unternehmen, dass die Führungskräfte oft nicht in funktionsübergreifenden Lösungen denken oder mit entsprechenden Aufgaben ausgerechnet diejenigen Mitarbeitenden überfordern, die schlicht und ergreifend nicht dafür ausgebildet sind und denen es schwerfällt, nachzufragen, offen zu kommunizieren und miteinander zu reflektieren.

Diese Verhaltensweisen sind aber ein Ergebnis des Silodenkens, nicht deren Ursache. Sie schaffen Groll und Zynismus innerhalb der Teams und frustrieren die meisten Menschen. Denn es scheint so, dass sie dem Problem machtlos gegenüberstehen, wenn sie es erst einmal erkannt haben. Es liegt in der Verantwortung des Führungsteams, dies festzustellen und effektive, langfristige Lösungen zu entwickeln, die skalierbar, ausführbar und realistisch sind.

Ob Unternehmen nun groß oder klein, öffentlich oder privat sind oder in dieser oder jener Branche agieren, ist egal. Wenn ein Team innerhalb des Unternehmens nicht weiß, was das andere Team tut, kommt es oft zu einer Anzahl verschiedener Missverständnisse und Probleme. Ein Team hat vielleicht eine Lösung, die das andere Team braucht – aber beide Seiten wissen nichts davon. Ich habe auch schon erlebt, dass Abteilungen absichtlich Informationen und Werkzeuge voreinander versteckt gehalten haben, um ihr eigenes Projekt über Wasser zu halten. Das Ergebnis ist eine interne Konkurrenz – keine Zusammenarbeit. Dadurch wird Zeit verschwendet und tolle Gelegenheiten werden verpasst. In der heutigen hart umkämpften Geschäftswelt, in der Start-ups nur darauf warten, langsamere Unternehmen zu überholen, ist es jedoch wichtiger denn je, Barrieren abzubauen.

Wenn Silodenken auftaucht, sollte das Ziel eines Unternehmens sein, Teams aus ihren Silos auf die gleiche Seite zu bringen.

Was passiert, wenn Silos entstehen
Wenn Mitarbeitende Informationen für sich behalten, geschieht in der Regel Folgendes:
- Die Ineffizienzen und Redundanzen zwischen den Abteilungen nehmen zu.
- Abteilungen fangen an, um Verantwortlichkeiten und Macht zu kämpfen.
- Es herrscht ein allgemeines Unwohlgefühl und ein Mangel an Transparenz.

Das alles endet mit dem gleichen Ergebnis: Das Vertrauen geht verloren. Abteilungen vertrauen einander nicht mehr, um ihre Aufgaben erfüllen oder Verantwortung übernehmen zu können. Die Moral der Mitarbeiter und Mitarbeiterinnen nimmt ab, Menschen fühlen sich isoliert, im Stich gelassen und unsicher.

Wenn Teams aufhören, miteinander zu reden, und Feedback nicht mehr geteilt wird, stagnieren Projekte. Diese Ineffizienzen allein reichen aus, um ein erfolgreiches Unternehmen zu Fall zu bringen.

Aber nicht nur die Mitarbeitende leiden darunter, auch bei Kunden zeigt sich diese Unzufriedenheit. Denn plötzlich tauchen Redundanzen auf, Optionen werden in unterschiedlichen Formen angeboten und generell entsteht ein uneinheitliches Bild vom Unternehmen.

Folgendes Beispiel illustriert dies: Stellen Sie sich vor, Sie sind Kunde eines Unternehmens, das eine Plattform für Online-Lernen anbietet. Das Unternehmen stellt Ihnen drei verschiedene Wege vor, wie Sie Ihr eigenes Video hochladen können:
- Sie lernen, wie Sie ein Video hochladen, es benennen und in einen Ordner hinzufügen.
- Sie erfahren aber auch, wie Sie ein Video überhaupt erstellen und bearbeiten.
- Und dann lernen Sie, wie Sie Ihr Video teilen können und welche Features Ihnen zur Verfügung stehen.

So etwas passiert, wenn Teams, die nicht reden, für verschiedene, aber sich überschneidende Features verantwortlich sind. Sie kommunizieren ihre Pläne nie als Ganzes und letztlich leidet der Kunde darunter.

Dieser Rückgang an Kundenzufriedenheit wirkt sich sowohl negativ auf das Unternehmen als auch auf das Produkt aus. Und es entstehen negative Gefühle innerhalb des Unternehmens. Es entsteht eine Art Teufelskreis, bis am Ende das ganze Unternehmen mit Groll und Unzufriedenheit infiziert ist.

Wie entstehen Silos?
Silos sind im Grunde Teil der menschlichen Natur: Das Kategorisieren der Welt hilft dabei, Ordnung zu halten bzw. Ordnung ins Chaos zu bringen. Silos sind also nicht unbedingt etwas Schlechtes – sie können Dinge einfacher machen. Und sie haben einen weiteren Vorteil: Wir können dadurch Probleme aus anderen Blickwinkeln – Kategorien bzw. Silos – neu betrachten. Manche Unternehmen bauen auch bewusst Silos auf, um sich schnell bewegen zu können. Dazu werden Spezialisten angeheuert, die Entscheidungen treffen.

Silos entstehen also oft, ohne dass es jemand bemerkt – denn sie bilden sich langsam und „natürlich". Je größer ein Unternehmen, desto schwieriger ist es, innerhalb dessen zu kommunizieren, und desto höher ist die Wahrscheinlichkeit, dass genau dort Silos entstehen. Das bedeutet aber nicht, dass in kleineren Unternehmen die Gefahr per se gebannt ist. Vielmehr entstehen Silos dort, wo die Loyalität gegenüber dem eigenen Team zunimmt und die Zusammenarbeit mit anderen abnimmt. Sobald ein Team eine Art Clique bildet, werden andere Menschen als Außenseiter wahrgenommen und die Bedürfnisse des Unternehmens rutschen an eine untergeordnete Stelle.

Silos beginnen aber dennoch nicht bei einzelnen Personen oder Teams, sondern entstehen immer an der Spitze. Wenn dort nicht auf die passende Kommunikation geachtet wird oder das Problem einer schlechten Kommunikation nicht ernst genommen wird, wird die Silomentalität nur schlimmer. Umso wichtiger ist, dass auch die Entscheidung, Silos einzureißen, vom Management kommt. Die Kommunikationskultur eines Unternehmens muss immer „Chefsache" sein und von oben auf den Rest des Unternehmens greifen.

Warnsignale erkennen
Im besten Fall befinden Sie sich noch nicht in einem Silo und Sie erkennen die Warnsignale, bevor es zu spät ist. Die Schwierigkeit besteht darin, zu erkennen, dass Sie sich in einem Silo befinden, wenn Sie bereits tief drinnen stecken. Denn dann scheint es normal zu sein. Deswegen sollten Sie sich bewusst immer wieder die Zeit

nehmen und einen Schritt zurücktreten, um nach Warnzeichen Ausschau zu halten:

- Teams arbeiten an verschiedenen Dingen und kommunizieren nicht, wer wofür verantwortlich ist bzw. wie der momentane Stand aussieht. Es passieren Redundanzen, die viel Zeit, Geld und Energie kosten – für mehr als ein Team.
- Die Menschen im Unternehmen arbeiten an verschiedenen Zielen. Wenn es kein gemeinsames „Big picture" gibt oder die Ziele des Unternehmens nicht im Fokus stehen, gibt es auch keine Priorisierungen. Deswegen ist es wichtig, die Ziele immer wieder bewusst zu besprechen und die Teams darauf auszurichten.
- Silodenken ist ein schleichender Prozess. Sie werden nicht eines Tages ins Unternehmen kommen und plötzlich herrschen Grabenkämpfe, von denen am Tag zuvor noch nichts zu erahnen war.
- Wenn im Team Personen plötzlich nachzulassen scheinen, dann ist es meistens nicht mangelndes Wissen, sondern einfach mangelnde Orientierung und Motivation. Stellen Sie sicher, dass das Team über alle notwendigen Ressourcen verfügt, die es für das Wachstum braucht. Achten Sie darauf, dass sich niemand übergangen oder vernachlässigt fühlt.
- Haben Sie selbst immer wieder mit denselben Menschen zusammengearbeitet? Oder wechseln Sie selber ab und zu das Team? Zusammenarbeit sollte immer auf mehreren Ebenen mit unterschiedlichen Menschen stattfinden, um eine effektive Arbeit sicherzustellen und so das Unternehmen auch bestmöglich zu unterstützen.
- Wenn Sie direkt im Management arbeiten: Ist Ihnen vielleicht aufgefallen, dass das Unternehmen an Produktivität oder Erfolg eingebüßt hat?
- Wenn Sie das Gefühl haben, dass es an passenden Systemen oder Tools fehlt, kann dies auch daran liegen, dass noch nicht intern danach gesucht wurde. Oft findet sich im Unternehmen selbst das Wissen. Auch sind Schulungen von internen Mitarbeitern und Mitarbeiterinnen sinnvoll, weil sie so voneinander lernen können und nicht unnötige Zeit und Energie bei der Suche nach passenden Schulungen verloren geht.

Die meisten Manager suchen nach externen Schuldfaktoren – Dinge, die außerhalb der eigenen Kontrolle liegen. Das ist aber nur in ganz vereinzelten Fällen gegeben. Vielmehr liegt es in der Verantwortung des Managements, das

Unternehmen erfolgreich zu führen und den Mitarbeitenden zu vermitteln, warum es so wichtig ist, dass sie als Team zusammenarbeiten. Denn nur so können auftretende Probleme schnell und einfach gelöst und dem Silodenken der Nährboden entzogen werden.

Nur weil Sie vielleicht im Moment kein Anzeichen für Silodenken erkennen, bedeutet das nicht automatisch, dass Sie niemals davon betroffen sein werden. Gerade wenn Ihr Unternehmen wächst und sich verändert, taucht Silodenken dann auf, wenn Sie am wenigsten damit rechnen. Überprüfen Sie daher alle paar Monate, um sicherzustellen, dass alles passt, und um rechtzeitig Maßnahmen zu ergreifen, die das Silodenken gleich im Keim ersticken lassen. Denn auch Ihre Reaktion auf das Silodenken sollte sich mit der Größe ändern. Je tiefer verstrickt Sie in Silodenken sind, desto schwieriger wird es, dort auch wieder herauszukommen. Umso wichtiger ist es, frühzeitig zu reagieren.

Einen möglichen Ausweg aus dem Silodenken hat Jack Welch, der ehemalige CEO von General Electrics, entwickelt. Der Zweck des Prozesses, den er Work-Out nennt, besteht darin, die Zusammenarbeit zu verbessern und Entscheidungsprozesse abzukürzen, indem die bürokratischen Hürden weniger werden. Dazu treffen sich verschiedene Personen aus unterschiedlichen Abteilungen, um Probleme und Herausforderungen zu besprechen. Erst wenn sie eine gemeinsame Lösung erarbeitet haben, geht jeder wieder in seine Abteilung, um dem Rest des Unternehmens die Lösung zu präsentieren. So kann auch gleich jeder damit beginnen, an der Lösung zu arbeiten. Ist das Unternehmen klein, reicht meist ein kurzes, informelles Treffen aus, um einen solchen Plan zu entwickeln. Je größer das Unternehmen ist, desto kreativer muss die Lösung erarbeitet sein, um sicherzustellen, dass alle Beteiligten am selben Strang ziehen.

Damit dieser Work-Out-Prozess wirklich funktioniert, muss am Ende einer jeden Sitzung eine Entscheidung getroffen werden und an dem dort entwickelten Vorgehen festgehalten werden. Je weniger diskutiert wird, desto weniger kommen Zweifel und Fragen auf und desto eher wird an einer Lösung gleich gearbeitet. Dieses schnelle Einlassen und die Beteiligung aller sind die wichtigsten Faktoren, um ein Silo einzureißen.

Letztlich entsteht Silodenken immer dort, wo es an einer guten Kommunikationskultur fehlt. Die Teams müssen ständig und immer wieder ihre Kommunikation verbessern. Aber damit beginnen muss immer das Management.

Heidi Gardner, eine Professorin an der Harvard Business School, untersuchte in ihrem Buch „Smart Collaboration", wie erfolgreiche Zusammenarbeit und funktionierende Kommunikation gemessen werden können.

Gardner hat zwei verschiedene Trends identifiziert:

1. **Spezialisierung:** In der heutigen Wirtschaft ist Spezialwissen unumgänglich. Unternehmen brauchen Experten, um neue Herausforderungen gezielt zu bewältigen. Diese Experten müssen aber abteilungsübergreifend zusammenarbeiten. Wenn diese Zusammenarbeit erfolgreich ist, steigen laut Gardners Untersuchungen auch der Umsatz und Gewinn. Denn der Kunde, den ein Unternehmen bedient, hat meistens bereits einen sehr guten Zugang zu Wissen und vertraut daher Experten mehr als jemandem, der neu auf dem Fachgebiet ist.
2. **VUCA:** Der Begriff VUCA stammt aus dem Militärischen und fasst die Herausforderungen zusammen, denen sich Unternehmen in der neuen, digitalisierten Welt stellen sollten, um wettbewerbsfähig zu bleiben. VUCA ist ein Akronym und steht für volatil, unsicher, komplex und mehrdeutig. Die Ausgangsüberlegung ist, dass das Optimum von gestern der Standard von heute ist. Die Grenzen von Branchen und Bereichen lösen sich auf. So nützen auch generelle und bisher allgemeingültige Strategien nichts mehr. Auch die bisherigen Lösungen, Denkweisen und Hierarchien sind in einer dynamischen, volatilen, unsicheren, komplexen und mehrdeutigen Welt keine Lösung, sondern vielmehr das eigentliche Problem. Unternehmen müssen sich daher fragen: Entwickeln sie eine kohärente, gemeinsame Lösung, die dieses Problem tatsächlich lösen wird? Oder konzentrieren sie sich nur auf Teile davon, die einfacher zu lösen sind, aber das Problem nach wie vor weiterexistieren lassen?

Durch eine verstärkte Zusammenarbeit innerhalb eines Unternehmens ergeben sich nun verschiedene Vorteile:
- Der Kunde wird stärker wahrgenommen.
- Der Kunde vertraut dem Unternehmen mehr.
- Gemeinsame Verantwortung stärkt das Unternehmen nach innen und außen.
- Es entsteht eine gemeinsame Zusammenarbeit mit dem Kunden.

Um Silodenken nachhaltig aus Ihrem Unternehmen zu verbannen, müssen Ihre Mitarbeiter und Mitarbeiterinnen lernen, zusammenzuarbeiten. Das funktioniert aber nicht, wenn sie ständig nur in den eigenen Abteilungen lernen. Es braucht Überbrückungsmöglichkeiten und Anreize. Spezialisierung hat immer Lücken, die es aus anderen Bereichen zu schließen gilt. Die besten Führungskräfte sind Integratoren.

1.1.2 Zusammenarbeit braucht Raum

Eine starke Einbindung der Menschen fördert eine Vielzahl an Ergebnissen, die für das gesamte Unternehmen positiv sind. So zeigt eine Studie des Gallup-Instituts, dass Unternehmen, bei denen die Mitarbeitenden sehr stark eingebunden werden, eine doppelte Erfolgsquote im Vergleich zu Unternehmen haben, die ihre Mitarbeitenden weniger stark involvieren. Auch sinken die Fehlzeiten bei einem höheren Einsatz. Dieses Engagement verbessert auch die Qualität von Arbeit und Gesundheit. So gibt es bei Sicherheitsvorfällen eine Reduktion um 48 Prozent und bei Qualitätsproblemen eine Senkung der Defekte um ganze 41 Prozent.

Während es auch für das Wort Einbindung und Engagement unterschiedliche Definitionen gibt, nutze ich folgende: Menschen verrichten gerne ihre Arbeit, weil sie wissen, wie viel sie dadurch zum Erfolg des Unternehmens beitragen.

Es zeigt sich, dass engagierte Mitarbeitende aufmerksamer und fokussierter sind. Sie achten auf die Bedürfnisse anderer Kollegen, weil sie sich mitverantwortlich für das Ergebnis ihrer Arbeit und das des Unternehmens fühlen. Je engagierter die Menschen sind, desto mehr bringen sie sich ein, indem sie sich die Meinung anderer anhören, Probleme in ihrer Tiefe verstehen möchten und ihren Kollegen dabei helfen, einen positiven Kreislauf Kommunikation und Zusammenarbeit aufzubauen.

Angesichts dieser ganzen Vorteile verwundert es, warum Unternehmen sich immer noch schwertun, Engagement zu fördern. Das liegt daran, dass die Unternehmen sich zu oft auf Dinge konzentrieren, die messbarer sind und die auf den ersten Blick einen schnelleren Erfolg versprechen. Viele Unternehmen machen Engagement nicht zu einem Teil ihrer Gesamtstrategie. Sie bieten auch ihrem Management keine qualitativ hochwertige Ausbildung an, damit diese das Engagement ihrer Mitarbeitenden richtig fördern und einsetzen lernen. Dabei ist ein erster Schritt nicht so schwierig, wie es vielleicht scheint: Sie können Ihre Mitarbeiter und Mitarbeiterinnen motivieren, indem Sie damit starten, den Zweck und die Strategie Ihres Unternehmens zu kommunizieren. Wenn die Mitarbeitenden ihre Rolle in dem Unternehmen klar erkennen und über das verfügen, was sie zur Erfüllung ihrer Aufgaben benötigen, werden sie sich auch mehr einbringen.

Autor Michael Schrage hat herausgefunden, dass es in den meisten Unternehmen vor allem an Strukturen fehlt, damit die Mitarbeitenden ihre Talente bündeln und zusammenarbeiten können. Infolgedessen bleibt das Ziel der Zusammenarbeit ohne vorhandene Systeme, die Teamarbeit unterstützen, schwer fassbar und kann auch nicht erreicht werden.

Zusammenarbeit erfolgt jedoch nicht automatisch. In den meisten Fällen ist vielmehr die Zusammenarbeit chaotisch und geradezu ineffizient, da die Menschen die sozialen, informativen und räumlichen Lösungen suchen, um effektiv zusammenzuarbeiten. Steelcase-Untersuchungen haben beispielsweise gezeigt, dass 70 Prozent der Arbeitnehmer heute sagen, dass sie bis zu 15 Minuten für die Suche nach einem geeigneten Platz für die Zusammenarbeit verschwenden, und bis zu 24 Prozent sogar mehr als eine halbe Stunde dafür brauchen.

Steelcase unterscheidet drei verschiedene Formen der Kollaboration (siehe Bild 1.1):

- **Zusammenarbeiten:** Bei der Zusammenarbeit arbeiten die Mitarbeitenden als Team zusammen, um einen gemeinsamen Zweck zu erreichen. Dabei bauen sie eine gegenseitige Abhängigkeit auf und gewinnen so neue Einsichten.
- **Kommunizieren:** Wenn ein Team kommuniziert, tauscht diese Gruppe von Menschen Informationen als Teil einer Gemeinschaft aus, aber noch nicht, um ein gemeinsames Ziel zu erreichen.
- **Koordinieren:** Beim Koordinieren arbeiten die Mitarbeitenden unabhängig voneinander und interagieren, um ihren eigenen spezifischen Bedürfnissen zu entsprechen. Dabei teilen sie zwar Dokumente und auch Informationen, nicht jedoch als Teil einer Gruppe oder eines Teams.

Effiziente Zusammenarbeit wird heute immer mehr zu einer Herausforderung, da die Mitarbeiter und Mitarbeiterinnen zunehmend über verschiedene geografische Standorte verteilt sind. Die unterschiedlichen Dimensionen liegen

1.1 Wieso Innovationsräume?

Bild 1.1 Formen der Kollaboration nach Steelcase (eigene Darstellung). Zeichnung: Peter Gerstbach.

Doch egal, wie oder wo Menschen zusammenkommen: Das Teilen von Ideen und Gedanken ist nicht selbstverständlich. Es reicht nicht, dass die Leute sich einfach zusammensetzen. Ablenkungen und geteilte Aufmerksamkeit sind in diesen Tagen Normalität.

Angesichts aller Herausforderungen für eine erfolgreiche Zusammenarbeit ist die Gestaltung des Arbeitsplatzes der Schlüssel. Es ist wichtig, die Interaktionen, Werkzeuge und Räume zu gestalten. Wenn Systeme und Technologien unterstützen, kann die Zusammenarbeit effektiver und vereinfacht werden.

Die meisten Arbeitsbereiche unterstützen heute keine kollaborativen Arbeitsprozesse. Es gibt kaum eine Wahl, wo und wie man arbeitet. Einzelne Arbeitsplätze liegen getrennt voneinander und Besprechungsräume müssen im Voraus reserviert werden. Menschen stören sich häufig, weil soziale Räume, wenn sie denn überhaupt existieren, keine Arbeitsplätze oder gar Anschlüsse für Notebooks haben, sodass dort ein Arbeiten nicht möglich ist. Deswegen werden solche Räume auch eher selten genutzt.

Menschliche Zusammenarbeit geschieht normalerweise iterativ und informell. Sie zeigt sich als verflochtene Entwicklung von persönlichen

in verschiedenen Ebenen wie z. B. der Technologieunterstützung, der tatsächlichen physischen Nähe und der Zeitunterschiede. Obwohl weniger Bedarf an einzelnen Workstations mit verteilten Mitarbeitenden besteht, steigt der Bedarf an Räumen für die Zusammenarbeit.

und virtuellen Interaktionen, die sich mehr oder minder über den ganzen Tag verteilen. Entscheidend dafür, wie und ob Informationen ausgetauscht werden können, ist der Zugang dazu. So zeigt sich in meiner Praxis, dass Räume vor allem dann genutzt werden, wenn sie über einfache Projekt- und Konferenzfunktionen verfügen (Whiteboards, gutes WLAN, mobile Möbel, aber auch technische Ausstattung). Räume mit eher geringer technologischer Ausstattung werden weit weniger genutzt. In einer idealen kollaborativen Arbeitsumgebung ist der Zugriff auf Strom und das Teilen von Daten überall und reibungslos möglich. Technologie muss einfach zu bedienen sein und sollte niemals den eigentlichen Zweck beeinträchtigen.

Damit eine interaktive Arbeit funktioniert, ist Sichtkontakt das A und O. Die richtige Anzahl an Personen und deren Zuwendung zueinander macht den Unterschied. Die Mitarbeitenden brauchen die Möglichkeit, einander zu sehen. Das fördert die Wahrscheinlichkeit, dass jemand bei einem Kollegen kurz innehält und plaudert.

Menschen, die keine individuellen Arbeitsplätze haben, halten sich auch deutlich öfter in der Nähe anderer auf. Das vereinfacht die Zusammenarbeit und viele Kommunikations- und Koordinationsaktivitäten werden direkt vor Ort getätigt.

1.1.2.1 Der soziale Raum

Ein sozialer Raum sollte immer als Mittelpunkt des Arbeitsbereichs gesehen werden. Dieser Raum ist von entscheidender Bedeutung, denn er erfüllt mehrere Zwecke: Zum einen dient der Raum als Ort der Zusammenkunft, um sich persönlich zu begegnen und Beziehungen aufzubauen. Zum anderen ist der soziale Raum wie ein Stadtzentrum, in dem sich größere Gruppen zusammenfinden. Dieser Raum ist entscheidend für die Produktivität. Der Trend zur Kollaboration gewinnt an Bedeutung. Trotzdem ist auch hier die Privatsphäre wichtig.

Die Aufgaben des sozialen Raums beinhalten:
- Implizites Wissen in Echtzeit teilen: Achten Sie darauf, dass die Mitarbeiter und Mitarbeiterinnen in Bewegung bleiben. Versuchen Sie die Umgebung so zu gestalten, dass die Menschen sich ungezwungen und zufällig begegnen.
- Unterstützung der Kommunikation: egal ob formell oder informell, geplant oder improvisiert, online oder offline.

- Ermutigung eines iterativen Austauschs, indem visuelle Tools für die gemeinsame Nutzung und den Aufbau von Ideen bereitstehen.
- Mitarbeitende werden zu Mentoren und beeinflussen so den Informationsfluss positiv.

Folgendes können Unternehmen tun, um die Zusammenarbeit zu forcieren:

- Maximieren Sie kollaborative Möglichkeiten zur Zusammenarbeit. Stellen Sie Daten, Informationen, aber auch Whiteboards, Flipcharts und Kollaborationstools zur Verfügung, um den Austausch von implizitem Wissen zu erleichtern.
- Mit Brainstorming-Tools, mit denen Mitarbeiter unkompliziert umgehen können, unterstützen Sie die Ideenentwicklung am besten.
- Nutzen Sie verschiedene analoge und digitale Informationsoberflächen.
- Ermöglichen Sie Echtzeit-Updates der Entwicklung der Projektarbeit.
- Unterstützen Sie den Übergang von analoger Arbeit zu digitaler Dokumentation.
- Machen Sie Mitarbeitende und Kundschaft zu Mitgestaltern.
- Beim Aufbau sind eine frühe Visualisierung und die Erarbeitung von Ergebnissen im Team essenziell.
- Ohne gegenseitiges Vertrauen funktioniert ein Innovationsraum nicht.

1.1.2.2 Ein Blick auf Arbeitsplätze weltweit

Traditionelle Arbeitsstile sind nach wie vor die Regel. Auf der ganzen Welt ist das am häufigsten verwendete Arbeitsplatzlayout eine Kombination aus offenen und privaten Büros. Den größten Unterschied zwischen der Wahl offener und privater Räume gibt es in Europa: So ist in England fast die Hälfte aller Büros offen angelegt (49 Prozent), während in Deutschland 54 Prozent der gesamten physischen Arbeitsplätze aus Einzelarbeitsplätzen bestehen.

Beeinflusst wird die Wahl der Bürogestaltung von der Unternehmenskultur. Die am stärksten engagierten Mitarbeitenden stammen aus Schwellenländern, in denen die Menschen andere Erwartungen an ihr Arbeitsumfeld haben als in etablierten Volkswirtschaften. Arbeitnehmende aus Entwicklungsländern wie Indien und Mexiko gehören zu den zufriedensten und engagiertesten Arbeitnehmern, während die Menschen in Frankreich, Belgien und Spanien weniger engagiert sind.

Die Analyse der Daten ergab ein Muster, das

darauf hinweist, dass das Land, in dem die Arbeitnehmenden leben, ihre Kultur und ihre daraus resultierenden Erwartungen sich darauf auswirken, wie engagiert und zufrieden Arbeitnehmer und Arbeitnehmerinnen mit ihrem Arbeitsplatz sind.

Ein Unternehmen ist ein lebender Organismus mit einem grundlegenden Zweck. Dazu ist es wichtig, dass die Mitarbeitenden alle ein gemeinsames Verständnis davon haben, wofür das Unternehmen steht und welche Ziele es erreichen will. Dieses Verständnis fördert Innovationen. Denn das Wesen von Innovation besteht darin, die Welt mit neuen Idealen zu formen und Visionen wahr werden zu lassen. Neues Wissen zu schaffen bedeutet, dass Unternehmen auch persönliche Selbsterneuerung fördern. Bei der Schaffung von neuem Wissen geht es daher genauso um Ideen wie auch um die dahinterstehenden Ideale. Für Unternehmen, die weltweit agieren, ist es wichtig, dass sie die verschiedenen Faktoren und Einflüsse allgemeiner betrachten und bestehende Annahmen in Frage stellen. Es braucht eine gemeinsame Wiedererkennung des Unternehmens nach außen, auch weltweit gesehen. Wenn ein Arbeitsplatz gut gestaltet wird, unterstützt das nicht nur die interne Unternehmenskultur, sondern kommuniziert auch die Strategie, die Marke und fördert die Verhaltensweisen, die Führungskräfte in ihrem Unternehmen sehen möchten.

1.1.2.3 Arbeitsplätze und Recruiting neuer Mitarbeiter

Wenn Sie in Ihrem Unternehmen neue Talente einstellen wollen, sollten Sie sich auch Gedanken über Ihre Büroeinrichtung machen. Laut einer Studie[2] im Auftrag von National Business Furniture spielt nämlich die Gestaltung der Arbeitsplätze eine wesentliche Rolle bei der Rekrutierung junger Talente.

Für diese Studie wurden Personen über 18 Jahre danach befragt, welchen Einfluss die Büroumgebung auf den ersten und auf dauerhafte Eindrücke hat. Es zeigte sich, dass ein Generationswechsel stattfindet: Den jüngeren Erwachsenen sind der erste Eindruck und die Ästhetik wesentlich wichtiger als den älteren Generationen.

---

2 *https://www.ipsos.com/en-us/news-polls/A-Majority-of-Americans-Say-Office-Design-and-Aesthetics-Influences-Their-Impression-of-a-Company,* abgerufen am 27.08.2021

Im Detail:
- **Design:** 76 Prozent der Personen im Alter von 18 bis 34 Jahren lassen sich vom Design und der Ästhetik des Büros maßgeblich beeinflussen, was den Eindruck von Unternehmen betrifft. Im Gegensatz dazu sind es nur 39 Prozent der Mitarbeiter ab 55 Jahren, denen es wichtig ist, wie ihr Büro aussieht.
- **Verbesserung im Design:** 70 Prozent der Befragten gaben an, dass sie selbst ein Neu-Design ihres momentanen Arbeitsplatzes befürworten würden.
- **Standort:** 70 Prozent der jüngeren Generation ist es wichtig, an welchem Standort sich das Unternehmen befindet, während sich nur 41 Prozent der über 55-Jährigen darüber Gedanken machen.

Umso wichtiger ist es, dass die Unternehmen ihre Büros einladend gestalten, wenn sie potenzielle Mitarbeiter und Mitarbeiterinnen anziehen und weiterhin attraktiv für aktuelle Mitarbeitende sein wollen.

Einige Tipps dazu:
- Passen Sie Räume an die Bedürfnisse der Abteilungen und der Aufgaben an: Während Personen in Bereichen wie Buchhaltung, Geschäftsführung oder Finanzen lieber eigene, geschlossene Büros haben, damit sie sensible Informationen bearbeiten können, arbeiten Abteilungen wie Marketing oder interne Kommunikation vorzugsweise in kollaborativen Gruppen. Das bedeutet, dass solche Gruppen eher großzügige Räumlichkeiten suchen, in denen die Möbel mobil sind, damit sie sie bei Bedarf zusammenschieben und trennen können.
- Setzen Sie Paravents ein: Lärm ist ein negativer Nebeneffekt der modernen, offenen Büros. Heutzutage gibt es eine große Auswahl an kreativen, schönen und flexiblen Wänden, die schnell eingesetzt werden können, um die Privatsphäre zu schützen und Lärm zu schlucken.
- Entdecken Sie Ihren grünen Daumen: Forscher in den Niederlanden haben in einer Studie herausgefunden, dass es eine Produktivitätssteigerung von 15 Prozent bedeutete, als die Arbeitsplätze mit Pflanzen aufgepeppt wurden. Die Pflanzen zeigen auch Auswirkungen auf Fehlzeiten (Reduktion um bis zu 50 Prozent) und bei Erkrankungen (30 Prozent weniger).
- Schaffen Sie einen „gesunden" Arbeitsplatz: Jüngste Studien zeigen, dass längeres Sitzen Gesundheitsrisiken wie Krebs, Herzerkran-

kungen und Diabetes erhöhen. Arbeitgebende können dem entgegenwirken, indem sie die körperliche Aktivität am Arbeitsplatz unterstützen. Setzen Sie dazu ganz einfach auf verschiedene Stehhöhen bei Tischen und Stühlen. Das ermöglicht den Arbeitnehmenden immer wieder, die Sitz- und Stehposition zu wechseln.

Aktuelle Forschungen deuten darauf hin, dass engagierte Mitarbeiter und Mitarbeiterinnen viel unwahrscheinlicher ihr derzeitiges Unternehmen verlassen, produktiver sind und weniger Tage fehlen, wenn der Arbeitsplatz attraktiv ist. Während 87 Prozent[3] der Unternehmen die Unternehmenskultur und die Motivation der Mitarbeiter als eine ihrer größten Herausforderungen sehen, fühlen sich fast zwei Drittel der Führungskräfte nicht in der Lage, die gewünschte Kultur in ihrem Unternehmen zu fördern.

Dabei ergeben die unterschiedlichsten Befragungen, dass es eine starke Korrelation zwischen hoher Arbeitsplatzzufriedenheit und hoher Mitarbeiterbindung gibt. Mitarbeitende, die mehr Kontrolle über ihren physischen Arbeitsplatz haben – einschließlich des Zugangs zu privaten Räumen –, zeigen auch das höchste Engagement. Das liegt daran, dass die am höchsten engagierten Personen diejenigen waren, die mehr Kontrolle über ihre Arbeitserfahrung hatten. Sie konnten selbst bestimmen, wann sie sich zurückziehen und wann sie in Teams arbeiten.

1.1.3 Können Wissenschaftler das perfekte Büro entwickeln?

Im Jahr 2016 zogen acht Mitarbeiter und Mitarbeiterinnen der Mayo Clinic in Minnesota aus ihren Räumlichkeiten in ein brandneues Büro um. Zuerst erschien alles ganz normal: Familienfotos auf dem Schreibtisch, Wandkalender neben einer stylischen Uhr und die normalen Büromöbel. Doch dann begannen die Forschenden mit ihrem eigentlichen Experiment: Sie suchten nach der perfekten Temperatur, der perfekten Beleuchtung und der perfekten Tönung der großen Glasfenster. Sie spielten Bürogeräusche wie ein klingelndes Telefon oder das Klacken von Computertasten ein. Diese Menschen

---

3 *https://www2.deloitte.com/content/dam/Deloitte/us/Documents/human-capital/us-cpep-rapid-ip-culture-engagement.pdf*, abgerufen am 27.08.2021

sind so etwas wie Versuchskaninchen im Well Living Lab, einer Kooperation zwischen der Mayo Clinic und einem Design- und Technologieunternehmen. Ziel dieser Einrichtung ist es, zu untersuchen, wie das Raumklima Gesundheit, Wohlbefinden und Leistung beeinflusst und inwiefern die Produktivität bewusst durch den Raum gesteigert werden kann.

Im Well Living Lab fühlen sich die Probanden wie zu Hause. Obwohl die Wissenschaftler von anderen Wissenschaftlern ständig beobachtet und ihre Daten ausgewertet werden, lieben sie ihr temporäres Büro. Die Tische sind verstellbar, die Stühle bequem und die Fenster groß. Sogar die Luft scheint sauberer zu sein als in ihren alten Büros, in die sie später zurückkehren werden.

Für das Projekt, das Well Living Lab, wurde ein 18-köpfiges Team zusammengestellt, das auf 700 Quadratmetern ein riesiges Labor schuf. Dieses mehr als 5 Millionen Dollar teure Stockwerk ist unglaublich wandelbar. Nicht nur können der Farbton der Fenster mit einer App geändert, die LED-Beleuchtung auf verschiedene Farben und Intensitäten eingestellt und die motorisierten Jalousien so programmiert werden, dass sie zu bestimmten Tageszeiten hoch- bzw. runtergehen. Auch die Wände und Rohrleitungen können problemlos verlegt werden. Das Stockwerk kann sowohl in ein einziges großes Büro verwandelt werden als auch in sechs oder gar zwölf Zimmer. Die Studienteilnehmenden sind aufgefordert, darin wochen- oder sogar monatelang zu leben, damit Daten erhoben werden können, die Aufschluss darüber geben, wie das perfekte Büro gestaltet sein muss.

Die Wissenschaftler hoffen, dass dieses spezielle Labor nicht nur konkrete Auswirkungen auf unsere Umwelt haben wird, sondern sie darüber hinaus praktische, evidenzbasierte Empfehlungen für die Schaffung gesünderer Innenräume von Büros aussprechen können. Das bedeutet, dass eine große Datenmenge gesammelt und dann interpretiert werden muss.

Die Forschenden starten mit Annahmen, von denen sie glauben, dass diese positive, negative oder gar keine Auswirkungen auf den Komfort und den Stress haben könnten. Danach beobachten sie genau die Reaktionen der Probanden und beginnen, die Bedingungen ständig zu verändern. Mittels täglicher Umfragen werden dann Komfort, Zufriedenheit, Produktivität und Stress abgefragt und die Ergebnisse durch die biometrischen Auswertungen ergänzt.

Der Fokus liegt darauf, wie Licht, Lärm und Temperatur sich auf die Leistung der Menschen auswirken. Entscheidend ist, dass die Forscher auch untersuchen, wie Variablen miteinander interagieren, die die individuelle und Gruppenleistung am stärksten beeinflussen, und welche kumulativen Auswirkungen sie haben. Solche Studien könnten zum Beispiel zeigen, dass ein Büro mit viel Tageslicht,[4] einem auf 21° C eingestellten Thermostat und einem bescheidenen Summen von Hintergrundgeräuschen die glücklichsten Mitarbeiter und Mitarbeiterinnen hervorbringt, die schnell auf E-Mails reagieren oder Datenbankinformationen genau eingeben.

In diesem High-Tech-Labor überwacht ein Monitor ständig den Lichtpegel, die Lufttemperatur, die Luftfeuchtigkeit und auch den atmosphärischen Druck. Das Ganze wird von etwa 100 Sensoren, die im ganzen Büro verteilt sind, ausgewertet. Selbst die Mitarbeiter und Mitarbeiterinnen sind an Sensoren angehängt. Ihre biometrischen Daten werden mittels Armbändern auf einen Computer gespielt. Herzfrequenzvariabilität und die elektrische Leitfähigkeit ihrer Haut geben grobe Messwerte für Stress an. Um die verschiedenen Umgebungen ausführlich zu testen, wurden neun verschiedene Büroumgebungen gebaut. Und das nicht von ungefähr. Denn Innenräume bergen ein hohes Gesundheitsrisiko. Übermäßiger Lärm führt zu Bluthochdruck und Herzerkrankungen. Wenn wir ständig künstlichem Licht ausgesetzt sind, stört es unseren natürlichen Biorhythmus und erhöht auch gleichzeitig das Risiko für bestimmte Krebserkrankungen. Ein sitzender Lebensstil kann zu Typ-2-Diabetes, Herz-Kreislauf-Erkrankungen, Krebs oder frühzeitigem Tod führen. Erschreckenderweise verbringen Mitarbeitende nach wie vor bis zu 90 Prozent ihrer Arbeitszeit in geschlossenen Räumen.

Innenräume beeinflussen maßgeblich unser Denken. Das belegt u. a. eine Studie der technischen Universität Göteborg. Dabei wurde festgestellt, dass Menschen sich schneller von einer Operation erholten, kürzere Aufenthalte im Spital hatten und weniger Schmerzmittel einnehmen mussten, wenn sie in ihrem Krankenzimmer einen Blick auf die Natur hatten.

Weitere Studien zeigen, dass bestimmte Arten von künstlichem Licht den Schlaf verbessern und Depressionen und Unruhe bei Menschen

---

4 *http://science.sciencemag.org/content/224/4647/420*, abgerufen am 27.08.2021

mit Alzheimer-Krankheit reduzieren können.[5] Auch werden Mitarbeiter in Großraumbüros häufiger krank[6] und Kinder lernen schneller lesen und rechnen, wenn das Klassenzimmer mit Sonnenlicht durchflutet wird.[7]

Es gibt bereits viele Studien, die einzelne Aspekte der Innenumgebung und deren Bedeutung aufschlüsseln. Aber wie Licht oder Ton zusammenspielen, ist erst in jüngster Geschichte Gegenstand von Untersuchungen geworden. So zeigte sich zum Beispiel, dass mit steigender Temperatur und Feuchtigkeit der Raumluft die wahrgenommene Qualität der Arbeit abnimmt. Die Büroangestellten schnitten bei Tests zur Auswertung ihrer kognitiven Fähigkeiten besser ab, wenn der Raum gut durchlüftet war, während Hintergrundgeräusche die kognitive Leistungsfähigkeit beeinträchtigten.

Aber bei der Innenarchitektur hört es nicht auf. In jedem Raum herrscht ein eigener Mikrokosmos an Bakterien, Pilzen und mehr, die in den Ecken und Winkeln des Büros und auf den Oberflächen lauern und die wir alle immer wieder berühren. Wissenschaftler halten es für möglich, das Mikrobiom im Inneren aktiv zu gestalten, sodass es die menschliche Gesundheit verbessert. Bestimmte Umweltschutzmaßnahmen, wie das Wechseln von Bodenbelägen und Oberflächenmaterialien oder das Installieren einer „grünen Wand", verändern die Mikroben des Büros und haben damit einen großen Einfluss auf die Gesundheit der Menschen. Diese Forschung steckt aber noch in den Kinderschuhen.

1.2 Intelligente neue Raumkonzepte

Unternehmen brauchen Räume, die ihre Fähigkeit zu Innovation und Erfolg widerspiegeln. Der normale Meetingraum reicht dafür nicht mehr. Standardisierte Räume, die alle gleich aussehen, deren Möbel zu schwer sind, um sie zu verschieben, die zu hell oder zu dunkel, zu groß oder zu

---

5 *https://www.dovepress.com/tailored-lighting-intervention-improves-measures-of-sleep-depression-a-peer-reviewed-article-CIA*, abgerufen am 27.08.2021

6 *http://www.sjweh.fi/show_abstract.php?abstract_id=3167*, abgerufen am 27.08.2021

7 *http://h-m-g.com/downloads/Daylighting/schoolc.pdf*, abgerufen am 27.08.2021

In diesem Buch besprechen wir – wenn nicht anders erwähnt – Innovationsräume. Das sind Räume, in denen kreatives Denken angeregt wird, aber wo auch die Umsetzung der Ideen passiert.

Unterschied zwischen Kreativität und Innovation

Kreativität und Innovation ist nicht dasselbe, auch wenn diese Begriffe gerne synonym verwendet werden. In einer Welt, die sich gefühlt alle zwei Sekunden ändert, sollten daher Unternehmen unbedingt den Unterschied zwischen Kreativität und Innovation kennen. Dieser Unterschied ist vor allem auch wichtig, wenn Sie einen Innovationsraum planen. Sie müssen zunächst wissen, was genau in diesem Raum gefördert werden soll. Deswegen sehen wir uns erst einmal die zwei Begriffe Kreativität und Innovation genauer an.

Gleich zu Beginn: Der eigentliche Unterschied zwischen Kreativität und Innovation liegt in ihrem Fokus.

- Kreativität ist subjektiv und nicht messbar. Es geht darum, das Potenzial des Geistes freizusetzen und/oder neue Ideen zu entwickeln.
- Innovation hingegen ist vollständig messbar. Bei Innovation geht es darum, Veränderungen in herrschende Systeme einzuführen, sie also umzusetzen. Es geht auch um die Arbeit, die erforderlich ist, um eine Idee realisierbar zu machen. Durch das Erkennen eines nicht erfüllten Bedarfs kann ein Unternehmen mithilfe von Innovationen seine kreativen Ressourcen einsetzen, um eine funktionierende Lösung zu entwickeln.

Oft fehlt es Unternehmen nicht an Kreativität im Sinne der Ideenfindung, sondern mehr an Innovation, also an der Umsetzung von Ideen. Nun ist ein Bällebad in einem Unternehmen sicherlich eine witzige Idee, die für Kreativität sorgt, aber es wird schwer werden, darin in die Umsetzung der neuen Ideen zu kommen.

Wenn Sie also einen Innovationsraum einrichten wollen, müssen Sie sich vor allem mit diesen zwei Dingen auseinandersetzen: Risikobereitschaft und Fehleraversion.

Jede Innovation ist mit Risiken verbunden, und alle Risiken beinhalten die Möglichkeit eines Scheiterns. Fehler sind immer eine Lernerfahrung und eine Chance, die Dinge neu zu bewerten. Wenn Sie Angst vor dem Scheitern haben, werden Sie niemals Innovationen ermöglichen.

Gegenüberstellung Kreativität und Innovation

- Neue Ideen zu denken, ist Kreativität. Die Umsetzung der kreativen Ideen in die Praxis ist Innovation.
- Kreativität ist ein einfallsreicher Prozess, Innovation ist ein produktiver Prozess.
- Kreativität kann nicht gemessen werden, Innovation schon.
- Kreativität bezieht sich auf die Generierung neuer und einzigartiger Ideen. Umgekehrt bedeutet Innovation, etwas Besseres auf den Markt zu bringen.
- Kreativität braucht (meistens) kein Geld, Innovation schon.
- Kreativität birgt kein Risiko, während Innovation immer mit Risiko verbunden ist.

klein sind, sollten langsam der Vergangenheit angehören.

Ein moderner Innovationsraum muss andere Ansprüche erfüllen: Er sollte optisch einprägsam sein und über ein effizientes und intelligentes Raumkonzept verfügen, das Sie leicht an die Art der Veranstaltung anpassen können.

Durchschnittlich 40 bis 50 Prozent der Arbeitszeit verbringen die Menschen eines Unternehmens heute in Besprechungen. Das bedeutet, dass sie den Großteil der Arbeit in Besprechungen erledigen, seien es Brainstormings oder Schulungen, interne Besprechungen oder Workshops. Es ist daher entscheidend, dass diese Arbeit in

Räumen stattfinden kann, die einerseits komfortabel sind und andererseits alle Voraussetzungen bieten, um die gewünschten Ergebnisse zu erzielen.

Was Unternehmen brauchen, ist ein Raum, in dem die Mitarbeitenden die besten und klügsten Ideen austauschen, zusammenarbeiten, Konzepte testen, Produkte entwerfen und Prototypen entwickeln können – und sich überdies auch noch wohlfühlen.

Solche Räume sind alles andere als durchschnittliche Besprechungsräume. Sie benötigen innovative Technologien, um innovatives Denken zu fördern und neue Wege zur erfolgreichen Umsetzung von Ideen zu finden. Entgegen der landläufigen Meinung ist diese Art von innovationsfördernden Räumen nicht nur Start-ups vorbehalten, sondern auch etablierten Unternehmen zugänglich.

1.2.1 Vier Arten von Räumen für kreatives Denken

Kreativität erfordert unterschiedliche Denkweisen: Es ist praktisch unmöglich, gute Ideen in einem leeren Raum zu entwickeln. Sie brauchen einen Raum, der Ihr Denken beflügelt. Eine stimulierende Umgebung ermöglicht es, sich ganz anders mit dem Problem, Thema oder auch gleich direkt mit dem Nutzer zu verbinden. Indem Sie in die Welt des Nutzers eintauchen, können Sie aus den Reizen selbst Impulse und neue Energie gewinnen, die Sie dann als Inspiration nutzen.

Eine für Ihr Unternehmen passende Kombination aller vier folgenden Raumtypen sorgt für eine Umgebung, die die Arbeit und die Kultur unterstützt. Dadurch stärken Sie die Werte und Visionen auf eine einzigartige Weise und fördern die Produktivität enorm.

1. Stimulation: Raum für Inspiration
Menschen brauchen zum Denken stimulierende Reize. Indem wir uns geistig und körperlich mit den Räumen verbinden, stellen wir eine Verbindung zu den Botschaften, Einstellungen und Werten her, die diese Räume verkörpern. Durch den gemeinsamen Zweck werden die Menschen miteinander verbunden. Gleichzeitig werden verschiedene Reize an die Sinne geschickt.

Das bedeutet aber nicht, dass Sie sämtliche Clean-Desk-Policys negieren sollten und das Chaos Einzug halten kann. Wobei es Studien gibt, die behaupten, dass unordentliche Menschen besser fokussiert und organisiert sind. Durch das Chaos würde ihre Konzentration sogar zunehmen und die Gedanken eine Art inneren Ausgleich herstellen.[8] Im Grunde ist es eine Sache der Individualität und des eigenen Stils, wie Sie am besten arbeiten können.

2. Reflektion: Raum zum Nachdenken

Sobald der Geist ein Problem erfasst, mit dem er sich beschäftigt, braucht er auch den Raum und die Zeit, um sich ganz auf dieses Problem einzulassen. Das bedeutet, er braucht eine Art Rückzugsort, um sich entspannt zu fokussieren und die passenden Bedingungen für eine kreative Problemlösung aufzubauen.

Um die Kommunikation allerdings zu verbessern und eine lebendige Umgebung zu schaffen, braucht es wiederum Zick-Zack-Pfade, die Sie an dieser Stelle als ein gutes Mittel zur Vermittlung zwischen verschiedenen Rückzugsorten einsetzen können. Auch eine Balance zwischen einzelnen und gemeinsam genutzten Schreibtischen kann dazu beitragen.

---

8   *https://repub.eur.nl/pub/25720/,* abgerufen am 15.07.2021

3. Zusammenarbeit: Platz zum Teilen

Ideen müssen geteilt werden, um zu entstehen, sich zu entwickeln und letztendlich auch umgesetzt zu werden. Die besten kreativen Räume für die Zusammenarbeit sind mehr als nur Besprechungsräume. Es sind generell Bereiche wie Flure, Cafeteria oder auch Treppen, die den Austausch von implizitem Wissen unterstützen.

Ein guter Raum für Kollaboration und Zusammenarbeit ist so konzipiert, dass Begegnungen zwischen Menschen nicht zufällig passieren, sondern dass sie gefördert werden, indem zufällige Zusammenkünfte ermöglicht werden, Gedanken ausgetauscht werden können und offene Türen zu informellen Gesprächen einladen.

4. Spiel: Raum zum Verbinden und Erkunden

Die Vorteile des Spielens sind zwar bereits wissenschaftlich vielfach untermauert. Trotzdem verstehen nur sehr wenige Unternehmen die Macht eines Spiels wirklich. Ein Spiel hat nicht nur etwas mit verrückten Interaktionen zu tun. Es geht auch um das Erkunden und Entdecken von verschiedenen Möglichkeiten. In einem Raum, in dem spielerische Tätigkeiten möglich sind, können sich Kollegen entspannt miteinander verbinden. Dadurch können die Mitarbeitenden nicht nur die Beziehung zueinander stärken, sondern sie bauen auch gemeinsam Stress ab.

> **Stefan Camenzind: Das Büro wird zum Ort der Begegnung**
>
> Der Schweizer Architekt ist der Überzeugung, dass das Büro eine neue Funktion übernimmt. Vom reinen Ort des Arbeitens wird es zu einem Ort der Begegnung, an dem Menschen sich austauschen und miteinander arbeiten. Dieser Ort ist nicht mehr rein funktional gedacht, sondern er hat auch eine starke emotionale Komponente. Menschen wollen sich in Räumen vor allem wohl fühlen.

1.2.2 Vom Kleinen ins Große

„Wenn Sie Innovation wollen, brauchen Sie Interaktion. Wenn Sie Produktivität wollen, sorgen Sie dafür, dass die Menschen von zu Hause aus arbeiten." Dieser Ausspruch stammt von John Sullivan, einem Professor für Management an der Universität in San Francisco. Er hat als einer der Ersten die Entscheidung von Yahoo unterstützt, dass die Mitarbeitenden auch außerhalb des Unternehmens arbeiten können, um den innovativen Ansatz des Unternehmens zu stärken. Welche Rolle spielen die Büroräume bei der Schaffung von Innovationen, und spielen die Büroräume tatsächlich eine so wichtige Rolle?

Es sind die Interaktionen zwischen Mitarbeitenden, die immens wertvoll sind. Vor allem spontane Treffen inspirieren die Menschen und bringen neue Perspektiven und Ideen an den Tag. Diese direkten und zufälligen Kontakte zwischen Kollegen können bei einer Tasse Kaffee, während einer Mahlzeit, in einer Garderobe, auf der Toilette oder in einer Besprechung, auf dem Treppenabsatz, einfach überall stattfinden. In zahlreichen solcher ungeplanten und kurzen Gespräche tauschen die Menschen Meinungen und Ideen aus. Sie steigern nicht nur die Effizienz der Mitarbeiter und Mitarbeiterinnen, sondern bringen innovative Ideen hervor – und auch die Möglichkeit, an einer Diskussion teilzunehmen und die Meinung eines anderen zu hören oder den Ratschlag eines Kollegen zu einem Thema zu bekommen, mit dem Sie sich vielleicht sonst nicht befassen. Durch die Kombination von Kooperation, Wissensaustausch sowie Überlegungen und Einsichten der Menschen können neue Ideen entstehen, die weit über das vorhandene Wissen hinausgehen. Und genau das zu fördern ist die Aufgabe eines Unternehmens, das innovativ agieren möchte.

Räume sind dabei ein wichtiger Eckpfeiler. Auch wenn die Menschen mobiler werden und mehr als die Hälfte ihrer Arbeitszeit nicht an ihrem Arbeitsplatz, sondern an verschiedenen Orten im Büro oder sogar außerhalb des Büros verbringen, entstehen die Ideen nach wie vor durch die Interaktion zwischen den Mitarbeitern im Büro. Um sicherzustellen, dass die Interaktionen effektiv sind, sind Bürozonen ein gutes Mittel, um den Austausch von Ideen und auch von unterschiedlichen Perspektiven und Meinungen zu erleichtern. Ein gewöhnlicher Konferenzraum allein reicht in jedem Fall nicht mehr aus.

Die unterschiedlichsten Bürokonzepte der letzten Jahrzehnte haben viele Trends gebracht – und auch wieder verschwinden lassen. Eines ist aber bei all dem Wandel gleichgeblieben: Der Raum selbst ist entscheidend für die Zufriedenheit der Mitarbeitenden und zahlt dadurch letztendlich auf den Erfolg des Unternehmens ein.

Der Arbeitsbereich dient als Grundlage, um Kreativität anzuregen, die Produktivität zu steigern, Innovationen und das Wohlbefinden zu fördern. Das sind aber ganz unterschiedliche Anforderungen, die auch entsprechend unterschiedliche Ausführungen brauchen.

Oft sind es auch nur die kleinen Dinge, die einen großen Einfluss auf die Bürodynamik haben. Nehmen Sie flexible Arbeitsbereiche, in denen Sie Ihren Mitarbeitern eine Mischung aus weichen Sitzen, beweglichen Wänden und verstellbaren Schreibtischen oder Tischen anbieten. So haben wir einmal im Rahmen einer Beratung das Milchglas gegen transparentes Glas ausgetauscht. Dadurch wirkte der Raum gleich viel offener und weniger verschlossen.

Tatsächlich steigt die Nachfrage nach Flexibilität bei der Bürogestaltung, insbesondere bei jüngeren Arbeitnehmern. Wenn Sie sich die traditionelle Büroumgebung ansehen, investieren Sie in Konferenztische, in abgetrennte Büros, in unflexibles Mobiliar. All das sind durchaus nachvollziehbare Entscheidungen, aber die Frage lautet vielmehr, ob diese Investitionen auch noch in drei, fünf oder zehn Jahren Ihren Geschäftsanforderungen entsprechen.

Umzubauen und in neues Mobiliar zu investieren, ist nicht billig und braucht viel Zeit. In der Regel sind mehrere hundert Stunden für die Planung und Umsetzung eines Umzugs eines kleinen oder mittelständischen Unternehmens erforderlich.

Auch entwickelt sich in den seltensten Fällen ein Unternehmen linear. Diese Überlegung sollten Sie beim Design ebenfalls miteinbeziehen. Wenn Sie ein schnell wachsendes Unternehmen sind, besteht besonders das Risiko, dass Sie jedes Mal, wenn ein neues Teammitglied an Bord kommt, viel Geld für neue Möbel ausgeben müssen. Aus dieser Sicht wäre es zum Beispiel sinnvoller, offene Mehrzweckräume und Möbellösungen zu wählen, die sich auch ändern lassen.

Nun ist aber ein Kommunikationsprozess im Büro immer sehr vielfältig. Er basiert auf verschiedenen Formen der Interaktion. Dadurch sind auch die Anforderungen an die Büroräume selbst sehr unterschiedlich. So braucht es zum Beispiel eine Zone für informelle Gespräche, einen Ort, wo Stand-up-Meetings stattfinden können, Räume für Teamarbeiten, geschlossene Räume für wichtige Gespräche etc. Das sind nur einige Beispiele für mögliche Lösungen, um die Kommunikation der Menschen im Büro zu erleichtern.

Ein paar generelle Gedanken rund um die Planung Ihrer Innovationsräumlichkeiten im Unternehmen:

Planen Sie für Menschen

Bei vielen Unternehmen konnte ich beobachten, dass sie sich so sehr auf die Ästhetik des Raums eingelassen haben, dass sie dabei das wesentlichste Gestaltungselement überhaupt vergessen haben: den Menschen. Ihre Mitarbeitenden brauchen den Arbeitsbereich, um produktiv, effizient und letztlich erfolgreich zu sein. Achten Sie daher auf die Bürodynamik und bitten Sie um Feedback. Haben Sie keine Angst, sowohl Umfragen als auch Einzelgespräche durchzuführen, um herauszufinden, wie der Raum für alle funktioniert. Setzen Sie dann diese wertvollen Erkenntnisse in die Tat um.

Designen Sie Flexibilität

Während die Mitarbeitenden oft an mehr privater Fläche interessiert sind, wird Flexibilität immer noch als wichtiges Büromerkmal verstanden und akzeptiert. Wenn es darum geht, darüber abzustimmen, welche Elemente einen idealen Arbeitsplatz ausmachen, neigen die Menschen dazu, kollaborative Werte über die individuellen zu stellen. Das Entwerfen eines Büros und das Unterteilen eines Raums in Bereiche für Arbeit, Zusammenarbeit oder Brainstorming ist mit einer gewissen Starrheit verbunden. Obwohl ein Standardbüro multifunktional ist, kann es sein, dass es die Mitarbeitenden dennoch nicht optimal nützen. Planen Sie deswegen den Raum so, dass er an veränderliche Anforderungen angepasst werden kann.

Denken Sie an die Zukunft

Die Schaffung eines Büros, das für alle Mitarbeitende funktioniert, ist eine riesige Herausforderung. Trotzdem sollten Sie auf keinen Fall vergessen, miteinzuplanen, wohin Sie sich mit Ihrem Unternehmen entwickeln wollen. Für die Zukunft zu planen, bedeutet oft, die Büroräume nebenan zu mieten, falls das Unternehmen mehr Platz benötigt. Natürlich ist das manchmal eine Option. Aber Sie müssen nicht unbedingt die Fläche vergrößern, nur weil sich Ihr Team vergrößert – wenn Sie dieses Wachstum bereits bei der Planung bedacht haben. Am Ende ist es die Flexibilität, die wirklich zählt. Wenn Sie daran arbeiten, großartige Räume zu schaffen, in denen Menschen Raum zum Atmen und Treffen haben, ohne sich wie Sardinen in einer Dose zu fühlen, ermöglichen Sie ihnen, sich zu entwickeln und ihr bestes Potenzial freizulegen.

Die für Interaktionen vorgesehenen Orte sollten sich unbedingt in der Nähe der Arbeitsplätze befinden. Dann werden die Menschen auch auf natürliche Weise miteinander in Kontakt gebracht. Die Räume selbst sollten leicht verfügbar, funktional und mit der richtigen Ausrüstung ausgestattet sein. Um Orte zu schaffen, die auch wirklich gerne genutzt werden, sollte jedes Unternehmen vorab eine Analyse der Arten von Besprechungen durchführen, um zu verstehen, wie die Mitarbeiter und Mitarbeiterinnen miteinander kommunizieren und wie sie ihre Aufgaben ausführen.

1.2.3 Der virtuelle Raum

Können virtuelle Räume Meetingräume ersetzen?
Unterlagen besprechen, eine Präsentation vor der versammelten Belegschaft abhalten und die Agenda Punkt für Punkt durchgehen. Das Whiteboard ist voll mit Haftnotizen, Bildern, Fotos und Videos. Die Ideen scheinen nur so zu fließen. Klingt wie ein normales Meeting, oder? Wären es nicht lauter Avatare, die sich in einem digitalen Raum befinden und die eigentlich aus einzelnen Fotos der tatsächlichen Teilnehmer generiert wurden. Die Menschen selbst sitzen bequem zu Hause vor ihren Bildschirmen und bedienen von dort aus ihr virtuelles Ich.

 Das geschieht seit Mitte des Jahres 2020 regelmäßig im virtuellen Innovationsraum von T-Systems. Die letzten Monate haben den Trend der Virtual Reality bei T-Systems beschleunigt. Es musste schnell eine Lösung gefunden werden, um die Mitarbeiter voll einzubinden und die Einschränkungen von Videoanrufen zu überwinden. Deswegen haben sie einen virtuellen Raum geschaffen, um die Anwesenheit der anderen Mitarbeitenden spürbar zu machen. Siehe Abschnitt 4.3.6 Case Study: T-Systems.

Der lebensechte Avatar, der mittels eines Ganzkörperscans vorab entwickelt wurde und vom Aussehen her der tatsächlichen Person entspricht, verleiht den anderen Mitarbeitenden das Gefühl, neben dem Kollegen oder der Kollegin zu sitzen und Schulter an Schulter mit ihm oder ihr zu arbeiten – so als wären diese Personen auch tatsächlich in einem gemeinsamen Raum zusammen. Wie sonst auch, arbeiten die beiden zusammen an den Themen. Der Unterschied liegt allerdings darin, dass die jeweiligen Personen in Wahrheit in ihren eigenen Räumen sitzen, die teilweise kilometerweit voneinander getrennt sind. Sie sind nur durch das Internet miteinander verbunden.

Allerdings wirken die Bewegungen der Avatare noch sehr sperrig und unnatürlich. Die virtuelle Realität steckt zwar nicht mehr ganz in den Kinderschuhen, aber es ist ein weites Feld, das gerade erst auch für den Büroalltag entdeckt wird. Viele Menschen sind auch etwas irritiert von der Verspieltheit, die automatisch auftritt, da die 3D-Modelle den meisten von uns nur aus dem Spielebereich bekannt sind.

Virtuelle Realität in der Architektur

Die virtuelle Realität ist auch aus der Architektur bekannt. Gerade bei komplexen Projekten werden fast schon automatisch 3D-Modelle gebaut, um die verschiedenen Gebäude und auch Räume im Maßstab zu visualisieren. Dies spart dem Unternehmen letztendlich Zeit und Geld und hilft dem Kunden zu einem besseren Verständnis. Der Grund ist, dass die virtuelle Realität immer immersiv ist. Das bedeutet, dass die Menschen eine neue Wahrnehmung einnehmen, die intensiver ist als die reine Optik – so wird z. B. auch die Interaktion mit anderen Charakteren miteinbezogen. Dadurch nehmen die Betroffenen die Umgebung intensiver wahr.

02 Kreativität und Innovation

2.1 Ein Umfeld für Kreativität erschaffen

Beobachten Sie bitte einmal eine Person, die einen Raum betritt. In den meisten Fällen können Sie intuitiv sagen, wie sich diese Person fühlt, also ob sie in dem Raum bleiben will oder ob sie am liebsten wieder rausrennen möchte. Vollkommen unabhängig von der Lage können Sie sich in einem Raum sicher oder unsicher, voller Energie oder gelangweilt, willkommen oder nicht willkommen fühlen. Wenn das Ziel eines Unternehmens ist, spezifische Fähigkeiten wie Kreativität oder Neugier zu fördern, hilft es enorm, die physische Umgebung zu gestalten. Die gute Nachricht: Sie können jeden Raum einladend, inspirierend und kreativitätsfördernd gestalten.

2.1.1 Kreativität

Wie ein Buschfeuer verbreitet sich die Aussage, dass moderne Technologien viele Arbeitsplätze überflüssig machen werden. Nur wenige Branchen und Bereiche werden, wenn überhaupt, nicht davon betroffen sein. Auch Wissensarbeiter bangen um ihre Zukunft. So ergab eine Umfrage, dass ca. 39 Prozent der Arbeitsplätze in den nächsten zehn Jahren automatisiert werden. Selbst die Arbeit von Buchhaltern wird mit einer Wahrscheinlichkeit von bis zu 95 Prozent von automatisierten Prozessen übernommen werden.[1]

Der Grund ist eigentlich ganz einfach und nachvollziehbar: Maschinen agieren in vielen Dingen effizienter als Menschen. So das National Institute of Standards, das errechnet hat, dass maschinelles Lernen die Produktionskapazität um bis zu 20 Prozent verbessert.[2]

Den größten Fehler, den Führungskräfte nun machen können, ist aus Panik heraus zu ignorieren, dass und wie Menschen von diesem Umbruch betroffen sein werden.

---

1 *https://www.legaltechnology.com/latest-news/deloitte-insight-100000-legal-roles-to-be-automated/* abgerufen am 30.08.2021

2 *https://www.nist.gov/sites/default/files/documents/itl/iad/Big-Data-Analytics-for-Smart-Manufacturing-Systems-Report.pdf* abgerufen am 30.07.2021

Menschen sind kreativ, Maschinen denken taktisch

Die Unternehmensberatung McKinsey[3] untersuchte, welche Art von Arbeit für die Automatisierung am besten geeignet ist. Die bisherigen Ergebnisse zeigen: Je technischer die Arbeit ist, desto stärker kann sie automatisiert werden. Arbeiten, die ein hohes Maß an Vorstellungskraft, kreativem und strategischem Denken erfordern, sind dagegen wesentlich schwerer zu automatisieren.

Weiter besagt diese Studie, dass die Aktivitäten, die am schwierigsten zu automatisieren sind, die Verwaltung und Entwicklung von Mitarbeitern betreffen (9 Prozent Automatisierungspotenzial) oder Fachwissen bei der Entscheidungsfindung, Planung oder kreativer Arbeit erfordern (18 Prozent). Dort ist die Technik eine großartige Hilfe bei der Optimierung, aber nicht bei der Zielsetzung.

---

3 *https://www.mckinsey.com/business-functions/digital-mckinsey/our-insights/where-machines-could-replace-humans-and-where-they-cant-yet* abgerufen am 30.08.2021

Die Angst der Menschen vor der Technologie

Wenn nun Technologie vermehrt eingesetzt wird und dadurch Arbeitsplätze für Menschen wegfallen, steigt auch die Angst unter den Verbliebenen. Sie fragen sich, wer als Nächstes gehen muss. Arbeit ist viel mehr als nur eine existenzielle Sicherung des materiellen Komforts: Jobs bieten auch psychologische Befriedigung. Wenn nun diese Befriedigung und Bestätigung wegfallen, bekommen Menschen verständlicherweise Panik und Existenzängste.

Daraus ergeben sich neue Fragen, mit denen sich die Führungskräfte auseinandersetzen müssen:
- Wie können Unternehmen neue Technologie in den Arbeitsablauf integrieren?
- Wie reagieren die Mitarbeiter und Mitarbeiterinnen, wenn die Technologie plötzlich zur Konkurrenz wird?

Die Technologie wird sicherlich einige Arbeitsplätze überflüssig machen, aber sie wird nicht die Menschen ersetzen, die diese Arbeit geleistet haben. Die Technologie macht Menschen also nicht arbeitslos, sondern fordert, dass Menschen ihre natürlichen Fähigkeiten wie Kreativität und Empathie dort einsetzen, wo es Maschinen nicht können. Die Herausforderung für Unternehmen lautet deshalb, den Mitarbeitern die Fähigkeiten und das Wissen zu vermitteln, die sie für neue Jobs brauchen. Denn Technologie selbst ist immer nur ein Werkzeug, das die Unternehmen einsetzen sollten, wo und wann sie es für richtig halten.

2.1.2 Menschen sind nur kreativ, wenn sie sich wohlfühlen

Sind Sie kreativ? Die meisten Menschen denken bei dieser Frage gleich an Antworten, die darauf abzielen, inwiefern sie mit Kreativität etwas Besseres in die Welt bringen konnten – wie etwa bessere Produkte, bessere Dienstleistungen oder bessere Prozesse. Kreativität bringt eine Menge verschiedener Vorteile mit sich: Wer kreativ ist, arbeitet besser, denkt und lebt auch besser. Aber an dieser Stelle hört der Gedanke noch nicht auf. Denn Kreativität macht noch etwas ganz anderes mit uns: Sie macht uns glücklich.

Glaubt man empirischen Belegen aus der Neurowissenschaft, zeigt sich, dass Kreativität eine starke Mischung verschiedener Emotionen und Motivationen auslöst. Zum Teil sind diese Emotionen negativer Natur, wie Unsicherheit oder auch Frustration. Aber genauso häufig erle-

Bild 2.1 Workshop-Teilnehmer bei der Anwendung einer Kreativitätsmethode.
Foto: Peter Gerstbach

ben Menschen ein unglaublich schönes Glücksgefühl, wenn sie kreativ sind.

Das beweisen Studien, die die Momente, in denen Menschen kreative Eingebungen hatten, in einem Ultrahochfeld-MRT-Scanner untersuchten. Dadurch wurde ein Blick in die Tiefen des subkortikalen Belohnungssystems des Gehirns möglich. Nun ist schon seit Längerem bekannt, dass eine Korrelation zwischen Wohlfühlen und kreativen Prozessen besteht. Auch bei Personen, die leicht manisch sind, konnte eine gesteigerte Kreativität im manischen Zustand festgestellt werden – die sie nicht aufwiesen, wenn sie neutral oder gar depressiv gestimmt waren. Aber all diese Studien haben noch keinen direkten Zusammenhang zwischen der Belohnung und dem kreativen Prozess zeigen können.

Diesen direkten Zusammenhang wollten Neurowissenschaftler aus London und Wien gemeinsam nachweisen. Für diese Studie stellten die Wissenschaftler 29 Erwachsenen eine Reihe von Erkenntnisproblemen, während diese sich in einem Ultrahochfeld-MRT-Scanner befanden. Dadurch konnten die Forscher eine detailliertere Abbildung der subkortikalen (Mittelhirn) und kortikalen Strukturen im Zusammenhang mit der Belohnungsverarbeitung erkennen.

Die Fragestellungen, die die Probanden erhielten, waren sogenannte Wort-Assoziations-Tests: Der Proband bekommt drei vorgegebene Wörter und soll ein viertes finden, das sich sinnvoll mit den anderen verbinden lässt. Die Annahme dahinter lautet, dass Personen, die Assoziationen zwischen weiter entfernten Begriffen herstellen können, kreativer sind als andere. Ein Beispiel: Welt, Fieber, Versicherung. Die Antwort darauf wäre Reise – Reisefieber, Weltreise, Reiseversicherung.

Hatte der Teilnehmende nach 20 Sekunden nicht das Lösungswort gefunden, sah er den ersten Buchstaben der Lösung für zehn Sekunden als Hinweis aufleuchten. Hatte dann der Teilnehmende die Lösung gefunden, wurden ihm drei Buchstaben gezeigt und er sollte sagen, ob der letzte Buchstabe des Lösungsworts einer dieser drei Buchstaben oder ein anderer Buchstabe war. Danach wurden die Probanden gebeten, auf einer 6-Punkte-Skala von 0 bis 5 anzugeben, wie viele Einsichten sie für das einzelne Problem brauchten.

Aufgrund dieser Tests konnten die Wissenschaftler zum ersten Mal die tiefen Strukturen des inneren Mittelhirns erforschen, die direkt mit dem Belohnungssystem verbunden sind. Probleme, die mit hoher Einsicht gelöst wurden, zeigten eine deutlich stärkere neuronale Aktivität in mehreren wichtigen subkortikalen Mittelhirn-Belohnungsverarbeitungsregionen. Vor allem beim Nucleus accumbens zeigten sich starke Aktivitäten. Das ist insbesondere interessant, da diese Region dafür bekannt ist, dass sie besonders stark auf angenehme Reize und positive Verstärkung reagiert und dabei Gefühle wie Erleichterung, Leichtigkeit oder Freude erhöht.

Das Fazit der Studie war: Gute Laune fördert die Kreativität – und umgekehrt: Kreativ zu sein fördert durchaus auch gute Gefühle.

Zu erkennen, dass Kreativität sich gut anfühlt, hilft uns, unseren Fokus von den Ergebnissen kreativen Denkens und Handelns auf den kreativen Prozess zu erweitern. Mehr noch: Indem wir uns stärker auf den kreativen Prozess konzentrieren und weniger auf die Ergebnisse, können wir besser verstehen, warum Menschen den Drang spüren, kreativ zu sein. Und wir lernen, wie Unternehmen diesen Drang fördern können.

Expertentipp von Bastian Gerhard

Je multifunktionaler eine Fläche ist, desto schwieriger ist es, die einzelnen Bedürfnisse und Anforderungen auch zu erfüllen. Das zeigte sich bei dem Innovationslab von Zalando deutlich. Das Innovationslab sollte einerseits für Kreativitäts- und Innovationsmeetings zur Verfügung stehen, andererseits hatte es aber auch einen repräsentativen Charakter. Veranstaltungen für Kunden, interne Events und Präsentationen sorgten dafür, dass der repräsentative Charakter des Raums an Bedeutung gewann. Dazu mussten Kompromisse geschlossen werden wie z. B., dass ein Linoleumboden Fliesen oder Parkett vorgezogen wurde. Nun lässt es sich auf Linoleum aber schlecht arbeiten, da ein Verschieben der Möbel laut und manches Mal auch schwierig werden kann. Auch Nässe, die in den Boden dringt, führt dazu, dass der Boden aufgeraut und gewellt wird.

Ein weiteres Problem, das sich erst bei der Nutzung des Raums gezeigt hat, war, dass der repräsentative Charakter des Raums dazu führte, dass die Mitarbeitenden sich scheuten, ihn zu benutzen. Denn wo gesägt wird, fallen auch ganz natürlich Späne. Ist aber ein Raum durchgestylt und designed, will niemand der- oder diejenige sein, die sichtbare Spuren hinterlässt.

2.1.3 Wann sind Menschen am Arbeitsplatz zufrieden? Die Wohlfühlpyramide von Vischer

Ein Ergebnis dieser Verschiebung ist das wachsende Interesse daran, wie sich die Mitarbeiter und Mitarbeiterinnen an ihren Arbeitsplätzen verhalten. Studien liefern nach und nach Beweise dafür, dass Mitarbeitende zu viel Zeit und Energie verschwenden, um in schlecht gestalteten Arbeitsräumen zurechtzukommen. Unternehmen sind zunehmend besorgt, dass ihre Mitarbeitenden ihre Energie weniger in die eigentliche Arbeit stecken, sondern aufgrund der schlechten Arbeitsplatzbedingungen an Motivation verlieren.

Jacqueline Vischer (Vischer 2008) hat eine Wohlfühlpyramide erstellt (siehe Bild 2.2), die aus drei verschiedenen Stufen besteht:
- **Stufe 1**: körperliches Wohlbefinden – der richtige Stuhl, angemessenes Licht, gute Akustik, Sicherheit, Sauberkeit.
- **Stufe 2**: funktionales Wohlbefinden – wie kann Arbeit am besten unterstützt werden?
- **Stufe 3**: psychologisches Wohlbefinden – maßgeblich für die Qualität des Arbeitsplatzes verantwortlich. Dabei geht es darum, dass sich die Menschen zugehörig und beteiligt fühlen, Kontrolle und eine Heimat haben.

Sehen wir uns diese Stufen im Detail an:

Stufe 1: Das körperliche Wohlbefinden
Zu den körperlichen Bedingungen des Arbeitsplatzes gehören:
- Umgebungsbedingungen wie Lärm, Beleuchtung, Luftqualität, Wärme
- Ergonomische Gestaltung von Arbeitsplätzen, gemeinsam genutzten Räumen und Einrichtungen

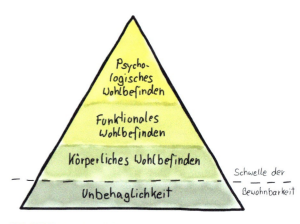

Bild 2.2 Die Wohlfühlpyramide nach Vischer (eigene Darstellung)

- Prozesse wie die Beteiligung der Mitarbeiter bei Design und organisatorischen Zielen

Stufe 2: Das funktionale Wohlbefinden
Für den körperlichen Komfort, also den Wohlfühlfaktor innerhalb eines Unternehmens, reicht die reine Zweckmäßigkeit nicht. Menschen brauchen vor allem eine Unterstützung ihrer Aktivitäten. Vischer (Vischer 2008) hat dazu den Begriff des funktionalen Komforts definiert, der über das traditionellere Konzept des Komforts hinausgeht.

Das Konzept des funktionalen Komforts verbindet die Umweltvorlieben der Menschen mit der Umgebung und den Anforderungen der von ihnen ausgeführten Aufgaben (Vischer 2008) und basiert auf Messungen der Reaktionen der Benutzer auf unterschiedliche Umweltbedingungen wie Temperatur, Frischluft, Helligkeit. Während sich der bauliche Komfort auf die Erfüllung der menschlichen Grundbedürfnisse wie Sicherheit, Hygiene und Barrierefreiheit bezieht, ohne die ein Gebäude schlicht und ergreifend unbewohnbar wäre, liegt der Fokus des funktionalen Komforts auf den Ausführungen der Aufgaben und Aktivitäten des Raumnutzers und damit auch auf psychologischen Aspekten wie Vorlieben und Abneigungen, verbesserter Aufgabenleistung und Teamwirksamkeit.

Geeignete Beleuchtung für Bildschirmarbeit, ergonomische Sessel und geschlossene Räume für Meetings trägt zum funktionalen Komfort bei. Passt die Beleuchtung nicht oder sind die Umgebungsgeräusche zu laut, empfindet der Mensch Stress, der sich wiederum negativ auf die Produktivität auswirkt, während das Gegenteil dessen die Arbeitsleistung sogar steigert (Dewulf, 2003).

Stufe 3: Das psychologische Wohlbefinden
Wie der Arbeitsplatz gestaltet und genutzt wird, beeinflusst nicht nur die Art und Weise, wie sich Menschen fühlen, sondern auch, wie sie sich verhalten. Die Gestaltung des Arbeitsplatzes weitet sich also auf die Arbeitsleistung, das Engagement und die Übertragung bzw. Weitergabe von Know-how aus.

Räume beeinflussen aber bei Weitem nicht nur die Handlungen und Reaktionen von Menschen, sondern auch deren Einstellungen, Gefühle, Erwartungen, Werte und Überzeugungen. Die Beziehung zwischen Mitarbeiter und Umgebung ist dynamischer und interaktiver Natur und geschieht nicht passiv. Der Mitarbeiter gestaltet mit und ist nicht Statist.

Zufriedenheit und Komfort

Wie zufrieden Menschen in einem Raum sind, hängt nicht nur mit den verschiedenen Merkmalen zusammen, sondern vor allem mit den Vorstellungen und Einstellungen, die die einzelnen Personen zu einem bestimmten Raum haben.

Studien zur Zufriedenheit der Nutzer zeigen, dass die Menschen sich dort wohlfühlen, wo vor allem auf die persönlichen Präferenzen eingegangen wurde. Die meisten Menschen beurteilen, wie Menschen arbeiten, aufgrund der wahrgenommenen Qualitäten des Orts. Bewertung in diesem Sinne umfasst zwei wesentliche Elemente: die funktionalen Eigenschaften des Raums, die sich für die Messung eignen und als Faktoren betrachtet werden, und die Qualitäten eines Orts, die als befriedigend oder unbefriedigend empfunden werden (Walden, 2005; Windsor, 2005).

Eine weitere interessante Erkenntnis aus unterschiedlichen Befragungen zeigt, dass Büroangestellte vor allem mit Großraumbüros unglücklich sind (Churchman, 1990): Lärm, Ablenkungen, mangelnde Privatsphäre schränken ein.

Dennoch bauen die Arbeitgeber selbst lieber offene Büros. Der Grund liegt vor allem darin, dass offene Flächen billiger zu bauen und sich flexibler umgestalten lassen. Arbeitsplätze in Großraumbüros nehmen auch wesentlich weniger Quadratmeter ein als einzelne geschlossene Büros. Eine nützlichere Frage ist, in welchem Maß Arbeitnehmer bei der Ausführung ihrer Aufgaben in offenen Arbeitsstationen unterstützt werden. Mit anderen Worten: In welchem Ausmaß ist ihre Arbeitsfähigkeit betroffen? Studien zeigen, dass offene Arbeitsplätze zwar die Kommunikation erleichtern und den Arbeitnehmern einen schnellen und informellen Informationsaustausch ermöglichen. Andererseits erzeugt die offene Umgebung Ablenkung, die verhindert, dass sich die Arbeiter auf ihre Aufgaben konzentrieren können. Für Unternehmen ist es also sinnvoll, ein (Raum-)Konzept zu entwickeln, das als flexibles, interaktives System aus physischen und sozialen Elementen angelegt ist und diesen Faktoren Rechnung trägt.

Experteninterview Prof. DI Christine Kohlert

Bild 2.3
Ingrid Gerstbach (li.) im Gespräch mit Christine Kohlert (re.)
Foto: Peter Gerstbach

Prof. DI Christine Kohlert beschäftigt sich seit über 30 Jahren mit den Lern- und Arbeitswelten der Zukunft. Ihren Fokus legt sie dabei einerseits auf die Einbeziehung des Nutzers in den Entstehungsprozess, andererseits auf die Raumanalyse und das Sichtbarmachen des Veränderungsprozesses. Über zwölf Jahre lang betreute Prof. Kohlert als Research Affiliate am MIT (Massachusetts Institute of Technology) verschiedene Forschungsprojekte und leitete diverse Veranstaltungen und Seminare rund um Innovation, Raum und Organisation.

IG: In Ihren Büchern schreiben Sie, dass Menschen nur dann kreativ sein können, wenn sie sich wohl- und entspannt fühlen. Dann können sie sich voll und ganz auf Dinge einlassen. Dabei spielt der Raum eine wichtige Rolle.

CK: Genau. Nur in einer Umgebung, in der ich mich als Person wohl- und entspannt fühle, kann ich mich fallen lassen, entspannt in die Thematik eintauchen und unkompliziert mit anderen zusammenarbeiten. Die richtigen Flächen und das richtige Mobiliar unterstützen das. Wichtig ist auch, dass es unterschiedliche Räume bzw. Flächen für die unterschiedlichen Aktivitäten gibt. Die Nutzung dieser Räume sollte auch frei wählbar sein. Also, wenn ich kommunizieren will, brauche ich einen Raum für Kommunikation. Aber auch ein Raum für eine intensive Zusammenarbeit oder für Erholung ist wichtig. Alle Bedürfnisse sollten befriedigt werden. Je nach unterschiedlichen Arbeitstypen braucht es die entsprechenden Räumlichkeiten und Anforderungen. Essenziell ist dabei vor allem das gegenseitige Vertrauen. Ohne Vertrauen funktioniert die moderne Arbeitswelt einfach nicht.

IG: Wie sehen Sie das: Hat das klassische Büro, in dem jeder Mitarbeiter seinen festen Arbeitsplatz hat, ausgedient?

CK: Ich glaube, dass es weiterhin Büros geben wird. Diese werden aber sicher anders aussehen. Zum einen wird es einen sogenannten „Marktplatz" geben, auf dem sich die MitarbeiterInnen austauschen können. Das konzentrierte Arbeiten kann wiederum an verschiedenen Orten stattfinden. Es muss nicht das Büro sein, sondern kann auch mal das Zuhause oder ein spezieller Rückzugsort sein. Aber auch ein dritter Ort, wie eine Grünzone mit optimalen klimatischen Bedingungen ist ein möglicher Rückzugsort. Zusätzlich braucht es aber auch Projekträume, die flexibel konfigurierbar sind und in denen man Projekte visualisieren und diskutieren kann.

IG: Sie sind Architektin und Stadtplanerin. Ist es möglich, den Aufbau eines Unternehmens mit dem einer Stadt zu vergleichen?

CK: Durchaus. Ein gutes Büro hat viel mit einer guten Stadt gemeinsam. In beiden fühlt man sich wohl. Sowohl in der Stadt als auch im Büro sollte es Rückzugsorte geben, an denen man nachdenken kann. Aber auch unterschiedliche Aktivitäten brauchen unterschiedliche Räume: Orte der Zusammenkunft, des Austauschs, des Miteinanders. Orte für Sport und Kultur. Orte, die miteinander verbunden sind. Das ist dasselbe wie in der Arbeitswelt. Auch dort fühlt man sich nur wohl, wenn es eine Art Marktplatz wie die Teeküche gibt. Einen Ort, an dem man empfangen wird, an dem man sich ausruhen kann und an dem man arbeiten kann. Diese unterschiedlichen Flächen sind durch eine Art Wegenetz miteinander verbunden.

IG: Sie setzen einen Schwerpunkt auf die Einbeziehung der Nutzer neuer Arbeitsräume. Wie genau meinen Sie das?

CK: Es geht um eine Visualisierung und Erarbeitung von Ergebnissen. Dazu arbeite ich mit der sogenannten Programming-Methode. Das ist eine Kartentechnik, bei der alle Diskussionen parallel dazu visualisiert werden, damit jeder sie sehen und auch gleich kommentieren kann. Auch Wort- und Bildkarten helfen, um die wichtigen Leitlinien für ein Projekt zu ermitteln. Es ist wichtig, während des gesamten Projekts die verschiedenen Szenarien und Ergebnisse, die auftauchen, auch und gerade für Nicht-Architekten verständlich zu visualisieren. Die späteren Nutzer sollten von Anfang an miteinbezogen werden. Das hilft ihnen dabei, dass eventuelle Ängste und Bedenken genommen werden und sie so mit der neuen Arbeitsweise und der Nutzung der unterschiedlichen Flächen vertraut werden. Wenn während der ersten Zeit Unstimmigkeiten auftreten, kann so auch schneller reagiert und entsprechend nachjustiert werden. Bürowelten sind lebendig, ich glaube man muss sich davon verabschieden, dass die Fläche nach der Planung fertig ist. Eine gute Arbeitswelt muss wandelbar bleiben, entsprechend der sich immer wieder verändernden Bedürfnisse.

> **IG:** Haben Sie einen Tipp, worauf Unternehmen bei der Planung eines Innovationsraums besonders achten sollten?
>
> **CK:** Das Wichtigste ist, den Raum nicht perfekt oder „zu fertig" zu planen. Achten Sie auf genügend Wandfläche zur Visualisierung, ausreichend Fläche, um sich bewegen zu können, und auf rekonfigurierbares Mobiliar: Stühle und Tische, die sich unterschiedlich nutzen lassen und an denen man auch in Stehhöhe arbeiten kann. Denken Sie auch an eine kleine Café-Zone, die eventuell abgetrennt werden kann, sodass dieser Raum auch für Besprechungen oder als Rückzugsort in Frage kommt. Auch hier gilt es möglichst flexibel und verwandlungsfähig zu planen.

2.1.4 Faktoren des Wohlbefindens

Studien zeigen, dass Menschen, die sich am Arbeitsplatz wohlfühlen, kreativer, loyaler und produktiver sind und mehr Kundenzufriedenheit erreichen als Menschen, die sich nicht gut fühlen. Wohlbefinden spielt also eine zentrale Rolle bei der Entwicklung florierender Unternehmen.

Lange Zeit wollten Unternehmen die Zufriedenheit und das Wohlbefinden ihrer Mitarbeiter fördern, indem sie diese stärker in ihr Unternehmen einbezogen haben. Aber das ist nur ein Faktor, um das Wohlbefinden bei der Arbeit zu optimieren. Viel wichtiger ist es, den Mitarbeitern zu helfen, ihre persönlichen Ressourcen zu stärken, zu wachsen und stolz auf ihre Rollen innerhalb des Systems zu sein – sowohl als Einzelpersonen als auch in Zusammenarbeit mit ihren Kollegen.

Um innerhalb des Unternehmens das Wohlbefinden der darin arbeitenden Menschen zu steigern, ist es wichtig, den eigenen Ausgangspunkt zu kennen: Sie müssen wissen, wie der momentane Stand des Wohlbefindens ist, wenn Sie Maßnahmen ergreifen wollen, um es zu vergrößern.

Für die Bewertung des Wohlfühlens ziehen viele Länder das sogenannte Bruttoinlandsprodukt (BIP) heran. Das ist der Wert aller in einem Land produzierten Güter und Dienstleistungen. Dessen Wachstum zeigt, wie stark sich die Lebensqualität innerhalb eines Landes zum Besseren verändert hat. Unternehmen könnten nun ein internes BIP erstellen. Allerdings gibt es mehrere Probleme, die dagegensprechen, das BIP als einzigen Faktor zum Wohlergehen heranzuziehen: Das BIP-Wachstum spiegelt den generellen, aber nicht den persönlichen Wohlfühlfaktor wider. Darüber hinaus zählt zum BIP nur das, was am Markt in Euro bewertet wird: vom Spielzeug bis zu Anlagen, vom neuen Haarschnitt bis zu neuen Kleidern. Was aber dabei nicht beachtet wird, sind die psychischen Faktoren, die viele Entscheidungen maßgeblich beeinflussen und die auch zu Krankenständen, Arbeitsplatzwechsel etc. führen. Wohlbefinden schließt demnach auch mit ein, wie Menschen sich fühlen und wie sie persönlich ihr Leben als Ganzes bewerten.

Die drei wesentlichen Aspekte diesbezüglich sind

- die Gefühle und Emotionen wie Ängste oder Glück (der sogenannte hedonistische Aspekt),
- grundlegende psychologische Bedürfnisse, die das Erleben von Sinn und Zweck beeinflussen (eudaimonischer Aspekt),
- die Bewertung des Lebensverlaufs bzw. gewisse Aspekte des eigenen Lebens wie die Zufriedenheit mit dem Arbeitsplatz (evaluativer Aspekt).

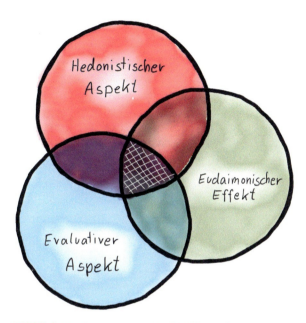

Bild 2.4 Die drei Aspekte des Wohlbefindens. Zeichnung: Peter Gerstbach

Diese Aspekte beschreiben nicht nur die verschiedenen Merkmale persönlichen Wohlbefindens, sondern sind vor allem in der Beziehung zwischen den einzelnen Aspekten zu verstehen. Denn die äußeren Bedingungen beeinflussen auch eben eine gelungene Interaktion mit dem Rest der Welt.

Eine Studie von Happiness at Work[4] zeigt, dass die persönlichen Ressourcen unverändert bleiben, während externe Aspekte sich auf das Wohlfühlen beziehen, das mit dem Arbeitsplatz verbunden ist und sich von Tag zu Tag und insgesamt individuell ändert. Das Erlebnis von Menschen am Arbeitsplatz wird davon beeinflusst, was sie bei der Arbeit tun, und das ist wiederum abhängig von dem System, in dem sie arbeiten, und ihren persönlichen Ressourcen (wer sie sind).

Ein Ergebnis dieser Studie ist außerdem, dass beispielsweise Schlafprobleme eher mit einer geringeren Lebenszufriedenheit, niedrigeren positiven Emotionen und höheren negativen Emotionen korrelieren. Wer sich am Arbeitsplatz nicht wohlfühlt, der schläft also auch schlechter. Ein weiterer Grund, das Wohlbefinden der Mitarbeiter tatkräftig zu unterstützen.

Es gibt darüber hinaus weitere Studienergebnisse:

- Menschen, die bei der Arbeit glücklicher sind, werden schneller befördert und verlieren weniger schnell ihre Jobs.[5]
- Glücklichere Menschen sind engagierter, produktiver und arbeiten qualitativ besser.[6]
- Die Fähigkeiten, die den Schlüssel zum Glück ausmachen, sind auch die „Fähigkeiten des 21. Jahrhunderts", nach denen Arbeitgeber heute suchen.[7]
- Arbeitsplätze, die die Zufriedenheit ihrer Mitarbeiter fördern, sind produktiver, innovativer und haben eine stärkere Kundenbindung.[8]

---

4 *https://www.ncbi.nlm.nih.gov/pmc/articles/PMC5383406/* abgerufen am 30.08.2021)

5 Boehm et.al.: Does happiness promote career success? Journal of Career Assessment, 16, 2008, S. 101–116.

6 Lyubomirsky, S., et al.. The Benefits of Frequent Positive Affect: Does Happiness lead to Success? Psychological Bulletin No. 131, 2005.

7 Lyubomirsky, S.: The how of happiness: A scientific approach to getting the life you want. New York: Penguin Press, 2008.

8 Keltner, D.: The Power Paradox. New York: Penguin Press, 2016.

Weitere Faktoren für mehr Wohlbefinden am Arbeitsplatz

- **Gesundheit und Vitalität:** Gerade die Gesundheit und Sicherheit der Mitarbeiter sind ein wichtiger Faktor, den es zu berücksichtigen gilt, damit das Wohlbefinden innerhalb eines Unternehmens steigt. Der Schutz der Mitarbeiter vor Risiken durch Unfälle ist aber nicht ausreichend. Es geht darum, die Mitarbeiter aktiv darin zu unterstützen, gesundheitlichen Problemen vorzubeugen und die Gesundheit generell zu fördern, indem die körperliche Aktivität gesteigert und auch auf eine gesunde, ausgewogene Ernährung geachtet wird. Arbeitgeber können das durch unterschiedlichste Maßnahmen unterstützen, wie z. B. durch das Einführen verschiedener Programme wie Yoga oder die Bereitstellung von Fahrrädern. Es wäre schon ein Fortschritt, die Mitarbeiter regelmäßig an Pausen zu erinnern, in denen sie vom Arbeitsplatz aufstehen, sich bewegen und Wasser trinken. Gesunde Ernährungsgewohnheiten können durch die Einrichtung einer Kantine oder die Bereitstellung von Obst und Gemüse unterstützt werden. Die Beweise, dass eine körperliche Aktivität mit dem Wohlbefinden korreliert, sind so eindeutig, dass Unternehmen mit gutem Gewissen genau in diese investieren sollten.

- **Work-Life-Balance:** Ausgeruhte Mitarbeiter sind ebenfalls von größerem Nutzen für das Unternehmen. Ein bekanntes Stichwort in diesem Zusammenhang ist die Work-Life-Balance. Im Wesentlichen bedeutet Work-Life-Balance eine angemessene Mischung aus Arbeitszeit und Freizeit. Mitarbeiter, die eine gute Balance zwischen ihrem Privat- und ihrem Arbeitsleben erleben, sind zufriedener, weniger gestresst und somit auch kreativer. Eine unausgewogene Work-Life-Balance ist einer der stärksten Faktoren für Stress. Untersuchungen weisen darauf hin, dass ein Zusammenhang zwischen Wohlbefinden und geleisteter Arbeitszeit existiert. Ab einer gewissen Anzahl an zusätzlichen Stunden steigt die Unzufriedenheit und das Wohlbefinden nimmt rapide ab. Es geht sogar so weit, dass diejenigen, die eine Teilzeitstelle einer Vollzeitstelle vorziehen, ein höheres Wohlbefinden erleben. Der Knackpunkt ist, dass diese Teilzeitstelle allerdings aktiv gewünscht sein muss – wenn einfach keine Vollzeitstelle möglich ist, beeinflusst das das Wohlergehen und die Zufriedenheit negativ. Da es aber keine Empfehlung gibt, wie viele Arbeitsstunden pro Woche sinnvoll für das Wohlergehen der Mitarbeiter sind, bietet sich als guter Ausgangspunkt eine Vollzeitstelle ohne Überstunden und mit flexiblen Vereinbarungen an. Denn die Work-Life-Balance hängt auch davon ab, ob der einzelne Arbeitnehmer die Möglichkeit hat, seine Arbeitszeit seinen Lebensumständen anzupassen (Kinder, Arztbesuche etc.). Es ist daher sinnvoll, dass Unternehmen immer wieder nachfragen, ob die Arbeitseinteilung für den einzelnen Mitarbeiter momentan passt oder ob es eventueller Anpassungen bedarf.

- **Flexibilität:** Die Art und Weise, wie Mitarbeiter ihre Arbeit und die Arbeitsplätze organisieren und gestalten, ist ebenfalls wichtig für das Wohlempfinden. Bei Jobs ist es entscheidend, dass die Rollen fair bezahlt und abgesichert werden. Aufgaben und Anforderungen sollten realistisch und die Höhe des Verdienstes dem Alter angepasst sein. Zwar zeigen Untersuchungen, dass das Wohlempfinden nicht mit dem Einkommen steigt, wohl aber das Gefühl, fair bezahlt zu werden, in engem Zusammenhang damit steht.
- **Effizientes Zeitmanagement:** Enge Fristen sind für viele Mitarbeiter eine weitere große Stressquelle. Arbeitgeber können diesen Stress mindern, indem sie zum Beispiel auf kürzere und effizientere Meetings achten. Ein einfacher Trick ist, Stehmeetings zu machen – ohne die Möglichkeit, sich hinzusetzen. Dadurch halten sich die Menschen automatisch an die Agenda und sind schneller und effizienter. Unternehmen können ihre Mitarbeiter auch damit unterstützen, dass sie organisatorische Systeme schaffen, die die Effizienz verbessern. Unordnung und Chaos sind Stressfaktoren. Je organisierter und systematischer gearbeitet werden kann, desto mehr steigt die Produktivität.
- **Förderung sozialer Kontakte:** Sozialkontakte sind eine Schlüsselkomponente für das Wohlempfinden. Die Interaktion mit anderen verbessert bei allen die Stimmung, selbst bei introvertierten Mitarbeitern. Unternehmen können die Büros so anordnen, dass die Kommunikation gefördert wird, indem sich die Mitarbeiter sehen und sprechen können. Auch das Feiern von Feiertagen, Geburtstagen oder ein gemeinsamer Fußballabend sind gute Möglichkeiten, das interne Wohlempfinden zu steigern. Sozialkontakte beschränken sich nicht auf Bürozeiten. Ermutigen Sie die Mitarbeiter, dass sie

sich außerhalb des Büros miteinander beschäftigen und so in Kontakt zueinander kommen.

In das Wohlempfinden der Mitarbeiter zu investieren, lohnt sich also in vielerlei Hinsicht. Menschen, die glücklich und zufrieden sind, sind nicht nur weniger krank und motivierter, sie sind vor allem offen für Neues und kreativer.

Expertentipp von Karim El-Ishmawi

Viele Unternehmen glauben, dass es nach Kreativität aussehen muss, damit Menschen kreativ arbeiten können. Das Gegenteil ist allerdings der Fall: Erst wenn es nicht so aussieht, dass man kreativ sein muss, stellt sich die Lockerheit ein, die Kreativität braucht. So macht ein starrer, antiseptischer Ort nicht locker, sondern führt in den meisten Fällen nur dazu, dass sich die Menschen unwohl fühlen.

2.1.5 Kleine Teams – große Wirkung

- In weniger als drei Jahren hat Airbnb aus der Idee, Menschen zu vernetzen, damit sie in fremden Städten billig übernachten können, eine gigantische Buchungsplattform entwickelt.
- Getreu dem Motto „We sell stuff we want to buy" bietet das Unternehmen Groupon nicht nur gute Preise, sondern auch begehrte Produkte an. Diese Geschäftsidee wurde innerhalb eines Jahres umgesetzt und ist in ihrem Bereich Marktführer.
- Stehen viele Bierflaschen auf einem Tisch, ist die Verwechslungsgefahr groß. Damit am Ende nicht lauter halbvolle Flaschen übrigbleiben, hat das Unternehmen BeerTAG individuell gestaltete Banderolen entwickelt. Eine Idee, die auf einer Party entstand und flugs umgesetzt wurde.

Trotz all dieser Erfolgsgeschichten halten die meisten Unternehmen an ihren Fünfjahresplänen fest. Dabei ist für den Erfolg in einem Unternehmen neben dem Scheitern und Lernen vor allem das schnelle Umsetzen von Innovationen wichtig – und das Agieren in kleinen Teams.

All diese Ideen hätten nicht in dieser Schnelligkeit umgesetzt werden können, wenn nicht kleine Teams in kurzen Zyklen gearbeitet hätten, um Ideen schnell auszuprobieren und daraus zu lernen. Das Zauberwort dazu heißt agil. In der heutigen Arbeitswelt wird der Begriff „agil" zumeist als Synonym für schnelles Agieren und Flexibilität verwendet. Das Ziel beim agilen Vorgehen ist, die Erfolgsquoten zu steigern oder die Entwicklung und Umsetzung neuer Ideen quer durch alle Disziplinen zu beschleunigen.

Die meisten Teams empfinden detaillierte Zeitpläne, genaue Anforderungen und das Organisieren von langwierigen Besprechungen als zu langsam. Ist ein Projekt endlich fertiggestellt worden, ist es schon veraltet. Gebraucht werden Werkzeuge und Hilfsmittel, die es einem Team erlauben, schnell zu einem vorzeigbaren Ergebnis zu kommen, an dem sie gemeinsam mit dem Kunden weiterarbeiten können.

Das klassische agile Konzept kommt aus der IT und beansprucht ein bestimmtes Vorgehen und spezielle Prinzipien. In der heutigen Arbeitswelt wird dieser Begriff aber auf unterschiedliche Weise verstanden. Vor allem kleine Teams entwickeln im Lauf der Zeit ihre eigenen Wege und Prozesse, um flexibel und schnell zu arbeiten. Dabei beeinflussen die Räume grundlegend, wie die Menschen arbeiten. Gab es früher eigene Projekträume, geht der Ansatz heutzutage mehr dahin, Räume nur kurzfristig und kurzzeitig zu reservieren. Das ist auch wichtig, denn das agile Arbeiten fordert eine Auswahl- und Kontrollmöglichkeit, wo und wie Menschen arbeiten. Visuelles Denken und kontinuierliches Lernen durch schnelles Experimentieren stehen dabei im Vordergrund, weniger langatmige Meetings und Diskussionen. Das alles ist nur in kleinen Teams möglich, da sonst der Informationsfluss im Nu ins Stocken gerät.

Zukunftsorientierte Unternehmen haben herausgefunden, dass sie von der Lokalisierung von Menschen in der neuesten Form von Arbeitsumgebungen profitieren können und bewegen ihre Teams in neue Räumlichkeiten. Warum geben sie den Komfort und die Annehmlichkeiten eines großen Büros auf, arbeiten in kleineren Teams und in Räumen, die lauter sind und oft mehr Stress verursachen? Es gibt ein paar gute Gründe dafür:

- Innovationsräume, die für kleinere Teams konzipiert werden, gelten als cool und Menschen wollen cool sein. Es sind Orte, an denen Menschen innovieren können. Solche Räume sind einfach anders und bedienen nicht die konventionellen Klischees.

- Kleinere Teams gehen auch eher raus auf die Straße, um die Menschen außerhalb des Unternehmens zu beobachten, und bringen dann ihre Erkenntnisse wieder in den Raum. Das ist wichtig, denn nur so bekommen sie das Wissen, das relevant und vor allem authentisch ist. Diese Erfahrung wird dann in eine Umgebung transferiert, die dabei unterstützt, die Erkenntnisse voller Spaß und Neugierde zu teilen. Viele Innovationsräume bieten eine Umgebung, die Kreativität und Spaß von Natur aus fördert. Das Design, das Kreativität entfacht, gemeinsame Bereiche für die ständige Interaktion mit interessanten Menschen aus verschiedenen Abteilungen, all das erleichtert Innovation und Out-of-the-Box-Denken.
- Projekträume lassen Sie die Zukunft der Arbeit erleben. Die meisten Mitarbeitenden sprechen von der Gegenwart der Arbeit, die für ihre Unternehmen noch in der Zukunft liegt. Den Unternehmen fällt es schwer, die neue Arbeit zu leben. Sie verstehen noch nicht, dass die Mitarbeitenden nach Sinn und Freiheit suchen und die volle Flexibilität erwarten, von jedem Ort zu jeder Zeit verbunden mit allen anderen zu arbeiten. In vielerlei Hinsicht repräsentieren diese Räumlichkeiten die Zukunft der Arbeit. Sie bieten volle Flexibilität und lassen es zu, dass die Menschen ihre eigene Erfahrung machen. Unternehmen mögen einen Vorgeschmack darauf. Für sie ist das Arbeiten an einem solchen Ort eine Möglichkeit, die neue Kultur zu verstehen und kreative Talente anzuziehen.

Jeff Bezos hat die Zwei-Pizzen-Regel bei Amazon eingeführt: Wenn ein Team nicht von zwei Pizzen satt wird, ist dieses Team zu groß. Denn mehr Menschen bedeutet mehr Kommunikation, mehr Bürokratie, mehr Chaos und mehr von allem, was die Dinge verlangsamt. Kleinere Teams sind effizienter, produktiver und engagierter als größere, und es gibt mehrere Gründe und bewiesene Theorien, warum dies so ist.

So hat zum Beispiel im Jahr 2013 Gallup eine Studie mit dem Titel „The State of the American Workplace" veröffentlicht. Der Bericht stellt fest, dass nur 33 % der amerikanischen Arbeitnehmer ihre Arbeit lieben und versuchen, ihr Unternehmen jeden Tag besser zu machen. Am anderen Ende dieser Skala stehen 16 % der Angestellten, die sich gar nicht wohlfühlen am Arbeitsplatz. Die verbleibenden 51 % verhalten sich neutral. Auch zeigt sich ein Trend des Arbeitens fernab des eigentlichen Arbeitsplatzes: So ist innerhalb von vier Jahren die Zahl der Mitarbeiter, die nicht vor Ort arbeiten, von 39 % auf 43 % gestiegen. Dieser Trend dürfte sich fortsetzen, heißt es in dem Bericht, da die Arbeitnehmer von heute Flexibilität erwarten. Um die besten Talente zu gewinnen und zu binden, müssen Unternehmen diese Optionen anbieten.

Mitarbeiter sind auch bereit, schneller Ausschau nach einem neuen Job zu halten, wenn ihre derzeitige Position nicht das bietet, was sie wollen. Die Studie untersuchte weiterhin, welche Merkmale den Arbeitnehmern am wichtigsten sind. Ganz oben steht neben dem Wunsch einer besseren Work-Life-Balance und besserem persönlichen Wohlbefinden der Wunsch, ihre Stunden und Zeitpläne nach Bedarf anzupassen.

Unternehmen sollten wirklich darüber nachdenken, wie ihre Teamstrukturen aussehen. Es ist kein Zufall, dass kleinere Unternehmen flexibler agieren können, während die großen sich schwertun, vom Fleck zu kommen. Hier sind weitere Studienergebnisse, die dies belegen:

Kennen Sie den Ringelmann-Effekt?
Die meisten Menschen sind nicht mit dem Ringelmann-Effekt vertraut – er besagt, dass einzelne Mitglieder eines Teams die Tendenz zeigen, mit zunehmender Größe einer Gruppe weniger produktiv zu werden. Dieses Konzept wurde nach Maximilian Ringelmann benannt, einem 1931 verstorbenen französischen Professor für Landtechnik. In einem seiner Experimente bat er Freiwillige um eine sehr einfache Aufgabe: Sie sollten an einem Seil ziehen. Er fand heraus, dass eine Person 100 Prozent ihrer Kraft aufwendet, wenn sie allein an dem Seil zieht. Werden jedoch mehr Menschen hinzugefügt, sinkt die individuelle Anstrengung.

Der Social-Loafing-Effekt
Dieses Experiment wurde in den 1970er-Jahren von Alan Ingham neu entwickelt, der das Konzept des „Social Loafing" erarbeitete. Es hilft uns zu verstehen, warum der individuelle Einsatz mit wachsender Teamgröße abnimmt. Warum passiert das? Weil es schwieriger wird, die individuellen Beiträge und Leistungen jeder Person zu sehen. Die individuelle Begründung lautet also: „Ich muss nicht wirklich so hart arbeiten, weil andere Leute mithelfen und so keiner genau weiß, wie viel ich wirklich mitarbeite." Dasselbe Konzept erklärt, warum viele Menschen nicht wählen oder warum einige Leute in Teams einfach wesentlich fauler werden.

Verlust von Unterstützung

Dies wird auch durch weitere Forschungen der UC San Diego bestätigt. Die Studie zeigt, dass Einzelpersonen weniger Unterstützung durch andere empfinden, wenn die Größe des Teams zunimmt. Das ist ein sehr häufiges Gefühl in vielen großen Unternehmen.

2.2 Design Thinking

In diesem Kapitel geht es darum, was Design Thinking eigentlich ist und welche Bedeutung Räume haben – aber auch, warum Kreativität eine so zentrale Rolle in unserem Leben spielt und am Arbeitsplatz immer wichtiger wird. Arbeit geschieht heute als Work-Life-Flow/Integration: Es gilt Leben und Arbeit zu vereinbaren und persönliche Entwicklungsmöglichkeiten zu schaffen. Standen früher hierarchische Strukturen im Fokus, nehmen heute Gemeinschaft und Dialog eine zentrale Rolle ein. Dementsprechend gilt der Frage, unter welchen Bedingungen Menschen am Arbeitsplatz zufrieden sind, große Aufmerksamkeit.

2.2.1 Was ist Design Thinking

Design Thinking ist eine Methode, die kreatives Arbeiten mit analytischem Denken verbindet und es so ermöglicht, erfolgreiche Problemlösungsansätze zu entwickeln. In der heutigen Zeit, in der wir wissen, wie wichtig Innovation für den Erfolg von Unternehmen ist, und wir gleichzeitig so effizient und effektiv wie möglich arbeiten sollen, bietet Design Thinking einen Prozess und eine Reihe von Tools, um das Beste aus beiden Welten in unsere Entscheidungsprozesse einfließen zu lassen.

Mein eigenes Interesse an Design Thinking entstand innerhalb meiner Arbeit als Unternehmensberaterin in Change-Projekten. Ich beobachtete, dass manche Unternehmen sehr erfolgreich waren und sich durch verschiedene Verhaltensweisen und Muster von den nichterfolgreichen Unternehmen maßgeblich unterschieden. Noch interessanter fand ich aber die Tatsache, dass diese Verhaltens- und Herangehensweisen denen von Designern sehr ähnlich sind. Sowohl Designer als auch erfolgreiche Unternehmen stellen den Kunden in den Mittelpunkt und gewinnen mittels ethnografischer Methoden tiefe Einblicke in dessen Verhalten. Dieses Vorgehen gleicht einer „lernenden Denkweise". Das heißt, Fehler werden dabei nicht als störend empfunden, sondern als essenziell, um Ziele zu erreichen. Schnelle und günstige Experimente bzw. Prototypen helfen dabei, schnell herauszufinden, was nötig ist, um mit den Herausforderungen des Lebens in einer Welt voller Ungewissheit umzugehen.

Design Thinking ist aber mehr als ein Prozess, um den Umsatz zu steigern oder Innovationen zu entwickeln. Sie können mit Design Thinking interne Prozesse neu gestalten oder neue Produkte und Dienstleistungen für Ihre externen Kunden entwickeln. Wenn Sie sich die Grundprinzipien des Design Thinking genauer ansehen, werden Sie erkennen, dass es letztlich darum geht, die Welt aus der Perspektive eines anderen zu sehen, sprich: die Probleme, Herausforderungen, Chancen und Einflüsse der Person kennenzulernen, für die Sie einen Wert schaffen wollen oder die Sie dazu ermutigen wollen, sich neue Verhaltensweisen anzueignen. Basierend auf diesen Einsichten generieren Sie dann viele unterschiedliche kreative Ideen, die auf den unterschiedlichsten Annahmen und Hypothesen beruhen. Sie müssen offen für Wendungen sein und mit widersprüchlichen Aussagen und Informationen experimentieren. Nicht selten kommt es dabei vor, dass Sie sich auf dem falschen Weg wähnen oder dass sich die neue Lösung nicht groß von der bestehenden Lösung unterscheidet. Aber wenn Sie den Prozess konsequent verfolgen und weiterhin die Augen offenhalten, werden Sie mit Ihrem Team verblüffende Ergebnisse erzielen.

Im Design-Thinking-Prozess arbeiten wir hauptsächlich mit Problemen, die wir als „vertrackt" bezeichnen. Im Gegensatz dazu stehen die sogenannten „zahmen" Probleme. Der Unterschied zwischen diesen beiden Arten von Problemen ist, dass zahme Probleme greifbar sind. Wenn Sie ein zahmes Problem analytisch verstanden haben, bekommen Sie quasi automatisch eine konkrete Vorstellung von der Lösung mitgeliefert. Zahme Probleme können durchaus kompliziert, anspruchsvoll und sich sogar als praktisch unlösbar darstellen – dennoch lassen sie sich klar definieren. Die Zusammenhänge, die ein zahmes Problem charakterisieren, sind nachvollziehbar, sodass sich daraus ein Lösungsverständnis ableitet. Ein Beispiel für ein solches Problem ist die Trinkwasserversorgung in Städten: Sie können dieses Problem in seine Einzelheiten zerlegen, es verstehen und dann systematisch an Lösungen arbeiten.

Aber in unserer schnelllebigen Welt stellt sich zunehmend heraus, dass die meisten Probleme ganz und gar nicht zahm, sondern vertrackt sind. Oft können wir uns nicht einmal auf eine Definition des Problems einigen, schon gar nicht auf eine bestimmte Lösung. Die Informationen, die wir aus der Vergangenheit beziehen, sind teilweise so komplex, dass sie uns nicht dabei unterstützen, Umsetzungsideen zu entwickeln oder ein Ergebnis zu identifizieren: Willkommen in der Domäne der „Wicked problems". Der Wissenschaftler Horst Rittel, der diesen Begriff geprägt hat, definiert: „Learning what the problem is, IS the problem." Die einzige Chance, die wir haben, um diese „Wicked problems" in unserer schnelllebigen, unsicheren und komplexen Welt zu lösen, besteht also in der Einsicht, dass Experimentieren, Versuch und Irrtum notwendig sind. Und dass das Verständnis des Blickwinkels und der Einsichten der am Prozess beteiligten Menschen dafür die maßgebliche Information ist.

Wann auch immer Sie auf ein Problem mit den folgenden Qualitäten stoßen, stehen die Chancen gut, dass Design Thinking ein viel effektiverer Ansatz ist als die traditionellen analytischen Methoden.

- Ein Wicked problem hängt immer mit Menschen zusammen bzw. betrifft sie direkt.
- Die Informationen werden aus der Vergangenheit bezogen, sagen aber nicht notwendigerweise die Zukunft voraus.
- Gelöst werden diese Probleme dann, wenn verschiedene Menschen zusammentreffen, die unterschiedliche Sichtweisen einbringen und dann gemeinsam auf eine Lösung hinarbeiten.
- Ein Beispiel für ein komplexes Problem findet sich im Bildungssystem wieder. Laut dem Pädagogen Sir Ken Robinson reformiert jedes Land sein öffentliches Bildungssystem aus zwei verschiedenen Gründen: Einerseits versuchen die Länder herauszufinden, wie sie ihre Kinder auf die Wirtschaft des 21. Jahrhunderts vorbereiten können. Das ist per se schwierig, weil wir nicht genau wissen, welche Herausforderungen auf uns warten werden. Andererseits versuchen sie Wege aufzuzeigen, Kinder auf eine globalisierte Welt vorzubereiten, und ihnen gleichzeitig zu vermitteln, dass sie ihre kulturelle Identität bewahren sollen.
- Die momentanen Lösungsversuche funktionieren nicht. Die Fähigkeiten, die außerhalb von Mathematik, Naturwissenschaften, Sprachen oder Sport liegen, erfahren wenig Wert-

schätzung. Dadurch geht ein enormes Potenzial verloren, das in vielen Menschen verborgen liegt, da es nicht erkannt und nicht gefordert wird.

2.2.1.1 Design Thinking als Prozess

Einer der wichtigsten Erfolgsfaktoren für Design Thinking als Methode oder Prozess ist, dass verschiedene Menschen aus unterschiedlichen Disziplinen darin involviert sind. Ein weiterer wesentlicher Erfolgsfaktor ist das Vorgehen in Phasen. Dafür gibt es viele unterschiedliche Ansätze. Ich habe im Laufe meiner Beratertätigkeit vier verschiedene Phasen identifiziert. Die ersten beiden adressieren das Problem, die anderen beiden nehmen die passende Lösung in den Fokus.

1. Phase: Einfühlen
Design Thinking fordert die Beteiligten als Erstes dazu auf, Probleme aus verschiedenen Perspektiven zu betrachten und zu verstehen – vor allem aus der Sichtweise der Personen, denen sie helfen wollen. Der Vorteil liegt klar auf der Hand: Stellen Sie sich vor, Sie sind der oder die Betroffene eines Problems. Wenn Sie sich nun selbst in die Entwicklung von Lösungen einbringen würden, könnten Sie sofort einschätzen, welche Ansätze gut und welche weniger gut sind. Endlose Debatten, in denen die Teammitglieder aus ihren individuellen Perspektiven mit unartikulierten und vorformulierten Annahmen argumentieren – ohne sich in die Betroffenen eingefühlt zu haben –, entstehen so erst gar nicht.

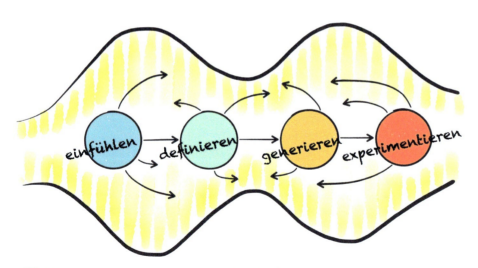

Bild 2.5 Die vier Phasen des „4x4 Design Thinking®"-Prozesses

2. Phase: Definieren

In einem nächsten Schritt werden die verschiedenen Rahmenbedingungen, Voraussetzungen und Kriterien geklärt, um dann das eigentliche Problem, die sogenannte Design Challenge, zu definieren. Dabei werden vor allem die verschiedenen Sichtweisen miteingebunden und es wird überlegt, welche Parameter und Kriterien unbedingt beachtet werden müssen (gesetzliche Regelungen, Unternehmenskultur, interne Richtlinien etc.). Die Beteiligten versuchen dabei, das Problem ganzheitlich zu erfassen und eine Frage zu entwickeln, die motiviert und inspiriert und vor allem keine Lösungsrichtung vorgibt.

3. Phase: Ideen generieren

Nachdem die Beteiligten den Problemraum in all seinen Facetten betrachtet haben, geht es nun darum, Ideen zu entwickeln, um die Unzufriedenheit der Kunden – aus der sie die einzig relevanten Daten und Inputs ziehen – auszuräumen. Die Beteiligten fragen sich in dieser Phase „Was wäre, wenn?", um sich den verschiedenen kreativen Möglichkeiten zu öffnen. Sie fragen, ob es etwas – ein Produkt, einen Service, einen Lösungsweg – geben könnte, das die Bedürfnisse der Kunden erfüllt. Diese Phase lässt sich wiederum in zwei Abschnitte teilen: dem Generieren von vielen Ideen, wobei es einzig um die Quantität geht, und dem Bewerten der Ideen, wobei die Qualität im Fokus steht. Im letzteren Schritt achten sie auf die vorab definierten Richtlinien und Kriterien, um so Ideen auszuschließen, die – warum auch immer – einfach nicht umsetzbar sind. Das Ergebnis sind eine Reihe von Ideen, die so einfach wie möglich beschrieben sein sollten, um kurz und knapp zum Punkt zu kommen.

4. Phase: Experimentieren

Die Beteiligten beginnen damit, grobe Prototypen aus den zuvor entwickelten Ideen zu erstellen und gleichzeitig zu hinterfragen, warum sie angenommen haben, dass die Prototypen ihre Ideen gut umsetzen. Indem sie das tun, visualisieren sie ihre Ideen und überprüfen deren Umsetzbarkeit.

In dieser Phase ist es wichtig, dass die Beteiligten frühe und billige Experimente mit echten Kunden durchführen, die ihnen schnell Feedback geben. Mithilfe dieses Feedbacks können sie ihre Lösungen iterieren und verbessern. Dies gelingt zum Beispiel, indem sie Kunden schon bei der Entwicklung eines neuen Produkts einbeziehen und so keine theoretischen, sondern praktische Markttests machen. Dabei müssen sie ein möglichst anschauliches Erlebnis schaffen. Sie engagieren den Kunden, um auf seine Bedürfnisse einzugehen. Es ist keine Generalprobe.

Im Gegensatz zum traditionellen Marktdenken erwartet Design Thinking, dass etwas falsch läuft. Design Thinker experimentieren und finden heraus, warum etwas funktioniert oder nicht. Das Ziel ist, früh zu scheitern, um früher Erfolg zu haben. So lassen sich wertvolle Informationen gewinnen – um Geld zu sparen und um herauszufinden, wie man Produkte herstellt, die funktionieren.

2.2.1.2 Das Design-Thinking-Toolkit

Wenn Sie sich als ein Individuum durch diesen Prozess bewegen – welche Werkzeuge unterstützen Sie dann in jeder Phase auf dem Weg? Für mich als Unternehmensberaterin ist einer der aufregendsten Aspekte des Design Thinking das Toolkit, das es mitbringt – denn diese Werkzeuge unterscheiden sich sehr von den Werkzeugen, die wir in der Vergangenheit als Manager in unserem Toolkit hatten.

Eine meiner Lieblingstechniken kommt aus dem Bereich der ersten Phase (Einfühlen) und nennt sich Job Shadowing. Bei dieser Technik beobachten Sie bewusst das Verhalten und die Handlungen Ihres Kunden – um die Erfahrung, die der Kunde durchlebt, in seiner Ganzheit zu verstehen. Wenn Sie solche Techniken einsetzen, achten Sie während des gesamten Design-Thinking-Prozesses auf die emotionalen Bedürfnisse, Höhen und Tiefen sowie die funktionalen Bedürfnisse Ihrer Kunden.

Die Visualisierung ist ein weiteres wichtiges Werkzeug. Ihm liegt die Überzeugung zugrunde, dass man Menschen seine Ideen *zeigen* und nicht *erklären* soll, wenn man wirklich etwas bewirken möchte. In Unternehmen wird aber meistens mit PowerPoint-Folien gearbeitet und die wichtigsten Punkte werden in Bullets dargestellt. Wenn Sie Ihr Verhalten ändern, neue Handlungsweisen lernen und bereit sein wollen, mit neuen Produkten und Dienstleistungen zu experimentieren, brauchen Sie eine überzeugendere Geschichte, die Sie anderen erzählen können. Das ist die eigentliche Idee hinter der Visualisierung: Es geht darum, ein lebendiges Bild der neuen Zukunft zu zeichnen, über die wir sprechen.

Designer beispielsweise verbringen Jahre damit zu lernen, visuell zu denken und Bilder und

Methapern, anstatt Wörter zu verwenden. Das alles sind verschiedene Aspekte der Visualisierung. Es ist ein sehr mächtiges Werkzeug, aber zu Beginn fühlt es sich für viele unangenehm und irgendwie peinlich an. Die meisten Menschen, mit denen ich zum ersten Mal einen Design-Thinking-Prozess durchlaufe, antworten: „Ich kann eigentlich gar nicht zeichnen." Dabei geht es gar nicht um ihr Können als Künstler, sondern darum, die Idee aus ihrem Kopf aufs Papier zu bringen, damit allen Beteiligten klar vor Augen steht, worum es eigentlich wirklich geht. Dabei gibt es unterschiedlichste Techniken, um Ideen zu visualisieren und mit ihnen zu experimentieren. Diese reichen von der Visualisierung über das Prototyping bis hin zur Annahmeprüfung.

Die Suche nach der richtigen Technik sollte immer mit der Frage starten, was Sie genau erreichen wollen und welche Informationen bereits vorhanden sind, die Sie bei dieser Suche unterstützen können.

2.2.1.3 Das kreative Versprechen von Design Thinking

Eine der wichtigsten Annahmen, mit denen ich im Design Thinking arbeite, lautet: Jeder Mensch ist viel kreativer und einfallsreicher, als er zumeist denkt. Nur arbeiten wir oft in Unternehmen, die zwar genau diese Fähigkeit brauchen, es aber dennoch schaffen, ihren Mitarbeitern die Kreativität auszutreiben. Große Unternehmen können die schlimmsten Übeltäter sein: Sie verlangen ihren Mitarbeitern ein Maß an Vorhersehbarkeit und Effizienz ab, das vielleicht für den heutigen Erfolg gut ist, aber schlecht für die Zukunft. Der Druck zu wachsen ist unerbittlich, der Kampf aber oft uninspiriert. Design Thinking fördert Kreativität, die nicht so zufällig geschieht, wie Sie denken.

Im Design Thinking geht es um das Verständnis, dass der Kunde eine reale Person mit realen Problemen ist – und nicht ein Verkaufsziel. Anstelle von traditionellen Marktforschungsdaten graben Design Thinker nach Informationen und Daten, die ein tiefes Verständnis für die unartikulierten Bedürfnisse des Kunden bieten. Design Thinking hilft ihnen dabei, Fragen so zu gestalten, dass die gedachten Grenzen außer Acht gelassen werden und verschwimmen. Der am Anfang festgelegte Fokus wird erweitert, da die Perspektive neue Möglichkeiten eröffnet, an die vorher noch niemand gedacht hatte. Design Thinking wappnet also selbst den traditionellsten Denker mit kreativen Möglichkeiten und bietet so einen alternativen Weg. Dieser alternative Weg führt zu kreativeren Lösungen und oft einfachen, aber bahnbrechenden Ideen.

Den meisten Menschen wird aber eine lineare Problemlösungsmethode beigebracht: Definieren Sie das Problem, identifizieren Sie verschiedene Lösungen, analysieren Sie jede einzelne und wählen Sie dann die beste aus. Design Thinker sind nicht annähernd so ungeduldig – oder optimistisch. Sie verstehen, dass erfolgreiche Ideen viele Experimente erfordern und dass Empathie ein Schlüsselmerkmal dazu ist.

2.2.2 Die Bedeutung von Räumen im Design Thinking

Um 1910 herum begründete Frederick W. Taylor das Prinzip der „wissenschaftlichen Unternehmensführung". Er verstand den Menschen als Teil einer effizienten und immer gleichen Prozesskette. Strikte Abläufe bestimmten den Arbeitsalltag. Im Lauf des letzten Jahrhunderts wurde die Idee der Fließbandfertigung zwar durch produktivere Varianten ersetzt – Prozesse zu optimieren, stand jedoch immer noch im Vordergrund.

Heute haben sich die Zeiten deutlich geändert: Prozesse treten immer mehr in den Hintergrund und die Arbeit wird mehr denn je in Projekten organisiert. Es gilt nicht mehr „Immer mehr vom Gleichen", sondern „Immer mehr Neues". Kollaboratives und netzwerkartiges Arbeiten prägt das Denken. Das ist auch der Grund, warum Methoden wie Design Thinking, das den Menschen und seine Fähigkeiten bzw. die kollaborative Herangehensweise in den Vordergrund stellt, immer populärer werden.

Dennoch brechen die alten Strukturen nur langsam auf und viele Unternehmen verabschieden sich ungern von linearen Arbeitsabläufen. So entsteht ein gewisser Zwiespalt, denn in der Zukunft wird die Arbeit in heterogenen Teams – wie sie im Design Thinking praktiziert wird – Normalität. Die Mitarbeiter springen von Arbeitsprojekt zu Arbeitsprojekt, je nachdem, wo ihre Fähigkeiten, ihre Kompetenz und ihr Wissen gebraucht werden. Denn Wissen veraltet immer schneller und die zunehmende Spezialisierung mit der eng gefassten Expertise der Mitarbeiter macht Projektarbeit immer sinnvoller. Allerdings mangelt es dadurch an Überblick, an Kenntnissen über Zusammenhänge. Und gerade weil die Mitarbeitenden von morgen Spezialisten sind, können sie immer schlechter komplexe Aufgabenstellungen alleine lösen.

Die neuen Arbeitsstile strukturieren und beeinflussen bereits jetzt die neue Arbeitswelt. In vielen Unternehmen haben die Angestellten zum Beispiel keine festen Büros mehr. Um die Produktivität besser zu steuern und die Informationen schneller für alle Beteiligten zur Verfügung stellen zu können, bedarf es neuer Ansätze und Methoden – und nicht zuletzt neuer Räume, die diesen Ansätzen und Methoden gerecht werden können.

Diese „Ent-Taylorisierung" ist aber nicht der einzige Faktor, der den Bedarf nach neuartigen oder anderen Räumen aufzeigt. Auch die Erkenntnis, dass Innovation der einzige Weg ist, um Unternehmen dauerhaft auf Erfolg und Wachstum umzustellen – ganz egal, in welcher Branche oder in welchem Land –, erfordert ein Umdenken.

Innovation braucht Raum
Wenn es um die Merkmale von Innovation geht, sagen zwei Wörter alles: mehr und schneller. Aber viele Unternehmen sind sich unsicher, wie sie Innovationen überhaupt erst entwickeln können, vor allem, wenn gleichzeitig ein enormer Druck und Stress herrschen, effizient zu arbeiten, mit weniger Ressourcen mehr zu erreichen und nach außen hin als einheitliches und starkes System aufzutreten. Das Management versucht, das Beste aus jedem Projekt und jedem einzelnen Mitarbeiter herauszuholen und teure Leerläufe und Sackgassen zu vermeiden. Ein krasser Widerspruch zur Innovation, die per se niemals sicher und vorhersehbar ist. Methoden wie Design Thinking machen aber sichtbar, wie Innovationen entwickelt werden können, und geben so die Sicherheit, dass es sich lohnt, den Prozess auch mal loszulassen und einfach zu starten.

Umfragen zeigen, dass nur neun Prozent der befragten Unternehmen Innovation für nicht oder wenig wichtig halten. Für die Mehrheit von 82 Prozent ist die Geschäftsstrategie eng mit Innovation verbunden. Damit das klappt, setzen sie vor allem auf die Zusammenarbeit mit Menschen unterschiedlicher Hintergründe und ziehen externe Berater als Impulsgeber projektweise hinzu.

Das zeigt: Zusammenarbeit ist das Nonplusultra für erfolgreiche Innovation, die ein chaotischer und in der Regel auch nichtlinearer Prozess ist und auf einem Fundament aus Empathie und Kreativität basiert. Zum Glück verstehen Unternehmen auch immer mehr, dass der wirkliche Durchbruch immer direkt von den Menschen kommt, die ihre Ideen miteinander teilen und zusammen weiterbearbeiten.

Es ist und bleibt also der Mensch, der die Grundlage jeder Innovation und Kreativität ist. Der Mythos des einsamen Genies, das im stillen Kämmerlein einen Blitzgedanken nach dem anderen hat, ist dabei ein sich hartnäckig haltendes Klischee. Dabei kommen Einsichten und Ideen von Menschen, die gemeinsam und iterativ zusammenarbeiten. Menschen brauchen Menschen – um mit ihnen gemeinsam zu denken, Ideen auszuloten, Komplexität zu entwirren und durch Klarheit zu brillanten und funktionierenden Lösungen zu gelangen.

Von genau diesem unverkrampften Miteinander gekennzeichnet sind die neuen Generationen an Mitarbeitenden, die nach und nach die bestehende Generation in den Unternehmen ablösen. Dadurch schaffen sie beste Voraussetzungen, um die Organisation an die Spitze zu führen. Kein Wunder also, dass erfolgreiche Unternehmen jede Gelegenheit nutzen, ihre neuen Wissensarbeiter so gut es geht zu unterstützen, damit diese produktiv und lösungsorientiert arbeiten können. Die richtigen Räume helfen dabei, denn sie schaffen eine physische Begegnungsstätte, in der Menschen sich untereinander austauschen, voneinander lernen und starke Netzwerke aufbauen, die so wichtig sind, um große Probleme zu bewältigen.

Räume schaffen die Basis für ein erfolgreiches Gesamterlebnis. Dazu müssen sie aber auch vielfältigsten Anforderungen gerecht werden. Räume müssen so angelegt sein, dass sie die Unternehmenskultur stärken, aber auch die laufenden Abläufe optimal unterstützen und die vorhandenen Technologien sinnvoll miteinbeziehen. Wenn diese Verflechtung gelingt, werden Innovationsvorhaben optimal unterstützt und vereinfacht.

Bei Design Thinking geht es vor allem um Menschen, die zu einem bestimmten Zweck zusammenkommen und ihr Fachwissen teilen. Und um die Menschen, für die das Team eine Lösung sucht. Damit diese intensive Zusammenarbeit auch gelingt, müssen diese Menschen in die Lage versetzt werden, gemeinsam und in Ruhe zu diskutieren, zu interagieren und entsprechende Maßnahmen zu ergreifen. Gerade in Design-Thinking-Räumen sollte keine Kontrollmentalität herrschen, sondern eine Dirigentenmentalität: Es geht darum, die richtige Mischung von Menschen, Ideen und Perspektiven zu finden und zu ermöglichen, sodass eine eigene Dynamik entsteht.

Mind Space: Förderung der Denkweise des Design Thinkers im Raum

Wirklich bahnbrechende Innovationen sind oft solche, die sich den herkömmlichen Konventionen widersetzen. Sie sind das Produkt mehrerer verschiedener Einsichten und Ideen, die miteinander kombiniert werden.

Einen Design Thinker können Sie an folgenden Eigenschaften erkennen:

- **Offene Haltung:** das Vertrauen darin, dass sich eine passende Lösung finden wird
- **Mut:** die Bereitschaft, Risiken einzugehen
- **Neugierde:** die Fähigkeit, der eigenen Intuition nachzugehen und Dinge auszuprobieren

Um scheinbar zufällige oder entgegengesetzte Gedanken und Informationen zu verarbeiten, muss das menschliche Gehirn für neue Verbindungen offen sein und sich der möglichen Blockaden, die diese Verbindungen verhindern könnten, bewusst sein. In der Meinung eines Menschen sind auch Überzeugungen über die Organisation, ihre Kultur und ihre Werte enthalten. Indem wir uns auf diese mentalen Modelle einlassen, können wir einen Einblick gewinnen, wie die Einstellungen und Überzeugungen der Menschen deren Welt beeinflussen.

Ein Design-Thinking-Raum ist ein sehr vielseitiger Raum, in dem es sowohl den Besprechungs- als auch den individuellen Arbeitsbereich geben sollte. Er muss viel breiter betrachtet werden als traditionelle Räume wie Konferenzräume oder Arbeitsplätze. Der Raum dient als ein informeller Raum innerhalb eines Unternehmens. Alleine wenn Sie den obligatorischen großen Konferenztisch wegstellen und stattdessen kleinere Tische verwenden, die Wände mit Farben versehen und auf natürliches Licht achten, fühlen Sie sich gleich wesentlich inspirierter als im klassischen Konferenzraum mit weißen Wänden.

Im Rahmen einer Beratung habe ich einem Unternehmen vorgeschlagen, alle 20 Meter in den Gängen Kaffee-Stationen aufzubauen. Das führte zuerst zu lauten Ausrufen, dass das nur Kosten verursachen, aber keinen Nutzen bringen würde. Wir ließen uns aber nicht von diesen Rufen verunsichern und führten auch die Regel ein, nicht am Arbeitstisch zu essen. In den langen Gängen stellten wir bequeme Sofas auf. All diese Dinge führten zu mehr Kollaboration durch improvisierte Zusammenkünfte. Die Menschen unterhielten sich mehr mit anderen Personen, tauschten so ihre Gedanken und Neuigkeiten aus. Das spiegelte sich bereits nach kurzer Zeit in der anschließenden internen Zufriedenheitsbefragung der Mitarbeitenden wider.

Sie können aber auch überlegen, einen externen Design-Thinking- bzw. Innovationsraum für gewisse Projekte anzumieten. Solche speziell aufgebauten Räume helfen nicht nur dem menschlichen Gehirn, innovativ zu denken, sondern sie haben noch weitere Vorteile: Einerseits können Sie mithilfe eines solchen Raums einen neutralen Ort entwickeln. Sie laden Ihre Kunden nicht in Ihr Unternehmen ein, sondern in einen Raum, wo beide Seiten nur zu Gast sind und sich dadurch anders verhalten. Der zweite wichtige Grund ist, dass Sie so eine Gruppe von Personen, die gemeinsam an einer Innovationsherausforderung arbeiten, an einen neutralen Ort bringen, an dem sie viel einfacher in ungewohnten Bahnen und mutiger denken können und auch die Bedürfnisse und Interessen der Kunden besser verstehen.

Innovation braucht gezielte Strategien zur Nutzung von physischen Räumen. Dadurch steigt die Fähigkeit eines Unternehmens, neue Verbindungen zu fördern, die wiederum zu großen Veränderungen in der Art und Weise führen können, wie alle denken und innovieren.

Der virtuelle Design-Thinking-Raum
Der virtuelle Raum ist kritisch zu betrachten. Dank der virtuellen Technologie können Sie zwar sehr effektiv viele Mitarbeiter und Mitarbeiterinnen über Unternehmensgrenzen hinweg einbinden, unabhängig von den Regionen und Zeitzonen, in denen diese leben. Beim physischen Raum ist die Förderung des Engagements jedoch einfacher. Auch Themen wie Ausrichtung, Entscheidungsfindung und Teambildung können dort besser erarbeitet werden. Allerdings ist es zumeist schwierig, organisatorisch aufwendig und teuer, die richtigen Teilnehmenden gleichzeitig zusammenzubringen.

Ein virtueller Raum fördert auch die Teilnahme, da die Beteiligung auf eine kürzere Zeit angelegt ist. Man nimmt sich eher zwei Minuten Zeit, um seine Idee einzubringen, als für ein Meeting acht Stunden zu blocken.

Letztendlich erfüllt der virtuelle Raum zwei wichtige Aufgaben im Zusammenhang mit Unternehmensinnovationen: Indem Sie Einsichten, Ideen und Möglichkeiten in einer Online-Umgebung sammeln, stellen Sie sicher, dass diese Innovationselemente skaliert werden. Wie bereits erwähnt, ist bahnbrechende Innovation oft das Produkt mehrerer verschiedener Einsichten und Ideen. Die virtuelle Umgebung kann Ihnen dabei helfen, diese Einsichten und Ideen auf neue Art und Weise zu betrachten und verborgene Annahmen über Ihren Markt oder Ihre Konkurrenten oder Ihr gesamtes Unternehmen (einschließlich Ihrer Lieferanten, Mitarbeiter und Kunden) aufzudecken.

Zweitens hilft Ihnen das passende Online-Tool, Ideen zu filtern und auszuwählen und diese Ideen während des gesamten Implementierungsprozesses zu verfolgen. Es ist eine Sache, Ideen festzuhalten. Die eigentliche Arbeit besteht darin, die Entwicklung dieser Ideen in Projekte zu überführen.

Unter dem Strich geht es aber nicht darum, sich für einen physischen oder virtuellen Innovationsraum zu entscheiden. Die Innovationspraxis erfordert das Wechseln zwischen diesen beiden Räumen, unterstützt durch das richtige Mindset.

Räume als neue Innovationspraxis
Der physische Design-Thinking-Raum hilft, tiefes Engagement zu fördern, während der virtuelle Raum Ihnen erlaubt, das, was Sie im physischen Raum gelernt haben, zu erfassen und es in etwas Reales zu verwandeln. Der Denkraum deckt beide Aspekte ab.

In den meisten Fällen spielt es sich auch tatsächlich so ab: Wir arbeiten mit einem kleinen Kernteam innerhalb eines physischen Design-Thinking-Raums. Dadurch können wir zunächst das richtige Klima für die Zusammenarbeit herstellen. Danach setzen wir uns intensiv mit den unterschiedlichen Herausforderungen auseinander und definieren die Schlüsselthemen neu. Die Ideen können dann im virtuellen Raum erkundet werden – indem der Input, das Wissen und die Ideen von vielen anderen (Hunderten oder Tausenden) innerhalb und außerhalb des Unternehmens gesucht werden und jedem Einzelnen die Zeit gegeben wird, in seinem eigenen Raum zu denken und zu reflektieren.

Wir nutzten diesen Ansatz erst vor Kurzem in einem Unternehmen aus dem Bankensektor. Zunächst stellten wir ein heterogenes Team innerhalb des Unternehmens zusammen, das sich in einem extra dafür eingerichteten physischen Raum traf. Dadurch konnten wir das richtige Klima und die richtige Einstellung für ihre kreative Zusammenarbeit entwickeln. Nachdem das Team mehrere vielversprechende Ideen rund um die Fragestellung gefunden hatte, setzten wir ein Online-Kollaborationstool ein, um verschiedene Stakeholder innerhalb des Unternehmens stärker einzubeziehen. Dadurch konnten wir diese Ideen weiterentwickeln und auch stärken. Auf diese Weise ermöglichen wir die Teilnahme vieler anderer Stimmen aus dem gesamten Unternehmen und unterbanden gleichzeitig das „Not Invented Here"-Syndrom. Die endgültig mehrfach iterierte Lösung wurde dann in einem weiteren Meeting mit der Kerngruppe diskutiert und erarbeitet.

**Expertentipp
von Stefan Camenzind**

Platz zum Arbeiten zu haben bedeutet nicht, dass es der richtige Platz für den Job ist. Die Mitarbeitenden müssen die Möglichkeit haben, ihre eigenen Arbeitsbereiche so zu gestalten, dass sie sich auch wohl, miteinander verbunden und voller Energie fühlen. Wenn Sie Zweifel haben, befragen Sie Ihre Mitarbeiter und Mitarbeiterinnen selbst, um herauszufinden, was sie sich von einem Arbeitsplatz wünschen. Auch wenn Sie möglicherweise nicht jeden Wunsch erfüllen können, sind solche Gespräche ein guter Ausgangspunkt.

**Expertentipp
von Thomas Fundneider**

Ein Raum muss in erster Linie ein Enabler sein, der dazu beiträgt, dass am Ende auch das gewünschte Ergebnis herauskommt. Den Fokus alleine auf den Raum zu legen, ist nicht der richtige Weg. Es müssen unbedingt vorab Dinge vorbereitet werden, wie die Arbeit am Zusammenhalt und Vertrauen innerhalb des Teams. Wenn diese Vorbereitungen nicht passiert sind, hilft der schönste Raum nicht weiter. Wenn sowohl der Raum selbst als auch die Vorbereitung gut umgesetzt wurden, wird der Erfolg meistens alleine dem Raum zugeschrieben. Die Menschen merken sich aufgrund des Raums den Erfolg und können ihn dort auch wieder abrufen. Der Raum ist präsent, aber letztlich war es immer das Gesamt-Setting, das wirkt.

 Körperliche Bewegung

Nur gesunde Mitarbeitende sind gute Mitarbeitende. Daher ist es wichtig, dass die Mitarbeiter und Mitarbeiterinnen den ganzen Tag in Bewegung bleiben, um ihr körperliches Wohlbefinden zu erhalten. Der Raum sollte eine Vielzahl an Körperhaltungen unterstützen und die Bewegung fördern. Das können Stehtische, Sitzgelegenheiten zur Unterstützung der Interaktion mit anderen und sogar Lounge-Möbel sein, in denen sich die Mitarbeitenden leger zurücklehnen können, um sich zu entspannen. Es gibt zahlreiche Möglichkeiten, das körperliche Wohlbefinden zu optimieren. Bewegung ist ein Schlüsselfaktor für die Regeneration des Gehirns und hilft uns dabei, unsere besten Ideen zu entwickeln.

2.3 Innovationsmodelle und deren Einfluss auf Innovationsräume

Die gewachsene Bedeutung von Innovation zeigt auch die Fülle an Büchern zu diesem Thema, die in den letzten Jahren veröffentlicht wurden. Menschen treibt ein starkes Verlangen, ein tieferes Verständnis dafür zu entwickeln, was Innovation wirklich ist.

Grob kann man zwischen nachhaltiger und disruptiver Innovation unterscheiden. Während nachhaltige Innovation eine Verbesserung bereits bestehender Dinge beschreibt, schafft disruptive Innovation neue Produkte, Dienstleistungen und teilweise vollkommen neue Märkte.

Nachhaltige Innovation erfüllt tatsächliche Kundenbedürfnisse. Dadurch steigt der Absatz und der Wettbewerbsvorteil wächst. Disruptive Innovation sichert den Unternehmen Wettbewerbsvorteile und bringt neue Dynamik in den Markt.

Unternehmen brauchen sowohl disruptive als auch nachhaltige Innovationen, um die Pole Position zu erobern und dort auch zu bleiben.

Innovationsprozesse finden in Räumen statt. In dieser Umgebung passiert so viel, dass der Arbeitsplatz für Innovation sowohl inspirieren als auch den ganzen Prozess erleichtern muss. Und das ist heute wichtiger denn je, denn die neue Generation arbeitet vollkommen anders, als es bisher der Fall war. Und auch die Anforderungen sind andere: Unternehmen erwarten von ihren Mitarbeitern, dass sie jederzeit kreativ sind.

Für welches Innovationsmodell ein Unternehmen sich entscheidet und welche Ziele es verfolgt, ist für die Gestaltung und das Design des Raums ein wichtiger Faktor. Sie können mit dem bewussten Gestalten des Raums maßgeblich die Innovationsbemühungen beeinflussen und verbessern. Mit dem Design eines Raums können Sie Barrieren beseitigen und die Arbeit der Mitarbeitenden unterstützen.

2.3.1 Steelcase-Innovationsmodelle

Das Unternehmen Steelcase[9] hat eine interessante Forschungsarbeit in Zusammenarbeit mit Architekten, Designern und Unternehmen durchgeführt. Das Ziel war, herauszufinden, was erforderlich ist, damit Unternehmen Innovationen und die notwendigen Interaktionen fördern können.

Die Umfrageergebnisse zeigen, dass viele Arbeitsplatzstrategien nicht mit den tatsächlichen Innovationsprozessen und -ambitionen von Unternehmen Schritt halten. Immer noch haben die meisten Unternehmen (75 Prozent) Abteilungen, die konzentriert für sich zusammenarbeiten, obwohl der Innovationsprozess im ganzen Unternehmen stattfinden und nicht nur auf eine Abteilung alleine fokussiert sein sollte. Die Frage, ob ihr Unternehmen einen speziellen Raum zur Verfügung stellt, der den Innovationsprozess unterstützt, bejahten 69 Prozent der Befragten. Die meisten Arbeitnehmenden arbeiten jedoch nach wie vor in individuellen Räumen, die Innovationen nicht wirklich unterstützen, da der Austausch mit anderen fehlt. Auch ein traditioneller Konferenzraum fördert den Prozess nicht. Es fehlt also an der Bereitstel-

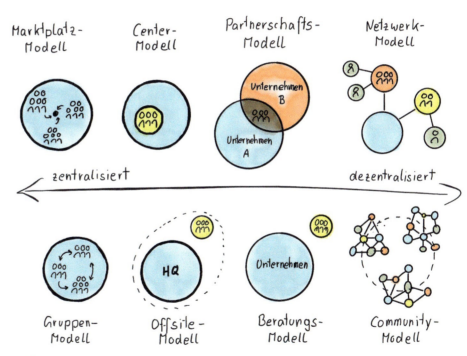

Bild 2.6 Innovationsmodelle nach Steelcase (eigene Darstellung). Zeichnung: Peter Gerstbach

---

9 *https://www.steelcase.com/research/articles/topics/innovation/how-place-fosters-innovation/,* abgerufen am 30.06.2018

lung der passenden Freiräume, die sowohl Prozesse als auch Menschen zu schnelleren, stärkeren Innovationen antreiben.

Im Laufe dieser Untersuchung identifizierte Steelcase acht verschiedene Innovationsmodelle innerhalb von Unternehmen, die jeweils ihre eigenen räumlichen Implikationen aufweisen. Dazu wurden unterschiedlichste Unternehmen in verschiedenen Branchen untersucht. Es zeigt sich, dass das Thema Innovation vollkommen unterschiedlich angegangen wird: Jedes Modell hat seine eigenen Implikationen für die Art von Raum, der die Menschen dabei unterstützt, einfacher neue Ideen zu entwickeln:

Das Marktplatzmodell
Das Marktplatzmodell ist ein Modell innerhalb eines Unternehmens, bei dem die Konzept- und die Innovationsentwicklung innerhalb der Abteilungen miteinander verbunden sind. In allen Abteilungen werden gemeinschaftlich Ideen miteinander geteilt, Innovation ist Sache jedes Einzelnen und nicht nur von einem einzigen Team abhängig.

Damit dieses Modell funktioniert, ist es wichtig, dass die Teams zusammenarbeiten und Ideen austauschen. Eine zentrale Stelle sammelt die Informationen und visualisiert diese sichtbar für das gesamte Unternehmen. Diskussionen und Ideenaustausch finden in Cafés statt, in denen man sich wohlfühlt und gut unterhalten kann. Das Ziel ist, dass Menschen sich dort zufällig treffen, miteinander austauschen und so neue Ideen entstehen.

Das Gruppenmodell
Im Gruppenmodell teilen sich unterschiedliche Abteilungen Ressourcen, um so auch schnell Hilfe zu bekommen. Der Raum unterstützt eine gemeinsame Kultur, um vor allem Forschungen und Entwicklungen durch die Zusammenarbeit von verschiedenen Bereichen zu fördern.

Die Räume sind so ausgerichtet, dass jede Gruppe eine eigene Visualisierungsfläche für gemeinsame Ideen und Informationen hat und dass dennoch private Bereiche die Möglichkeit bieten, Ideen zu testen, ohne dass diese gleich für jeden sichtbar sind. So kann das Team flexibel reagieren und sich mit anderen Bereichen gut austauschen.

Case Study Steelcase

Der Hersteller von Büroeinrichtungen und Raumlösungen Steelcase hat sein Learning + Innovation Center (LINC) in München errichtet. Das Design dieses Gebäudes basiert auf den Prinzipien Lernen, Zusammenarbeit, Kreativität und Vertrauen. Der physische Arbeitsplatz trägt dazu bei, Menschen zu inspirieren und so Innovation anzuregen.
Das Ziel war, einen Ort zu schaffen, an dem Menschen zusammenkommen, Beziehungen zueinander aufbauen und gemeinsam wachsen. Im Learning + Innovation Center arbeiten ca. 280 Mitarbeitende aus 28 Nationen verschiedenen Alters mit unterschiedlichen Hintergründen zusammen. Das Gebäude hat ca. 14 400 m² und besteht aus verschiedenen Arbeitsflächen, die mithilfe einer wohnlichen Atmosphäre viele Möglichkeiten bieten, je nach Aufgabenstellung die passende Umgebung auszuwählen.

Im Zentrum des Centers stehen Kommunikation und Transparenz: Das „Work-Café" hat einen eigenen Barista und ist zentral gelegen. Hier können Menschen zusammenarbeiten, sich erholen und vor allem austauschen. In direkter Nähe zum Work-Café befindet sich die sogenannte „Leadership Community". Dort im ersten Stock laufen sich die Mitarbeitenden ständig über den Weg. Die Führungskräfte sind sichtbar und erreichbar und fördern bewusst den Austausch mit ihren Kollegen. Das hilft, dicht am Geschehen zu sein. Besonders ist auch die Treppe der Innovation (Bild 2.7): Breite, offene Stufen verbinden die einzelnen Stockwerke. Dadurch ergibt sich ein wunderbarer Einblick in die verschiedenen Arbeitsbereiche. Bei der Erstellung des LINC wurde vor allem auf informelle Bereiche sowie speziell ausgestattete Lernräume geachtet, damit das gemeinsame Lernen gefördert wird. Es gibt auch speziell ausgestattete Lernräume, die Personen aus anderen Standorten direkt miteinander verbinden und in die Prozesse einbinden.

Bild 2.7
Die zentrale Treppe, die die Stockwerke bei Steelcase in München verbindet.
Foto: Peter Gerstbach.

Das Center-Modell

Bei diesem Modell gibt es eine einzige zentrale Abteilung, die innerhalb des Unternehmens für Innovation zuständig ist. Dieses Team verfügt über spezielle Branchenkenntnisse und nutzt ungewöhnliche, nicht unternehmenstypische Prozesse, um Innovationen zu fördern. Dennoch ist diese Abteilung in das Unternehmen so integriert, dass sie jederzeit und problemlos auf andere Ressourcen zugreifen kann.

Ein Raum, der als gemeinsamer Rückzugsort im Zentrum fungiert, unterstützt das Modell. Die Menschen sollen einen Raum haben, in dem sie sich entspannen und plaudern können, aber wohin sie sich auch zurückziehen können, um mit anderen Ideen und Prototypen zu testen.

Das Off-Site-Modell

Manche Unternehmen setzen auf ein eigenes Innovationsteam, das bewusst nicht in die Unternehmenskultur miteingebunden ist, sondern das autonom agiert, aber trotzdem auf unternehmensinterne Ressourcen zugreifen kann. Das Team hat eine einzigartige Kultur und die Freiheit, unterschiedliche Werte und Prozesse zu verfolgen.

Das Team tauscht sich ständig mit der Unternehmenszentrale aus, ist aber dennoch in einer eigenen Zone, die Platz für Treffen mit Externen bietet. Zusätzlich gibt es Bereiche, die nur für das Team zugänglich sind und die es ihnen ermöglichen, mutig Ideen auszuleben (Labore, Projekträume etc.).

Das Partnerschaftsmodell

Bei diesem Modell ist der Grundgedanke, dass die besten Ergebnisse entstehen, wenn das Wissen und die Perspektiven der verschiedenen Menschen sich miteinander verbinden. Allianzen werden genutzt, um gezielt Kompetenzen zu vernetzen und sich auch das Risiko und die Kosten zu teilen. Ein gutes Beispiel ist Apple, das mit Nike gemeinsam einen Laufschuh entwickelt hat, der über ein integriertes iPhone Informationen zu Geschwindigkeit oder Distanz liefert.

In diesem Modell hat jeder seinen eigenen Raum, aber es gibt auch einen gemeinsamen Platz, der vor allem für Tests und gemeinsame Entwicklungen genutzt wird. Jedes Team verfügt über sein eigenes Terrain, um sich die notwendigen Ressourcen und Informationen zu holen. Präsentiert und diskutiert wird dann wieder auf gemeinschaftlicher Ebene.

Das Beratungsmodell
Viele Innovationsberater kommen als Externe für einen gewissen Zeitraum in ein Unternehmen, um dieses projektweise mit ihrer Expertise zu unterstützen. Diese externe Perspektive bringt frischen Wind in alteingesessene Annahmen und Sichtweisen innerhalb des Unternehmens. So werden viele unterschiedliche Innovationen angestoßen, die nicht nur das eigentliche Projekt befruchten.

Ähnlich wie beim Partnerschaftsmodell agiert der Innovationsexperte hauptsächlich in seinem eigenen Raum, kommt aber immer wieder ins Unternehmen, um dort Informationen zu teilen, Prototypen zu testen und weitere Ideen zu generieren. Idealerweise wird dazu ein neutraler Raum wie ein Projektraum genutzt. Die individuelle Kultur wird weiterhin verfolgt und gelebt.

Das Netzwerkmodell
Beim Netzwerkmodell werden unterschiedliche Menschen eingeladen, um ihre Ideen mit anderen zu teilen und sich auszutauschen. Der Input-Prozess passiert dabei zufällig, denn es gilt, die Bandbreite von Perspektiven und unerwarteten Ergebnissen zu nutzen – die von Menschen stammt, die freiwillig und aus eigener Motivation heraus teilnehmen (beispielsweise Legos Webseite, auf der Ideen geteilt und diskutiert werden; daraus rekrutiert Lego einige seiner besten Ideen).

Der Raum kann durchaus virtueller Natur sein. Wichtig ist, dass die Barriere gering ist, damit sich Menschen treffen, Informationen teilen und diese dann weiterverfolgen und in Ideen umwandeln. Die Verfeinerung und Umsetzung erfolgen allerdings wieder im unternehmensinternen Team.

Das Community-Modell
Bei diesem Modell trifft sich ein autonomes Netzwerk, um Ideen zu teilen und so auf gemeinsame Bedürfnisse zu stoßen, die dann gelöst werden. Durch die verschiedenen Perspektiven, die unabhängig voneinander sind, kann ein offener und freier Wissenstransfer erfolgen.

Meist ist dieses Modell sehr technologieabhängig. Aber auch an Orten, die ähnlich einem Co-Working-Space fungieren, profitieren die unterschiedlichen Menschen von den verschiedenen Ansätzen und Arbeitsweisen. Ein sozialer Lounge-Bereich ist eine willkommene Abwechslung zum individuellen Arbeitsplatz. Oft werden

Damit die Menschen in einem Unternehmen kreativ und innovativ agieren, ist es wichtig, dass die Räume den vielfältigen Anforderungen gerecht werden, aber auch die Unternehmenskultur kreative Vorstöße unterstützt. Nur in einer Umgebung, in der sich Menschen wohl und frei fühlen, können sie ihrer Kreativität freien Lauf lassen. Um Ihren Innovationsraum passend einzurichten, müssen Sie sich vorab überlegen, welches Ziel Sie innerhalb Ihres Unternehmens erreichen wollen und was Sie dafür brauchen. Dadurch können Sie auf die Bedürfnisse gezielt eingehen und Ihre Mitarbeitenden in ihrer täglichen Arbeit bestmöglich unterstützen.

Wenn Sie aufgrund diverser Rahmenbedingungen mit virtuellen Teams arbeiten, achten Sie auf eine sinnvolle Miteinbeziehung der vorhandenen Technologien, damit das Team ungestört zusammenarbeiten kann.

in solchen Modellen auch Präsentationen oder Veranstaltungen organisiert, um den Raum einerseits unpersönlicher zu gestalten, aber dennoch die Kollaboration zu fördern.

2.4 Zusammenarbeit und Wissensarbeit

Es gibt viele unterschiedliche Theorien und Ansätze dazu, wie erfolgreiche Zusammenarbeit in Unternehmen aussehen sollte. Fast alle erfolgreichen Unternehmen bestätigen die Wichtigkeit von heterogenen Teams, die zusammenarbeiten. Aber es gibt kaum eine gemeinsame Definition, wie genau das aussehen soll oder was das wirklich bedeutet. Viele Unternehmen versuchen einerseits, die Zusammenarbeit bewusst zu fördern, entwickeln aber andererseits zeitgleich Prozesse, die die Flexibilität enorm einschränken. Aus Verzweiflung und Nichtwissen darüber, was sie ändern können, platzieren sie Möbel in ihren Konferenzräumen um, stellen teure Kaffeemaschinen auf oder kaufen fancy Büromöbel – und nennen das dann innovativ.

Wissen ist im Grunde die einzige Quelle für einen dauerhaften Wettbewerbsvorteil. Wenn sich Märkte verschieben, Technologien rasant weiterentwickeln und Produkte mehr oder minder über Nacht obsolet werden, braucht es vor allem neues Wissen, um schnell zu reagieren. Der Wissenschaftler und Nobelpreisträger Herbert Simon sah das Unternehmen als eine Maschine zur „Informationsverarbeitung". Nach dieser Sichtweise ist das einzig nützliche Wissen formal und quantifizierbar. Es besteht aus Daten, Verfahren und universellen Prinzipien. Neues Wissen erhöht die Effizienz und senkt die Kosten. Dabei geht es aber nicht darum, objektive Informationen zu verarbeiten. Vielmehr kommt es darauf an, höchst subjektive Erkenntnisse einzelner Mitarbeiter so zu erfassen, dass sie für das gesamte Unternehmen von Nutzen sind. Das erreichen Unternehmen dadurch, dass sie die Motivation und das Engagement der Mitarbeiter erhöhen und einen ganzheitlichen Zugang ermöglichen.

Case Study Merck Innovation Center

Das neue Innovationszentrum der Firma Merck in Darmstadt könnte in einer ersten vagen Beschreibung als Großraumbüro definiert werden. Wer aber das Gebäude mit seiner beeindruckenden Innenarchitektur betritt, merkt schnell, dass eine solche Beschreibung nicht zutrifft. Als Ergänzung zu Forschung und Entwicklung in den Unternehmensbereichen verfolgt das Innovationszentrum das Ziel, völlig neue, über das bisherige Spektrum hinausgehende Geschäfte und Technologien zu entwickeln und Menschen, Technologien und Kompetenzen aus unterschiedlichen Gebieten unter einem Dach zu vereinen. Mit seiner offenen Architektur ist das Innovationszentrum so konzipiert, dass es Arbeitsbereiche mit öffentlich zugänglichen Bereichen unter einem Dach vereint. Die unterschiedlichen Bereiche sollen Mitarbeiter und Besucher gleichermaßen zum Ideenaustausch in einer einladenden Umgebung und zur fach- und funktionsübergreifenden Zusammenarbeit animieren.

Die sechs Ebenen des Gebäudes sind ähnlich wie eine Origami-Figur konzipiert und ergeben eine Spirale. Dadurch sind die Etagen nicht voneinander abgegrenzt, sondern offen und transparent. Es ist ein einziger großer Raum, in dem sich die Menschen permanent begegnen.

Die einzelnen Ebenen sind brückenartig miteinander verbunden und haben zwischen den einzelnen Arbeitsflächen ovale Knotenpunkte, die die jeweiligen Arbeitsflächen miteinander verbinden. Dadurch werden die Wege von einer Etage zur anderen sehr unbeschwert begehbar. In vielen Teilen des Gebäudes ist die Raumhöhe so hoch, dass die Arbeitsplätze zu schweben scheinen. Entlang der Fassade gibt es Mezzanine. Hier finden sich die einzigen separaten Räume, um sich zu konzentrieren oder in Ruhe ein Meeting abhalten zu können. Die Fassade ist transparent. Dank der schallabsorbierenden Decken ist die Akustik hervorragend.

Schreibtische und Schränke stehen auf Rollen, damit die Teams ohne viel Aufwand ihre Arbeitsbereiche wechseln und auch verschieben können. In jeder Ebene findet sich auch eine gemütliche Sitzecke, in die sich die Mitarbeiter zurückziehen und entspannt miteinander unterhalten und arbeiten können. In der sechsten Ebene gibt es eine eigene Erholungszone. Dort sind die obligatorischen Sitzsäcke angesiedelt. Aber auch der hauseigene Makerspace, eine offene Werkstatt, befindet sich auf dieser Ebene. 3D-Scanner, 3D-Drucker, Laserschneidemaschinen und ganz normales Werkzeug machen es möglich, dass jeder Mitarbeiter schnell und einfach erste Prototypen entwickeln kann.

Bild 2.8 Die brückenartig verbundenen Ebenen im Merck Innovation Center in Darmstadt. Foto: Merck.

2.4.1 Wissensaufbau als Spirale

Wissen beginnt immer beim Einzelnen. Ein Mensch hat eine geniale Erkenntnis, die wiederum zu einer Idee führt. Wenn sich ein Trend oder Muster aus mehreren Ideen ableiten lässt, entsteht ein Katalysator für ein neues Konzept. Dieses Konzept wird wiederum von anderen Menschen, die über spezifisches Know-how verfügen, weiterentwickelt und so in organisatorisches Wissen umgewandelt, das wiederum für das gesamte Unternehmen wertvoll und wichtig ist.

Dieses Wissen für alle Mitarbeitenden zugänglich zu machen, ist eine der zentralen Aufgaben eines Unternehmens. Dieser Prozess sollte daher unbedingt kontinuierlich und auf allen Ebenen des Unternehmens gleichzeitig stattfinden.

In ihrem Buch „The Knowledge-Creating Company" haben Ikujiro Nonaka und Hirotaka Takeuchi vier verschiedene Modi beschrieben, die essenziell für den Prozess des Wissensaufbaus sind. Dieser Wissensaufbau treibt wiederum Kreativität und Innovation voran:

- **Fokussierung:** Jeder Mitarbeitende benötigt eine gewisse Zeit, um sich zu konzentrieren und sich so auf bestimmte Aufgaben wie Denken, Lernen, Strategie und Verarbeitung zu fokussieren. Das geschieht am besten in der eigenen Zone, also am eigenen Arbeitsplatz.
- **Zusammenarbeit:** Grundsätzlich geht es in der Zusammenarbeit darum, mit einem oder mehreren Menschen zusammenzuarbeiten, mit

dem Ziel, gemeinsam Inhalte und Ideen zu entwickeln. Dieses Wissen wird im Idealfall zusammengeführt und das wiederum stärkt den Teamgeist.

- **Lernen:** Lernen bedeutet, Wissen aufzubauen – ob in einem Klassenzimmer oder in einem Gespräch mit anderen. Lernen geschieht am besten, indem man auf dem aufbaut, was bereits bekannt ist. Wenn das Denken für andere sichtbar gemacht wird, wird das Lernen beschleunigt und zu einem integrierten Teil der Unternehmenskultur.
- **Sozialisieren:** Damit Wissen in ein Unternehmen eingeführt werden kann und nützlich ist, muss es sozialisiert werden. Das bedeutet, dass Menschen sowohl formal als auch informell miteinander arbeiten und dadurch voneinander lernen und Vertrauen aufbauen. Diese Mischung von Vertrauen und Wissen ist die notwendige Zutat von Unternehmen für Innovation.

In diesen vier Arbeitsmodi werden zwei Arten von Wissen entwickelt: implizites und explizites Wissen.

Implizites Wissen wird auch „stilles Wissen" genannt. Dieses Wissen ist schwer „zu greifen" und wird meistens über Beobachtung und Übung weitergegeben. Der Lehrling lernt durch seinen Meister, aber dabei erhalten weder der Lehrling noch der Meister einen systematischen Einblick in das handwerkliche Wissen des jeweils anderen. Nur weil das Wissen dann explizit gemacht wird, bedeutet das nicht gleich, dass es leichter vom Unternehmen genutzt werden kann.

Ein Beispiel für explizites Wissen wäre, wenn ein Unternehmen Informationen aus allen Abteilungen in einem Finanzbericht zusammenfasst. Dieser Bericht umfasst neues Wissen in dem Sinne, dass er Informationen aus verschiedenen Quellen zusammenfasst. Die neue Kombination erweitert aber nicht das bestehende Wissen.

Wenn Unternehmen nun explizites und implizites Wissen zusammenfügen, entsteht ein enormer Nährboden für Innovationen. Denn wenn Sie in der Lage sind, das implizite Wissen über die Handwerkskunst zu kommunizieren, und es in explizites Wissen umwandeln, können Sie es leichter teilen – und neue Ideen daraus entwickeln.

Ein weiterer Vorteil ist, dass beim Austausch von explizitem und implizitem Wissen die Mitarbeiter Wissen internalisieren. Das bedeutet, dass sie das Wissen nutzen, um das eigene implizite Wissen zu erweitern und neu zu definieren. Andere Mitarbeiter nutzen die neuen Erkenntnisse, führen sie als Werkzeuge und Ressourcen in ihre eigenen Tätigkeiten ein und machen sie dadurch zu einem selbstverständlichen Teil des Unternehmens.

Ikuko Tanaka hat folgende Punkte als Wissensspirale (siehe Bild 2.9) in die Wirtschaft überführt:

1. Zuerst werden innerhalb des Teams und im Unternehmen die Geheimnisse weitergegeben.
2. Diese Geheimnisse werden in explizites Wissen umgewandelt, um es im Team zu teilen.
3. Das explizit gemachte Wissen wird standardisiert und in einem Handbuch zusammengefasst.
4. Schließlich wird dieses Handbuch mit neuen Erfahrungen erweitert.
5. Danach beginnt die Spirale von neuem, allerdings auf einer höheren Ebene. Auf diese Weise wird das Wissen des Unternehmens breiter.

Die entscheidenden Schritte in dieser Wissensspirale sind die Artikulation (Umwandlung von implizitem in explizites Wissen) und die Internalisierung (Erweiterung des impliziten durch explizites Wissen). Diese beiden Schritte sind deshalb so entscheidend, weil sie die aktive Beteiligung der Mitarbeitenden erfordern. Wenn ein Mitarbeiter nun sein implizites Wissen so kommuniziert, dass es zu einer Innovation führt, ist ein persönliches Engagement gegeben, weil dadurch vorhandenes Wissen aktiv erweitert wird.

Implizites, also stilles Wissen, erfordert zusätzlich zum Know-how auch Engagement, um

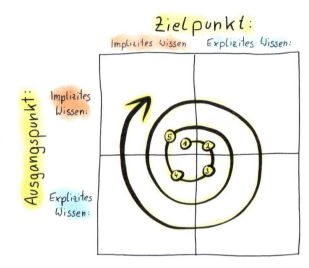

Bild 2.9 Die Wissensspirale nach Tanaka (eigene Darstellung). Zeichnung: Peter Gerstbach.

die Vision des Unternehmens umsetzen zu können. Wenn Menschen neues Wissen entwickeln, entwickeln sie sich selbst, das Unternehmen und ein Stück weit sogar die Welt neu.

Während in der Vergangenheit die Menschen lieber für sich alleine gearbeitet haben, sieht dies mittlerweile anders aus. Studien zeigen: 82 Prozent der Angestellten glauben, dass sie mit anderen zusammenarbeiten sollten, wenn sie in ihrer Arbeit wirklich vorankommen wollen. Wissensarbeit ist im Grunde eine soziale Aktivität geworden. Sie basiert auf einem Austausch, bei dem die Mitarbeiter auf den Ideen der anderen aufbauen und so gemeinsam neues Wissen schaffen. Kein Wunder, dass Menschen Räume suchen, die die soziale Natur dieser Arbeit unterstützen.

Da die Zusammenarbeit wichtiger denn je ist, ist die Form der Interaktion und Koordination komplizierter geworden. Mehr noch: Jede Ebene der Interaktion benötigt im Grunde ihren eigenen Raum.

„Bei Wissensgenerierung reichen bei den meisten Unternehmen klassische Arbeitsplätze mit sehr guter Anbindung an die digitale Welt." – Thomas Fundneider

2.4.2 Loop Learning

Unternehmen sind in einem beständigen Lernprozess. Zumindest sollten sie es sein, wenn sie erfolgreich sein wollen.

Es gibt verschiedene Arten des Lernens. Das Wichtigste ist, dass Menschen lernen, ihre Augen offen zu halten für das, was um sie herum vor sich geht. Wenn sie das tun, sind sie auch bereit, Bestehendes in Frage zu stellen. Sie können so auch leichter erkennen, wie Beziehungen entstehen, und verstehen den Zusammenhang verschiedener Konzepte. Das ist die Basis, um neuerworbenes Wissen von der Theorie in die Praxis umzusetzen.

Viele Unternehmen bauen Wissen darüber auf, wie sie mehr Geschäft machen, Kosten senken, Produktivität steigern und effizienter werden. Dieses Wissen nennt sich „Single-Loop-Lernen". Es passiert eigenständig und zielt darauf ab, vorhandene Ideen zu verbessern. Mitarbeiter und Führungskräfte entwickeln dazu Überlegungen, wie sie in einem bestehenden Bereich besser werden können.

Das Problem beim Single-Loop-Lernen ist allerdings, dass dieses Wissen Ihnen nicht dabei hilft zu verstehen, ob das, was Sie besser machen, auch tatsächlich sinnvoll ist bzw. das ist, was Sie tun sollten. Dazu müssen Sie sich dem „Double-Loop-Lernen" widmen.

Beim Double-Loop-Lernen sehen Sie sich zwar immer noch die internen Abläufe an und lernen, wie Sie diese verbessern können. Nur hören Sie bei diesem Schritt nicht auf, sondern treten aus dem Unternehmen heraus, sehen sich bewusst die Umgebung an, in der Sie agieren, und versuchen die Umgebung zu verstehen, in der Sie mit Ihrem Unternehmen agieren. Sie machen also ganz bewusst eine zweite Lernschleife.

Diese zweite Schleife ist schwierig, weil es nicht nur darum geht, die Welt um Sie herum zu betrachten. Sondern Sie müssen dabei auch ganz bewusst den Platz von Ihrem Unternehmen ansehen und bereit sein, Bestehendes in Frage zu stellen. Anstatt nur zu fragen, wie Sie Ihr Produkt besser verkaufen können, müssen Sie sich zunächst fragen, ob Sie überhaupt das richtige Produkt anbieten. Sie müssen die Mission Ihres Unternehmens infrage stellen, um zu entscheiden, ob diese Mission überhaupt noch gültig ist. Das bedeutet, dass Sie auch Ihre strategische Planung verwerfen müssen – wenn sie nicht mehr passt.

Jedes Unternehmen, das von neuen Wettbewerbern oder dem Markt generell herausgefordert wird, muss überlegen, wie sich die Welt verändert und wie es die eigenen Angebote weiterentwickeln kann, um den aufkommenden Anforderungen angesichts dieses Wettbewerbs gerecht zu werden. Das betrifft jede Branche: Banken, Supermärkte, Hotels, Fahrtdienste etc. Sie müssen also mehr tun, als nur zu prüfen, wie sie ihre tägliche Arbeit verbessern können. Sie müssen überlegen, ob das, was sie und ihre Mitarbeiter täglich tun, überhaupt von irgendeiner Relevanz ist.

Das ist wirklich nicht einfach, auch wenn es auf den ersten Blick einfach erscheint. Denn wenn Menschen schon lange Zeit bestimmte Abläufe verfolgen oder gewisse Dinge tun, fällt es ihnen schwer, etwas Neues oder anderes zu machen. Sie bekommen dann das Gefühl, dass ihre momentane Position, aber auch ihre Zukunft in Gefahr ist. Je stärker die Unternehmenskultur in den Köpfen und Herzen der Mitarbeiter verankert ist, desto schwieriger wird es, diese Kultur offen infrage zu stellen. Das gilt insbesondere dann, wenn die Dinge gerade im Moment gut laufen. Viele Menschen handeln lieber nach dem Motto „Wenn es nicht kaputt ist, dann reparieren Sie es auch nicht". Der Trick besteht jedoch darin, Trends zu erkennen, die dazu führen, dass Ihr Unternehmen in Zukunft gut läuft und weiterhin konkurrenzfähig ist, noch bevor es zu spät ist. Wenn Sie warten, bis es zu spät ist, dauert jede Änderung, die Sie machen müssen, zu lange. Im schlimmsten Fall bleiben Ihnen dann keine Optionen mehr und Sie müssen zusperren.

Damit diese Art des Lernens, das Double-Loop-Lernen, auch Teil Ihres Denkens und Handelns wird, müssen Sie es in Ihre Kultur integrieren. Lassen Sie Ihre Mitarbeiter ihren Beitrag zur Entscheidungsfindung leisten. Sprechen Sie über Trends und Veränderungen in Ihrer Branche. Geben Sie den Mitarbeitern Zeit, dass sie sich in Projekte einbringen, die sie persönlich interessieren. Stellen Sie berufliche Aus- und Weiterbildungsmöglichkeiten zur Verfügung.

Wenn Sie Ihren Mitarbeitern zeigen, dass Sie als Unternehmen aufgeschlossen sind, wird sich das schnell für alle Beteiligten auszahlen. Double-Loop-Lernen hilft Ihnen dabei, neue Optionen und Wege als solche zu erkennen und ihnen auch zu folgen. Eine Kultur des Lernens und die Bereitschaft, Bestehendes zu hinterfragen, hilft Ihnen dabei, Möglichkeiten zu erkennen, die Ihre Konkurrenten nicht haben.

**Expertentipp
von Stefan Camenzind**

Loop Learning ist für Stefan Camenzind ein wichtiger Teil des gesamten Prozesses. Das gesamte Unternehmen muss lernen, wie es die Räume und auch die Strukturen ändern muss, damit die Ergebnisse, die es erzielen will, auch tatsächlich erreicht werden können. Dazu braucht es die Einstellung eines konstanten Gefühls des Lernens bzw. der Einstellung von „es muss noch besser werden können".

**Expertentipp
von Ewald Braith**

Innovativ zu denken bedeutet für mich, immer zu denken, was anders machen zu wollen.

03 Grundlagen und Prinzipien

3.1 Grundlagenwissen

Es reicht nicht, einen beliebigen Innovationsraum von einem Unternehmen einfach zu kopieren oder Möbel, die Sie woanders gesehen haben, in Ihren Raum zu stellen. Bevor Sie mit der Planung und der Umsetzung Ihres individuellen Raums beginnen, sollten Sie zunächst die Unternehmenskultur und -ziele analysieren. Darauf aufbauend legen Sie fest, welche funktionalen Bereiche Sie für Ihre Räume benötigen. In diesem Kapitel vermittle ich Ihnen einige Grundlagen, die besonders für Kreativräume – ganz unabhängig vom Mobiliar – wichtig sind: Licht, Wände & Schall. Und ich stelle Ihnen sieben Prinzipien vor, die bei der Gestaltung von Innovationsräumen wichtig sind.

3.1.1 Licht (Fenster und Leuchten)

3.1.1.1 Achten Sie auf helle Räume

Menschen reagieren sehr sensibel auf multisensorielle Erfahrungen. Vor allem aber reagieren sie auf Dinge, die für die Gesundheit und das Wohlbefinden von fundamentaler Bedeutung sind. So zeigen Untersuchungen der Universität Washington, dass bereits ein visueller Zugang zur Natur dem Geist hilft, sich zu konzentrieren und mentalen Stress abzubauen. Bei Innovationsräumen können Sie diese Erkenntnis nutzen, indem Sie auf ausreichendes Tageslicht und eine schöne Aussicht achten. Räume mit natürlichen Elementen fördern die kognitive Erholung, Kreativität und Arbeitsleistung. Natürliches Licht ist das Beste für die Gesundheit des Auges und Topfpflanzen reduzieren Stress und steigern gleichzeitig die Luftqualität.

Wenn Sie biophiles Design, also Architektur, die die räumliche Umwelt mit der Natur verbindet, mit Elementen wie raumhohen Fenstern ausstatten, erreichen Sie, dass die Menschen unbewusst inspiriert werden und ihre Kreativität gefördert wird.

Case Study IWB Industrielle Werke Basel

IWB ändert den Schweizer Markt mit smarten, integrierten Energielösungen, die sich durch eine klare Fokussierung auf den Kunden auszeichnen. Diese Einstellung erfordert eine Weiterentwicklung in der Art des Arbeitens und des Arbeitsumfelds. Dazu war ein Innovationsraum notwendig. Die Innovationsräume bei IWB „leben", da sie sich ständig verändern.

Zunächst wurde probehalber und mit wenig Budget in der Niederlassung am Bahnhof Basel SBB der Keller zum Innovationsraum umgestaltet. Die Möbel sind flexibel, können gut herumgeschoben werden, überall gibt es beschreibbare Wände, Whiteboards und Material, das die Mitarbeiter auffordert, neu zu denken und auszuprobieren. Namen wie „BetaLAB" weisen auf den Lerncharakter des Raums hin. Der Innovationsraum im Keller, der den Namen „Liberium" trägt, ist bereits etabliert. Der Schriftzug „BetaLAB" befindet sich auf einem winzigen Raum im Keller, in dem, ebenfalls mit minimalem Budget, ein Ruheraum getestet wird. Die Erfahrungen und Feedbacks werden über drei Monate gesammelt, um den Raum anschließend besser auszustatten oder bei geringer Nachfrage das Projekt auch zu stoppen.

Ein weiterer Raum für neue Arbeitsweisen ist im Dachstock des gleichen Gebäudekomplexes entstanden. Dort finden Teams einen Raum für agile, kundenfokussierte Arbeitsweisen, während im Keller Workshops und größere Meetings sowie Veranstaltungen stattfinden. Während der Raum im Dachgeschoss also eher für Teams gedacht ist, die über Monate an einer Neuentwicklung arbeiten, ist der Raum im Keller für Teams ausgestattet, die lediglich —ein bis vier Tage gemeinsam an einer Aufgabe arbeiten. Diese unterschiedlichen Arbeitsauslegungen spiegeln sich in der Ausstattung der Räume wider: So finden sich im Dachstock „Kojen" für die Teams mit Raum für große, mobile, bespielbare Wandelemente. Auch sind die Regeln des Zusammenarbeitens anders: Der

Kellerraum „Liberium" wird mit oder ohne den angeschlossenen kleineren Kreativraum offiziell gebucht. Im Dachgeschoss werden die Teamkojen nach bestimmten Kriterien über Monate vergeben. Ein Kriterium ist zum Beispiel die Arbeitszeit, die prozentual für ein Projekt aufgewendet wird. Mit Teams, die 20 Prozent an einem Thema arbeiten, gibt es beispielsweise kaum die Chance, eine der begehrten Kojen zu ergattern.

Wer sich an die Möglichkeiten gewöhnt hat, kann kaum noch ohne beschreibbare Wände und mobiles Mobiliar arbeiten. Die Teams stehen gemeinsam vor Wänden, tauschen Ideen aus, skizzieren und verwerfen Konzepte an den Wänden, verlassen das Gebäude, um Kunden zu interviewen oder laden sie ein, um mit ihnen Tests durchzuführen. So durchbrechen sie in einer Welt der schwer vorhersehbaren Entwicklungen folgendes Henne-Ei-Problem: Budget gibt es erst, wenn bewiesen ist, dass mit einem „Produkt" überhaupt Geld verdient werden kann. Der Beweis kann oft nur mit einem gewissen Budget erbracht werden: mit kostengünstigen Tests, minimal ausgestatteten Prototypen, Pilotprojekten. Wie beim Ruheraum wird erst entschieden, wenn man die ersten Daten aus dem realen Kontakt mit Kunden hat, ob das Projekt gestoppt oder weitergeführt wird.

Dennoch werden die Innovationsräume bei IWB auch für klassische Meetings genutzt. Wie uns die Innovationsmanagerin Danjela Hüsam erzählt, ist es spannend zu beobachten, wie der Raum klassische Meetings beeinflusst. Dank des flexibel verstellbaren Mobiliars und der Whiteboards werden die Meetings dynamischer und visueller. Das alleine schafft Raum für andere Begegnungen. Kleine Dinge, die man kaum bewusst wahrnimmt, lösen unbewusst andere Handlungswege aus. Andererseits ist es auch spannend zu sehen, dass bei einigen Teams selbst der neue Raum mit den neuen Möglichkeiten kaum Veränderungen in der Art und Weise bewirkt, wie sie Meetings abhalten. Wer die neue Arbeitsweise noch kaum erlebt hat, sitzt selbst in den neuen Räumen mit dem Team um einen Tisch und beschränkt sich auf die Besprechung einer Präsentation über Beamer oder Flachbildschirm.

Bild 3.1 Der Innovationsraum im Dachgeschoss der IWB Industrielle Werke Basel. Foto: IWB

Bild 3.2 Mit mobilen Trennwänden können Bereiche für einzelne Teams gegliedert werden.
Foto: IWB

3.1.1.2 Wählen Sie die Beleuchtung bewusst

Für die Ergonomie am Arbeitsplatz ist ein gutes Beleuchtungskonzept unabdingbar. Das gilt natürlich auch für Innovationsräume. Selbst wenn Ihr Raum viele Fenster und eine schöne Aussicht hat, sollten Sie auch an dunklen Wintertagen eine entspannte Arbeitsatmosphäre ermöglichen.

Folgende Aspekte sollten Sie dabei beachten:

- **Qualität:** Setzen Sie auf qualitativ hochwertige Leuchten und achten Sie auf mögliche Defekte: Ein leichtes Flackern verursacht nicht nur Kopfschmerzen, sondern kann langfristig ernste gesundheitliche Auswirkungen haben.
- **Helligkeit:** Idealerweise sollten alle Lampen dimmbar sein. Helles Licht aktiviert und fördert analytisches Denken. Es erhöht kurzfristig die Produktivität. Gedimmtes Licht hilft dabei, Beschränkungen zu lösen, und wirkt sich positiv auf die Kreativität aus.[1]
- **Farbtemperatur:** Auch die Farbtemperatur hat eine Auswirkung auf Ihre Kreativität und Produktivität. Unter der Temperatur versteht man den Farbeindruck einer Lichtquelle, die in Kelvin gemessen wird (siehe Bild 3.3).
  - *Kaltes Licht:* Bei bedecktem Himmel oder auch kurz nach Sonnenuntergang („Blaue Stunde") spricht man von kaltem Licht. Dieses hat eine Temperatur von 6.500 und mehr Kelvin und geht ins Bläuliche. Kaltes Licht ist früh am Tag günstig, um wach zu werden und die Reaktionsgeschwindigkeit zu erhöhen.
  - *Tageslicht:* Die Mittagssonne hat ca. 5600 Kelvin und wird auch von modernen Tageslichtlampen (z. B. LEDs) bewusst genutzt. Diese Farbtemperatur eignet sich für alle Tätigkeiten am Tag.

Bild 3.3 Farbtemperatur in Kelvin mit Beispielen

---

[1] Steidle, A., & Werth, L.. In the spotlight: Brightness increases self-awareness and reflective self-regulation. Journal of Environmental Psychology, 39, 2014, 40–50.

- *Warmes Licht:* Am späten Abend, kurz vor Dämmerungsbeginn, hat Sonnenlicht ca. 3400 Kelvin. Normale Glühlampen haben eine ähnlich warme Farbtemperatur (ca. 3000 Kelvin), die noch deutlicher ins Rötliche geht. Warmes Licht können Sie ähnlich einsetzen wie gedimmtes Licht, da es sich positiv auf das Wohlbefinden auswirkt.

Mit modernen Leuchtmitteln können Sie sich die Farbtemperatur je nach Einsatzzweck aussuchen. Im Zweifel ist ein Neutralweiß oder Tageslichtweiß am besten geeignet. Manche Leuchtmittel können auch ihre Farbtemperatur variieren und somit in unterschiedlichen Situationen und Tageszeiten das perfekte Licht abgeben.

3.1.2 Decken, Wände und Boden

Materialien und Farben spielen eine wichtige Rolle bei der Gestaltung eines Innovationsraums. Sie fördern die Zufriedenheit der Mitarbeitenden, da Licht den Raum belebt und unsere Sinne aktiviert. Unser Tastsinn wird durch die Taktilität von weichen oder strukturierten Materialien wie Holz oder Steinen hervorgerufen. Kontraste schaffen schöne und sinnvolle Räume, in denen sich die Menschen gerne zusammenfinden und gemeinsam an etwas arbeiten.

Farbe und Textur

Verschiedene Materialien am Arbeitsplatz helfen dabei, das Bedürfnis nach Ruhe im Vergleich zu Kommunikationsräumen auszugleichen und die Kreativität anzuregen. Nutzen Sie daher sowohl erdige als auch metallische Töne und Farben aus der Natur. Mischen Sie warme mit kühlen Tönen, suchen Sie nach Texturen, die auch in der Natur vorkommen bzw. die Natur nachahmen.

Folgende Töne unterstützen die Botschaft eines Raums – wenn Sie einen Innovationsraum schaffen wollen, der die Kreativität maximal unterstützt, sollten Sie diese Farben bewusst einsetzen:
- Erdtöne stehen für Wärme, Komfort
  - rot, orange = aktiv, lebendig, energisch
  - grün = frisch, natürlich, ausgewogen
- Warme Töne stehen für Subtiles, Anspruchsvolles
  - gelb = hell, fröhlich, optimistisch
- Metallische Töne stehen für Reichtum und Eleganz
- Kalte Töne stehen für Moderne, Technik
  - blau, lila = ruhig

Geben Sie Ihrem Innovationsraum eine individuelle Note

Die Gestaltung von Decken, Wänden und Böden ist eine ideale Möglichkeit, Ihrem Raum eine individuelle Note zu geben.

- Nutzen Sie Farben und Texturen, um je nach Nutzungsszenario unterschiedliche Gefühle zu stimulieren.
- Setzen Sie bewusst Teppiche und Deckenelemente ein, um einem kühlen Raum mehr Wärme zu geben und außerdem die Akustik zu verbessern.
- Tapezieren oder kleben Sie inspirierende Sprüche an die Wände, um Teilnehmer an die Design-Thinking-Prinzipien zu erinnern.

3.1.3 Schall

Ruhe und Rückzugsmöglichkeiten sind nicht nur für introvertiertere Menschen wichtig. Laut einer Umfrage aus dem Jahr 2013 sind 69 Prozent der Arbeitnehmer mit dem Lärmpegel an ihrem Arbeitsplatz unzufrieden und 77 Prozent bevorzugen Ruhe, wenn sie kreativ arbeiten sollen. Aber nicht nur das – es zeigt sich, dass häufige Ablenkungen zu einer wesentlich höheren Erschöpfungsrate und Fehlern führen.

Der moderne Innovationsraum sollte also nicht nur mit der passenden Technologie ausgestattet werden, die das kreative Denken unterstützt. Vielmehr gehören Zonen dazu, die bewusst auf eine gute Akustik achten.

Kennen Sie das? Sie betreten einen Raum und irgendetwas fühlt sich nicht „richtig" an, obwohl Sie es nicht benennen können. Oder Sie halten einen Vortrag oder ein Training und sind am Ende des Tages komplett heiser, obwohl Sie sonst nie Probleme mit Ihrer Stimme haben. Oder Ihnen brummt am Abend nach einem intensiven Workshop der Kopf vor lauter Stimmen?

Es könnte sein, dass alle diese Probleme mit der Akustik des Raums zu tun haben, in dem Sie gearbeitet haben. Vielen Menschen fällt die Akustik eines Raums gar nicht bewusst auf. Und trotzdem hat sie eine große Auswirkung auf unsere Gesundheit und ob wir uns in einem Raum wohlfühlen oder nicht.

Ein wichtiger Parameter für einen Raum ist die sogenannte Nachhallzeit T60. Darunter versteht man die Zeitspanne, in der der Schalldruck in einem Raum um 60dB, also auf ein Tausendstel seines Ursprungswerts abgefallen ist. Wenn

Sie beispielsweise in die Hände klatschen, erzeugen Sie ein Schallereignis. Die Lautstärke dieses Schallereignisses wird als Schallpegel gemessen. Und die Nachhallzeit sagt – einfach gesprochen – aus, ab wann sich dieses Geräusch so stark abgeschwächt hat, dass es nicht mehr zu hören ist.

Falls Sie sich trauen, in einer Kathedrale wie dem Wiener Stephansdom in die Hände zu klatschen, werden Sie bemerken, dass die Nachhallzeit in solchen Gebäuden sehr lange ist, häufig länger als zehn Sekunden! Ein Sprecher in so einem Gebäude muss unnatürlich langsam sprechen, damit er überhaupt verstanden wird. In einem komplett leeren Zimmer ohne Möbel und Teppich ist die Nachhallzeit auch relativ lang. So lang, dass man sich in einem solchen Raum bei Gesprächen nicht besonders wohl fühlt. Je mehr Teppiche, Vorhänge, Gegenstände oder auch Menschen sich in einem Raum befinden, desto kürzer ist die Nachhallzeit. Bei welcher Nachhallzeit ein Raum eine „angenehme" Akustik hat, hängt auch davon ab, wie der Raum genutzt wird. In einem Büro oder Innovationsraum möchte man auf jeden Fall eine Nachhallzeit unter einer Sekunde haben. Aber zu viel Dämmung ist auch nicht unbedingt besser: Im Aufnahmeraum eines Tonstudios gibt es häufig fast überhaupt keinen Nachhall. Wer sich schon einmal in einem extrem gut gedämmten Raum aufgehalten hat, kennt das unangenehme Gefühl: Jedes Wort wird geschluckt, als wäre man in einem „Nichts". Das fühlt sich unwirklich und auf Dauer nicht gut an.

3.1.3.1 Was ist nun die perfekte Nachhallzeit?

Die schlechte Nachricht: Die perfekte Nachhallzeit gibt es nicht. Einerseits hängt sie stark vom Nutzungsszenario ab und andererseits von der Frequenz. Hohe Töne können einen anderen Nachhall haben als tiefe Töne.

Die gute Nachricht: Kleine Abweichungen vom Idealzustand sind überhaupt kein Problem. Mit einigen Tipps und Tricks können Sie ganz einfach die Nachhallzeit so gestalten, dass sie für Ihren Raum geeignet ist.

Ein paar Beispiele für Nachhallzeiten:
- Kirchen haben üblicherweise lange Nachhallzeiten von fünf Sekunden oder deutlich mehr. Das ist durchaus praktisch: So kommen die Prediger auch ohne Mikro aus und selbst ein kleiner Chor kann epochal klingen. Nur unterhalten kann man sich nicht gut, was aber während Messen eher unerwünscht ist.

- Die Nachhallzeit in Musiksälen liegt üblicherweise zwischen 0,8 Sekunden in kleinen Räumen und 1,6 Sekunden in größeren Räumen. Generell benötigen große Räume eine höhere Nachhallzeit, damit der Schall sich auch wirklich bis in jeden Winkel ausbreiten kann. Der große Saal des Wiener Musikvereins hat beispielsweise eine Nachhallzeit von ca. zwei Sekunden.
- Wohnräume oder auch Arbeitsräume sollten üblicherweise eine Nachhallzeit zwischen 0,5 und 0,8 Sekunden haben. Auch hier hängt der ideale Wert von der geplanten Raumnutzung ab. Wird der Raum für Vorträge genutzt, kann der Wert etwas höher sein; wird intensiv und in Kleingruppen gearbeitet, sollte der Wert niedriger sein.

3.1.3.2 Nachhallzeiten messen

Um die Nachhallzeit in einem Raum zu bestimmen, reicht es in der Praxis aus, im Raum laut zu sprechen oder in die Hände zu klatschen. Sie können auch im Kopf eine Sekunde zählen. Wenn nach einer Sekunde der Hall noch nicht komplett verklungen ist, haben Sie ein Problem!

Genauer geht das natürlich mit entsprechenden Messgeräten. Für eine ungefähre Messung reicht schon ein Smartphone mit der passenden App. Auf dem iPhone gibt es beispielsweise die App RevMeterPro, die das im iPhone eingebaute (und qualitativ hochwertige) Mikrofon nutzt, um die Nachhallzeit zu messen. Erst müssen Sie das Grundrauschen in dem Raum aufnehmen. Dann klatschen Sie fest in die Hände oder lassen einen Luftballon mit einem lauten Knall platzen, um das Geräusch zu erzeugen. Die App berechnet dann die Nachhallzeit T20 oder T30, bis das

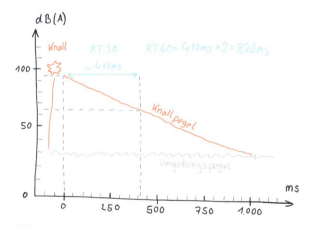

Bild 3.4 Nachhallzeit eines Knalls in einem geschlossenen Raum. Zeichnung: Peter Gerstbach.

Geräusch unter einen bestimmten Anteil gefallen ist, und rechnet diese auf die übliche Messgröße T60 um. Eine solche Messung ist natürlich nicht so genau wie vom Profi, aber absolut ausreichend für unsere Zwecke.

3.1.3.3 Empfohlene Nachhallzeiten

Die Norm DIN 18041 definiert Empfehlungen für unterschiedliche Raumarten. Je größer der Raum ist, desto größer darf auch die Nachhallzeit sein. In dem folgenden Diagramm (Bild 3.5) ist das Raumvolumen (Länge x Breite x Höhe) auf der waagrechten Achse dargestellt und zwar auf einer logarithmischen Skala. Auf der senkrechten Achse ist die Nachhallzeit zwischen null und zwei Sekunden dargestellt.

Die farbigen Linien sind nun die Empfehlungen der Norm.

Für einen Vortrag in einem normalen Seminarraum von ca. 100 Kubikmeter (also beispielsweise ein Raum von 40 Quadratmetern Grundfläche und einer Deckenhöhe von 2,5 m) empfiehlt die Norm eine Nachhallzeit von ca. 0,6 Sekunden, wie sie in der Abbildung durch die blaue Linie dargestellt wird. Diese Nachhallzeit gewährleistet, dass der Sprecher in normaler Lautstärke auch gut verstanden (und nicht heiser) wird.

Für einen Innovationsraum gilt jedoch eher die Kategorie „Kommunikation" aus dieser Norm, in der Abbildung mit der gelben Linie dargestellt. Dieses Nutzungsszenario geht nicht von einem frontalen Vortrag aus, sondern davon, dass mehrere Menschen miteinander kommunizieren. Hier kann die Nachhallzeit auch etwas niedriger ausfallen: ca. 0,5 Sekunden in unserem Seminarraum mit einem Volumen von

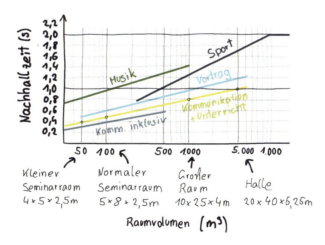

Bild 3.5 Empfohlene Nachhallzeiten nach DIN 18041 (eigene Darstellung). Zeichnung: Peter Gerstbach.

100 Kubikmetern oder ca. 0,8 Sekunden in einem Raum mit einem Volumen von 1000 Kubikmetern, beispielsweise ein großer Raum von 10 x 25 Metern Grundfläche und vier Metern Deckenhöhe.

3.1.3.4 So verbessern Sie die Akustik in Ihrem Innovationsraum

Ausgehend von diesen Empfehlungen, helfen Ihnen folgende Tipps und Tricks, die ideale Akustik in Ihrem Raum aufzubauen:

Ein komplett leerer Raum hat meistens einen unangenehm langen Nachhall. Glatte Wände, glatte Böden und Fenster sorgen dafür, dass der Schall reflektiert wird. Dadurch werden lange und unangenehme Nachhallzeiten erzeugt. Beton, Putz, Fliesen und Marmor haben beispielsweise einen sehr geringen Absorptionsgrad. Rauer Beton, Teppich oder eine Rigips-Wand haben einen höheren Absorptionsgrad. Dieser ist jedoch auch von der Frequenz des Schalls abhängig.

Durch eine bewusste Auswahl von Bau-, Wand-, Decken- und Bodenmaterialien können Sie bereits in der Planung einen großen Einfluss auf den Nachhall ausüben.

Auch Gegenstände sorgen dafür, dass der Schall gedämpft wird. Sie wirken somit als Schallabsorber. Als Nebeneffekt können Sie so für ein angenehmeres Raumgefühl sorgen: Gute Dämmwirkung hat beispielsweise Vorhangstoff, aber auch ein Ölgemälde auf Leinwand. Ein Polsterstuhl dämpft mehr als ein Holzstuhl.

Wählen Sie das Mobiliar auch unter dem Aspekt der Schallabsorption aus, um den Nachhall weiter zu reduzieren.

Sogar Menschen haben einen deutlichen Einfluss auf die Nachhallzeit. Messen Sie deswegen die Akustik immer nur in einem mit der üblichen Anzahl von Personen gefüllten Raum. Zusätzlich gilt, dass eine stehende Person, beispielsweise in einem Anzug, mehr dämpft als eine sitzende Person mit dünner Bekleidung.

Falls Sie trotz dieser Tipps immer noch eine unangenehm hohe Nachhallzeit in Ihren Räumen haben, gibt es spezielle Schallabsorber, die Sie beispielsweise von der Decke abhängen können. Dadurch lässt sich die Raumakustik deutlich verbessern.

In unserem Design Thinking Space in Wien nutze ich unter anderem die folgenden Elemente, die in der Abbildung dargestellt sind:

- Akustik-Elemente an der Decke
- Teppiche
- Stoffbespannungen an den Whiteboards
- Rollcontainer und Sitzmöbel mit besonderer Schallabsorption
- Vorhänge

**Expertentipp
von Peter Handlgruber**

Es ist wichtig, dass man bereits zur rechten Zeit vorausdenkt, das bedeutet noch bevor die Möblierung abgeschlossen ist. Im Idealfall greift bereits die Innenarchitektur das Thema auf. Wenn es nur die Möbel sind, kann es sonst sehr schwierig werden. Aber in diesem Fall ergibt durchaus Sinn, funktionale Möbel zu wählen, in die bereits Akustik-Elemente integriert sind.

Bild 3.6 Teppiche, Vorhänge und Decken-Elemente im Design Thinking Space® zur Verbesserung der Akustik. Foto: Peter Gerstbach.

Bild 3.7
Ein Whiteboard erhöht durch die glatte Oberfläche die Nachhallzeit. Durch eine Bespannung mit Stoff kann dieser Effekt wieder ausgeglichen werden.
Foto: Ingrid Gerstbach.

3.2 Sieben Prinzipien für Innovationsräume

Während Unternehmen wachsen und versuchen, einen Wettbewerbsvorsprung zu erreichen, suchen sie gleichzeitig nach Strategien, um das Innovationspotenzial ihrer Mitarbeitenden zu maximieren. Ein Raum kann dazu beitragen, Innovationsagenden zu unterstützen. Denn letztlich ist es der Raum, der menschliches Verhalten prägt, Erfahrungen definiert und Veränderungen beschleunigt.

Der Raum hat symbolische Kraft, vor allem wenn es darum geht, Innovationen aktiv zu fördern. Physische Innovationsräume sind mehr als das – es sind Bereiche, die für diese spezielle Arbeit die erforderlichen Werkzeuge und Ressourcen bereitstellen.

Räume sollten Innovationsvorhaben im Idealfall auf unterschiedliche Weise unterstützen:

1. Sie unterbrechen isolierte Strukturen, um stärkere Wissensnetzwerke zu schaffen.
2. Sie schaffen ein Bewusstsein der Mitarbeitenden zwischen Personen und Abteilungen, um den produktiven Ideenfluss besser zu unterstützen.
3. Sie berücksichtigen die Nähe zwischen Personen und Gruppen und unterstützen zufällige und bewusste Begegnungen.
4. Sie schaffen Verbindungen, die die Kommunikation verbessern und den aktiven Informationsaustausch fördern.

In unseren langjährigen Untersuchungen konnten wir sieben verschiedene Prinzipien identifizieren, die Unternehmen mit erfolgreichen Innovationsräume gemeinsam haben:

1. Form follows function
2. Struktur versus Chaos
3. Räume machen Image
4. Mitgestaltung
5. Psychologische Sicherheit
6. Analog versus Digital
7. Tradition und Moderne

Auf jedes dieser Prinzipien will ich im Folgenden kurz eingehen.

3.2.1 Form follows function

Mit diesem Ausspruch meinte Architekt Louis Sullivan 1896, dass die Gestalt (äußere Form) von Gegenständen sich aus ihrer Funktion oder gegebenenfalls ihrem Zweck ableiten soll. Daraus ergibt sich, dass von der Formgebung ebenfalls auf die Funktion bzw. den Zweck eines Gegenstands geschlossen werden kann.

Die Funktion ist also das Spiegelbild einer bestimmten Anforderung. Es ist das Bild eines Entwurfs, das auf menschlichen Bedürfnissen und Wünschen basiert. Die Funktion sollte immer den menschlichen Bedürfnissen folgen, die Form wiederum menschlichem Verhalten.

Im Industriezeitalter konnten die Menschen durch die Betrachtung des Objekts nur raten, wie es eingesetzt und genutzt wird. Heutzutage macht ein gutes Design die Verwendung eines Produkts einfach, und das ist zu einer goldenen Regel im modernen Design geworden. Das Aussehen oder die Form wird durch das Studium des menschlichen Verhaltens kultiviert. Je besser wir verstehen, wie Menschen denken, fühlen und sich verhalten, desto besser können wir Produkte und eben auch Orte entwickeln, die die Menschen dann intuitiv verwenden bzw. aufsuchen.

3.2.2 Struktur versus Chaos

Die physische Umgebung des Arbeitsplatzes hat erhebliche Auswirkungen auf unsere Arbeitsweise. Wenn unser Raum ein Chaos ist, sind wir es auch.

Überlegen Sie kurz: Sie verlieren jedes Mal wertvolle Arbeitsminuten, wenn Sie auf einem überfüllten Schreibtisch nach einem verlorenen Dokument suchen. Das gilt übrigens auch für die Menschen, die ein papierloses Büro bevorzugen: Eine Studie ergab, dass Mitarbeiter und Mitarbeiterinnen bis zu zwei Stunden pro Woche bei der Suche nach einem verlorenen digitalen Dokument verlieren.

Unordnung beeinflusst uns aber auch indirekt: Unsere physische Umgebung, unsere Wahrnehmung, unsere Emotionen und unser Verhalten verändern sich dadurch ebenso wie unsere Entscheidungen und Beziehungen zu anderen. Je übervoller ein Raum ist, desto höher ist das Stresslevel und desto schlechter können wir uns konzentrieren.

Studien mit MRT-Scans beweisen, dass unser Gehirn Ordnung mag. Die ständige visuelle Erinnerung an das Chaos belastet unsere kognitiven Ressourcen und verringert unsere Konzentrationsfähigkeit. Es fällt uns dann deutlich schwerer, uns zu fokussieren und produktiv zu sein.

Forscher in den USA untersuchten das Zusammenspiel von Stress und Unordnung am Arbeitsplatz und stellten fest, dass Stress und emotionale Erschöpfung dazu führen, dass Arbeitnehmer Entscheidungen verzögern. Aber nicht nur das: Um schneller zu agieren, sammeln sie die eventuell für einen späteren Zeitpunkt notwendigen Dokumente, um sie dann – im Fall der Fälle – in Reichweite zu haben. Das Ergebnis: noch mehr Chaos auf den Schreibtischen.

Studien zeigen außerdem, dass Menschen, die Unordnung auf ihrem Schreibtisch haben, auch als unordentlicher, weniger gewissenhaft und generell unangenehm empfunden werden.

Sie müssen allerdings nicht gleich verzweifeln, wenn Sie selbst zu Chaos neigen. Denn andere Studien wiederum haben gezeigt, dass Unordnung nicht immer unbedingt etwas Schlechtes ist. Unordentliche Schreibtische können sogar auf Kreativität hinweisen. Während ordentliche und geordnete Umgebungen signalisieren können, dass wir den Erwartungen entsprechen und auf Nummer sicher gehen wollen, trauen wir uns in unordentlichen Umgebungen eher dazu, den Trampelpfad zu verlassen, mit der Norm zu brechen und die Dinge auf eine neue Art und Weise zu denken.

Generell gilt: Halten Sie Dinge bereit, die Sie für aktuelle Projekte und Besprechungen brauchen, aber widerstehen Sie der Versuchung, alles zu horten und in Ihrer Umgebung den Eindruck zu hinterlassen, ein Messie zu sein.

3.2.3 Räume formen Image – Marke sichtbar machen und Werte spiegeln

Mitarbeiter können nur dann ihr volles Potenzial ausleben, wenn im Unternehmen selbst eine Kultur des Vertrauens herrscht. Dann fühlen sich die Menschen der Gemeinschaft zugehörig und können ihre Ideen frei äußern. Der Raum spielt auch eine Schlüsselrolle bei der Förderung von Unternehmenswerten. Das passiert mithilfe von Signalen, was dem Unternehmen wichtig ist und wo die Prioritäten liegen, aber auch indem es zeigt, welche Verhaltensweisen akzeptiert werden, und diese fördert. Auch Faktoren wie die Zugänglichkeit zu Führungskräften liefern Hinweise darauf.

Wichtig ist aber zu beachten, dass es auch hier keine einheitliche Lösung gibt. Nicht nur der Ort, wo das Unternehmen sich global befindet (Japan oder Südamerika beispielsweise), ist ein wichtiger Faktor. Es ist auch entscheidend, in welcher Branche es agiert (Bankwesen oder Software), wie die Unternehmenskultur definiert wird und was das Unternehmen erreichen und fördern will – ob Innovation oder Tradition, Nachwuchs anlocken oder fundiertes Wissen bewahren. Alle diese Faktoren müssen berücksichtigt werden, damit der physische Arbeitsbereich die gewünschten Verhaltensweisen widerspiegelt und vorantreibt.

3.2.4 Mitgestaltung

Arbeitsbereiche sollten nicht nur für Mitarbeitenden ausgelegt sein. Mit immer mehr Mitarbeitenden, die von verschiedenen Standorten zusammentreffen, um das Büro als „Treffpunkt" zu nutzen, werden Arbeitsbereiche zu Interaktionsbereichen zwischen einer Vielzahl von Kollegen, Auftragnehmern und Freiberuflern und repräsentieren das Unternehmen auch gegen-

Expertentipp von Bastian Gerhard

Bastian Gerhard wurde als Innovationsprofi mit dem Bau eines Innovation Lab für Zalando beauftragt. Im Rahmen einer sogenannten „Hack-Week" arbeiten die Mitarbeitenden für eine Woche an eigenen Projekten. Das Besondere an dem Innovation Lab von Zalando war, dass es zwei Flächen bzw. Funktionsweisen miteinander vereinen sollte: Einerseits sollte eine Meeting-Fläche gebaut werden, die vor allem funktional und flexibel sein sollte, andererseits wurde dieselbe Fläche auch für größere Veranstaltungen genutzt, die vor allem repräsentativer Natur waren. Das Lab war aber vor allem Anlaufstelle für die eigenen Mitarbeitenden.

Seine wichtigsten Erfahrungen als Projektleiter des Innovation Lab waren, dass man niemals die Flächen bis zum Schluss fertig bauen sollte, denn es ändert sich während der Nutzung alles Mögliche: So entwickelt sich das Team weiter, aber auch die Funktionen schlagen oftmals eine neue Richtung ein. Je „fertiger" und „schöner" der Raum, desto weniger werden die Beteiligten noch etwas im Raum selbst verändern wollen.

über externen Gästen. Daher ist es wichtig, dass Räume diese unterschiedlichen Besucher berücksichtigen und deren Mobilität erleichtern – indem der Raum dem entspricht, wer sie sind und wo bzw. wie sie arbeiten wollen. Unternehmen sollten darauf abzielen, Arbeitsplätze zu schaffen, die Menschen dazu ermutigen, agiler und produktiver zu sein und sich bei Bedarf anders zu entwickeln.

3.2.5 Psychologische Sicherheit

Risiko ist ein wesentlicher Aspekt der Innovation. Es braucht die Neugier und auch die Freiheit, Neues zu erkunden – ohne Angst vor möglichen Konsequenzen zu haben, sollte etwas doch nicht klappen. Solch ein Vorgehen ist ein wesentlicher Aspekt für die Kreativität. Dazu braucht es ein Gefühl der Sicherheit, einen Ort, an dem die Menschen keine Angst vor Hindernissen, keine Angst vor Neuem haben. Es braucht ein stabiles Umfeld, um dort im geschützten Raum Risiken eingehen zu können.

Die Psychologin Amy Edmondson beschreibt Merkmale wie Gesprächswechsel und durchschnittliche soziale Sensibilität als Aspekte der sogenannten „psychologischen Sicherheit". Damit umschreibt sie eine Gruppenkultur, die ein Gefühl des Vertrauens schafft. Das Team bringt dabei niemanden in Verlegenheit, Ideen oder Gedanken werden niemals abgelehnt und keiner wird für etwas, was er oder sie sagt, in irgendeiner Form bestraft. Das Unternehmensklima ist von zwischenmenschlichem Vertrauen und gegenseitigem Respekt geprägt und die Menschen fühlen sich sichtlich wohl. Die Teammitglieder haben zudem das Gefühl, dass sie Fehler machen dürfen, solange sie mit Fehlern auf produktive Weise umgehen.

3.2.6 Analog versus digital

Wenn Sie sich mehr Engagement von Ihren Mitarbeitenden wünschen, können Sie es so fördern:

Lassen Sie den Menschen die Wahl und die Kontrolle darüber, wann und wie sie arbeiten
Mitarbeitende, die mehr Kontrolle über verschiedene Aspekte ihres Arbeitsplatzes haben, sind stärker engagiert. Sie nutzen ihre Zeit besser und effizienter, wenn sie selbst bestimmen

dürfen, wo und wie sie arbeiten. Keine zwei Tage sind für Angestellte immer gleich. Manches Mal müssen sie sich auf die Arbeit konzentrieren, ein anderes Mal steht die Zusammenarbeit im Vordergrund. Manches Mal zieht sich jemand lieber zurück, ein anderes Mal sind Hintergrundgeräusche eine willkommene Abwechslung. Es ist wichtig, wählen zu können, was im jeweiligen Moment am angenehmsten ist.

Technologie ist wichtig für die Flexibilität
Auch wenn die meisten Unternehmen von der Wichtigkeit der mobilen Technologie wissen, scheinen viele Unternehmen Ängste wegen der Datensicherheit und einem vermeintlichen Mangel an Kooperation und Zusammenhalt unter den Beschäftigten zu haben. Und die meisten Mitarbeiter und Mitarbeiterinnen arbeiten nach wie vor auf traditionelle Weise am Schreibtisch – mit Desktop-Computer und Festnetztelefon. Um diese Arbeitsweise aufzubrechen, muss die IT-Strategie in Einklang mit den neuen Arbeitsplatzstrategien gebracht werden. Denn eine Kultur, die auf dem Engagement und der aktiven Beteiligung der Mitarbeitenden basieren will, muss auch die Kollaborationsmöglichkeiten aktiv fördern.

Der Arbeitsplatz sollte auf jeden Fall eine Vielzahl an Kollaborationsstilen ermöglichen
Zum Beispiel könnte ein Projektraum für intensive Aktivitäten von drei bis sechs Personen eine hohe Sitzposition bieten, um Bewegung und Kreativität zu unterstützen. Idealerweise sind in einem solchen Raum mehrere Whiteboards und andere Ausstattungen wie Haftnotizzettel, Flipcharts, Pinnwände etc., um Wissen zu teilen. Ein solcher Raum unterscheidet sich grundlegend von dem, was Sie für ein Training oder einen Kundenworkshop oder auch für eine Videokonferenz mit Kollegen auf der anderen Seite des Globus benötigen.

Der Arbeitsplatz ist ideal, wenn er diese verschiedenen Interaktionen durch unterschiedliche Arbeitsumgebungen unterstützt, sodass die Mitarbeitenden Ideen austauschen und mitgestalten können, ohne Unterbrechung in Teams arbeiten und dadurch eine Kultur der Kreativität und Innovation ermöglicht wird – sei es mit einem Team, das physisch im Raum ist, oder virtuell mit Kollegen, die sich über Kontinente und Zeitzonen verteilen.

Befragungen zeigen, dass mehr als 85 Prozent der Mitarbeitenden davon überzeugt wären, dass sie ihre Arbeit effizienter verrichten könnten, wenn sie technologisch besser ausgestattet wären. Tatsächlich gaben 16 Prozent an, dass die Technologie, die sie zu Hause verwenden, derjenigen ihres Arbeitgebers weit überlegen ist. Mehr als ein Viertel der Befragten sind der Ansicht, dass die Umsätze und Kundenbeziehungen durch neue Technologie optimiert werden könnten. Auf die Frage, welche Aspekte genau ihre Arbeit verbessern würde, wurden mehrheitlich die interne Kommunikation und Organisation genannt.

Stellen Sie den Menschen Bereiche zur Verfügung, in denen sie sich konzentrieren, fokussieren und auch ein wenig zurückziehen können.

Solche Räume sind auch deswegen notwendig, weil unser Gehirn nicht für Multitasking ausgelegt ist. Fokussierung benötigt aber Energie und ist daher per definitionem eine begrenzte Ressource. Laut der University of California sind wir alle drei Minuten offen für Ablenkung. Das wirkt sich auf unsere Konzentrationsfähigkeit extrem aus. Deshalb sollten Sie den Menschen verschiedene Räume zur Verfügung stellen, die Konzentration und ungestörtes Arbeiten erleichtern.

Diese Rückzugsmöglichkeit ist besonders wichtig für Angestellte in Großraumbüros. Der ständige Kontakt mit Kollegen lässt oft zu wenig Raum für Momente, die Ruhe und Privatsphäre brauchen. Es kann für die Mitarbeiter und Mitarbeiterinnen sehr belastend sein, wenn sie tagsüber keinen persönlichen Anruf tätigen können oder einfach nicht „alleine sein" dürfen. Großraumbüros müssen daher mit Räumen zum persönlichen Rückzug ausgeglichen werden. Die Möglichkeit, bei Bedarf abzuschalten, ermöglicht es den Mitarbeitern, über einen längeren Zeitraum hinweg bessere Leistungen zu erbringen.

Expertentipp von Karim El-Ishmawi

Die Corona-Krise hat das agile Arbeiten beschleunigt. Menschen müssen jetzt im Homeoffice arbeiten, es gibt keine Alternative. Immer wieder passieren in unserer Geschichte Mega-Trends, die als Katalysatoren fungieren. Ein klassisches Beispiel ist das iPhone, das eine neue Form der Arbeit etabliert hat.

Hybride Settings sind nicht mehr zukünftige Szenarien, sondern die Realität. Diese Entwicklung wird sich in den nächsten Jahren noch verstärkt fortsetzen. Die Menschen arbeiten global verteilt in Teams zusammen, um so die Stärken der einzelnen Mitarbeitenden bestmöglich zu nutzen. Die Unternehmen sind mehr denn je gefordert, diese Szenarien zu unterstützen und zu ermöglichen.

3.2.7 Tradition und Moderne – Berücksichtigung von Generationen

In den Unternehmen herrscht ein regelrechter Krieg um die besten Mitarbeiter. Millennials genauso wie die Generation Z oder Y stehen hoch im Kurs. Um diese für ein Unternehmen zu gewinnen, werden kaum Kosten gescheut. Dabei ist es nicht sinnvoll, die Arbeitsumgebung für Millennials attraktiv zu gestalten. Viel besser ist es, sich nicht zu viele Gedanken über deren vermeintlich spezielle Bedürfnisse zu machen. Erfüllen Sie vielmehr die Bedürfnisse aller Mitarbeitenden.

Demografen entdecken, klassifizieren und benennen verschiedene Generationen und Gruppen wie die Baby Boomer, Generation X oder auch die Millennials. Es hilft ihnen dabei, gewisse Muster zu entdecken und Trends herauszufinden, die das zukünftige Kaufverhalten prognostizierbar machen. Aber wenn es darum geht, einen Innovationsraum zu designen, beschäftigen wir uns mit einem lebenden und sich verändernden Organismus. Unternehmen bestehen aus unterschiedlichsten Individuen, deren Erfahrungen von verschiedenen Lebensereignissen, Bedürfnissen und Wünschen geprägt sind.

Noch gibt es nicht den perfekten Arbeitsplatz, der die Wünsche und Bedürfnisse der unterschiedlichen Menschen identifiziert und umsetzt. Wir wissen aber, dass Mitarbeiter und Mitarbeiterinnen in bestimmten Lebensphasen typische Anforderungen und Erwartungen haben und mehr oder minder vorhersehbaren Herausforderungen ausgesetzt sind. Diese Lebensphasen sind aber nicht abhängig von verschiedenen Generationengruppierungen.

Der Architekt Patrick Donnelly hat fünf verschiedene Lebensphasen von Menschen zusammengefasst:[2]

Bevor wir uns diese Gruppen im Detail ansehen, ist es wichtig, darauf hinzuweisen, dass diese Gruppierungen funktionaler Natur sind. Vielleicht sind fünf Gruppen auch zu wenig – diese Liste ist nur ein Vorschlag, den Sie für Ihr Unternehmen entsprechend anpassen können. In dieser Liste fehlen auch einige Mitarbeitertypen wie Mütter, die nach der Elternzeit wieder eintreten, oder Teilzeitarbeiter. Damit ein solches Lebensphasenkonzept für die Arbeitsplatz-

---
[2] *https://facilityexecutive.com/2017/11/thinking-about-designing-your-workplace-around-millennials-stop/*, abgerufen am 02.09.2021

gestaltung wirklich erfolgreich sein kann, ist es wichtig, dass die Mitarbeiter in dem jeweiligen Unternehmen identifiziert und ihre vorhandenen Bedürfnisse verstanden werden.

1. **Single strivers** sind unabhängige Personen, die meistens am Beginn ihrer Karriere stehen. Sie haben noch berufliche Wahlmöglichkeiten und loten diese und die möglichen Rollen aus. Sie konzentrieren sich auf professionelles Wachstum, auf die Suche nach Erfüllung. Meistens sind sie auch durchaus bereit, länger zu arbeiten und Überstunden zu machen.
2. **Foundation formers** sind typischerweise Ende 20 und 30, beginnen gerade mit der Gründung einer eigenen Familie. Sie stehen vor verschiedenen Herausforderungen, auch im Beruf, da sie gewisse Entscheidungen treffen müssen. Sie stehen unter Leistungsdruck und widmen sich ihrer Karriere, indem sie sich um ihre Weiterentwicklung kümmern.
3. **Established connectors** lieben und leben die Routinen. Sie versuchen, diese festzuhalten, oder beginnen, sie zu hinterfragen. Sie bewerten ihre eigenen Ziele neu, stellen Bestehendes in Frage und neigen dazu, ihr Territorium zu verteidigen.
4. **Knowledge sharers** sind meistens 40 bis Ende 50. In der Familie gehen die Kinder oft schon ihre eigenen Wege und sie selbst beginnen, sich mit dem Thema Ruhestand auseinanderzusetzen. Deswegen wollen sie noch ihre Erfahrung und ihr Wissen an andere weitergeben. Respekt und Anerkennung werden als Werte immer wichtiger.
5. **Independent elders** befinden sich kurz vor der Abkoppelung der Arbeit und müssen ihre Rollen neu definieren. Sie beginnen, sich mit vollkommen neuen Themen und Interessen, die nichts mehr mit der Arbeit zu tun haben, auseinanderzusetzen.

Auswirkungen auf das Arbeitsplatzdesign

Wenn Sie sich also auf die verschiedenen Lebensphasen Ihrer Mitarbeiter konzentrieren und nicht mehr auf Generationen, sind Sie flexibler und können Räume gestalten, die die Menschen ansprechen. Dadurch können sie sich mehr auf die eigentliche Arbeit fokussieren und eine gute Balance ihrer Verpflichtungen finden. Diese Flexibilität ist nicht nur wichtig, wenn es um die Büroeinrichtung geht. Vielmehr ist es ein Wert, der in verschiedene Bereiche im Unternehmen integriert werden sollte.

Studien[3] zeigen, dass die Generationen sich in ihren Bedürfnissen nicht so sehr unterscheiden, wie man auf den ersten Blick glauben mag. Sowohl jüngere als auch ältere Menschen suchen Erfüllung bei der Arbeit, Verbindung zu einem größeren Ganzen und einen Sinn in ihrem Tun. Es sind also nicht so sehr die einzelnen Werte, sondern vielmehr die Quantität und die Leidenschaft, die variieren. Sie wollen Orte, an denen sie zusammenarbeiten, sich konzentrieren und mit anderen in Kontakt treten können. Flexibilität und Autonomie sind ihnen wichtig.

Selbst die oft erwähnte Vertrautheit und die Wichtigkeit von Kommunikation, Medien und digitalen Technologien ist kein einzigartiges Generationenmerkmal. Der Aufstieg und die Geschwindigkeit der Technologie sowie der schnelle Zugang zu Informationen haben jeden beeinflusst, sodass alle Mitarbeiter wie nie zuvor unabhängig von ihrem Standort miteinander in Verbindung bleiben können. Dies ist ein grundlegender Wandel mit großen Konsequenzen für die Zukunft der Arbeit. Die Zunahme agilerer und mobiler Arbeitsplätze sind die Herausforderungen, die es zu bewältigen gibt.

Flexibilität ist von entscheidender Bedeutung: Mitarbeiter möchten zunehmend in Unternehmen arbeiten, die eine Vielzahl von Arbeitsstilen mit flexiblem Design, Arbeitsbereichen und Arbeitszeiten anbieten. In einer Untersuchung haben 85 Prozent der 3600 befragten Mitarbeiter angegeben, dass flexibles Arbeitsplatzdesign wichtig ist. 83 Prozent gaben an, dass sie ihre besten Ideen haben, wenn sie in flexiblen Raumoptionen arbeiten. 88 Prozent sehen einen flexiblen Arbeitsplan für 2018 als wichtig an.

Es ist von entscheidender Bedeutung, verschiedene Arten von Arbeitsbereichen für Mitarbeiter anzubieten. 80 Prozent der Befragten geben an, dass sie produktiver sind, wenn sie während der Arbeit in einen anderen Raum oder eine andere Umgebung übersiedeln können. 84 Prozent der Mitarbeiter gaben an, dass sie ihre besten Ideen hatten, wenn sie flexible Arbeitsbereiche nutzen konnten. Durch die Bereitstellung dynamischer Räume für alle Arten von Arbeitsstilen können Unternehmen dazu beitragen, die Art von Zusammenarbeit und Inno-

---

3 *https://www.fidelity.com/about-fidelity/institutional-investment-management/todays-millionaires-differ*, abgerufen am 02.08.2021

Case Study: Die Innovationsräume der Mobiliar in Bern

Eine Versicherung kann viele Risiken bewerten und absichern. Nicht aber fehlende Innovation – vor allem die eigene. Mit über 5000 Mitarbeiterinnen und Mitarbeitern steht die Schweizer Versicherungsgesellschaft Mobiliar täglich größeren und kleineren Herausforderungen gegenüber. Das Unternehmen arbeitet aktiv an Chancen und Risiken, die sich aus Themen rund um Digitalisierung, Veränderungen der Arbeits- und Lebenswelt oder dem demografischen Wandel ableiten. In all diesen Bereichen ist die Mobiliar wie viele andere Unternehmen mit steigenden Erwartungen der Kunden konfrontiert. Denn eines ist klar: Nur wer sich weiterentwickelt, bleibt zukunftsfähig.

Ein Meilenstein für innovatives Arbeiten in der Mobiliar war die 2016 neu geschaffene offene und moderne Zone für kollaboratives Arbeiten. Dabei ging CEO Markus Hongler mit gutem Beispiel voran und räumte als erster sein großes Büro. Und was wurde aus dem Vorstandsbüro und den Assistenz-Räumen? Ein Platz für Innovation – ein Ort, an dem die Zukunft mitgestaltet werden soll. Mit Farbe und Pinsel schufen Mitarbeitende aus dem ehemaligen, nüchternen CEO-Büro eine bunte Kreativlandschaft.

Möbel wurden aus diversen Archiven hervorgeholt und aufgestellt. Gesucht wurde, was praktisch, bequem und flexibel ist. Daraus sind drei Räume auf einer Ebene mit Blick über die Schweizer Hauptstadt Bern entstanden. Ein Ausblick, der zum Groß-Denken mit Weitblick und zum gemeinsamen Arbeiten anregt.

Neben einem großen Arbeitsraum gibt es eine eigene Werkstatt mit unterschiedlichen Materialien für den Bau von Prototypen sowie ein gemütliches Sofa-Zimmer zum Verweilen und Nachdenken. Überall stehen fahrbare Whiteboards und Flipcharts zur Verfügung, um sich visuell auszutauschen und Ideen gemeinsam zu entwickeln.

Die Räume bieten Platz für bis zu 15 Personen und können von den Mitarbeitenden nach Bedarf frei genutzt werden. Die Nachfrage steigt kontinuierlich: Heute werden die Innovationsräume täglich genutzt.

Bild 3.8 Der „grüne Raum" im Innovationsraum der Mobiliar in Bern. Foto: Mobiliar.

vation zu ermöglichen, die es den Mitarbeitern ermöglicht, bahnbrechende Produkte und Lösungen für ihre Kunden zu entwickeln.

>
>
> **Expertentipp**
> **von Peter Handlgruber**
>
> Die Mitarbeitenden von heute haben neue Anforderungen im Vergleich zu denen von früher. Es geht nicht mehr darum, was man für einen Job macht und was man dafür bezahlt bekommt, sondern es geht um die Frage des Wohlfühlens, der Work-Life-Balance und auch um das Gefühl der Zusammengehörigkeit. Viel wichtiger ist für die Menschen geworden, wie das Team und die Stimmung ist, wie man sich austauschen kann bzw. wie das soziale Gefüge aussieht. Es gibt verschiedene Generations- und Rollenaspekte.

04 Anwendung in der Praxis

Die Psychologie des Arbeitsplatzes ist ein reiches und vielfältiges Forschungsgebiet, das schnell wächst. Da Menschen in allen Teilen der Welt immer mehr Zeit bei der Arbeit in einer Vielzahl von Gebäuden verbringen, hat die Umgebung maßgebliche Auswirkungen auf die Leistungsfähigkeit, Gesundheit und Motivation der Mitarbeitenden. Dieses Wissen beeinflusst die Entscheidungen sowie Investitionen in die Arbeitsumgebungen.

Die Unternehmen sind gefordert, sich bewusst zu machen, wie sich der Arbeitsplatz auf die Menschen auswirkt. Vor allem da Unternehmen den Anforderungen der agilen, unsicheren und komplexen (Wirtschafts-)Welt nur standhalten können, indem sie auch die Arbeitsplätze ihrer Mitarbeiter und Mitarbeiterinnen permanent anpassen.

In diesem Kapitel gebe ich ganz konkrete Tipps, wie Sie Ihre Organisation zu einem Raum für kreatives Denken machen:

- In Abschnitt 4.2 geht es darum, wie Sie Ihren eigenen Arbeitsplatz für kreative Arbeit gestalten können.
- In Abschnitt 4.3 befassen wir uns mit der Gestaltung eines eigenen Innovationsraums in Ihrem Unternehmen.
- In Abschnitt 4.4 geht es schließlich um das gesamte Bürogebäude, das für kreatives Denken fit gemacht wird.
- In Abschnitt 4.5 weiten wir unseren Blick über die Grenzen des Unternehmens hinaus.

Wenn Innovationsräume nicht genutzt werden, liegt dies meist an folgenden Punkten:

1. Innovationräume sind im Unternehmen selbst unsichtbar

Viele Innovationsteams sind innerhalb der Unternehmen selbst isoliert. Sie sind in separaten Räumen untergebracht, treffen auf dem Flur nicht auf anderes Personal und werden so behandelt, als würden sie für ein anderes Unternehmen arbeiten. Um eine Kultur der Kreativität zu schaffen, kann es durchaus hilfreich sein, dass das Innovationsteam bis zu einem gewissen Grad eigenständig und unabhängig von den anderen Teams arbeitet. Aber das bedeutet nicht, dass sie als eine Art Fremdkörper zu behandeln sind. Die Mitglieder des Innovationsteams sollten ermutigt werden, an anderen Meetings teilzunehmen, um zu erfahren, was die anderen Mitarbeiter und Mitarbeiterinnen bewegt und beschäftigt, aber auch um Brücken zu bauen und Themen kritisch zu hinterfragen. Es ist für Innovation notwendig, dass die einzelnen Mitarbeitenden eines Innovationsteams die anderen Abteilungen verstehen, genauso wie ein Berater seine Kunden verstehen sollte. Letztlich ist es das Ziel, dass Innovation im gesamten Unternehmen Einzug hält. Das bedeutet auch, dass im Idealfall die Möbel aus den Innovationsräumen den Weg in die „normalen" Arbeitsbereiche finden.

2. Fokussierung auf die Technik, nicht auf den Menschen

Haben Sie gehört, dass die Technik alles ändern wird? Der Fokus einzig auf die technischen Aspekte und nicht auf die Prozesse und Abteilungsstrukturen, die von diesen Änderungen betroffen sein könnten, ist kein guter Weg. Es geht in jedem Unternehmen darum, die Anliegen des Kunden und der internen Kultur zu verstehen und diese Bedürfnisse zu berücksichtigen, um echte Ergebnisse zu erzielen. Dies beinhaltet eine enge Zusammenarbeit mit den verschiedenen Geschäftsbereichen und Personen, die von der Technologie betroffen sind und die die entsprechenden Prozesse steuern. Sich nur um die Technologie zu kümmern und dabei die Menschen und Kultur außen vor zu lassen, ist der Weg des geringsten Widerstands.

3. Ohne Struktur starten

Die völlige Freiheit zu haben, zu innovieren, was man möchte, klingt zunächst großartig. Wenn Sie sich aber auf Produkte oder Lösungen konzentrieren, die aus Kundensicht nicht wichtig oder relevant sind, kann das fatale Folgen haben. Innovation und Kreativität sind kein Selbstzweck, sie brauchen Struktur und Grenzen. Innovationsteams brauchen innerhalb des Unternehmens auch eine Struktur, die durch reale Geschäftsbeschränkungen gegeben wird, um zu innovieren und effizient zu sein.

4. Überhöhte Erwartungen

Sie haben technisch hochausgestattete neue Büroräume bezahlt und nun tröpfelt die Kreativität leise vor sich hin. Vielleicht wartet auch ein Team von hellen Innovationsköpfen nur darauf, dass sie starten können. Aber die großen Würfe stellen sich nicht ein. Was ist falsch gelaufen?

Erwarten Sie nicht, dass sofort alles funktionieren wird und die Räumlichkeiten sich gleich positiv auf alles auswirken werden. Setzen Sie lieber auf kleine Gewinne, achten Sie auf eine konsistente Vorwärtsbewegung. Die meisten Unternehmen haben nur begrenzte Geduld.

5. Hohe Investitionen statt Prototypen

Ich bin immer noch überrascht, dass die Anzahl der Unternehmen, die versuchen, intern einen Innovationsraum aufzubauen, als Erstes eine Menge Geld ausgeben. In den meisten Fällen können sie mit einem Bruchteil des Budgets wesentlich mehr erreichen. Noch kritischer ist es, wenn sie beispielsweise einen Architekten oder einen externen Berater einbeziehen, der sich wiederum nicht mit dem Team und den vorhandenen Begebenheiten auseinandersetzt. Schließlich sind es die Mitarbeiter und Mitarbeiterinnen, die in diesen Räumen arbeiten müssen und die ihre eigenen Bedürfnisse besser als sonst jemand kennen.

4.1 Planung – Vorgehen

Ein Innovationsraum ist ein Bereich, der ein kreatives und kollaboratives Umfeld bietet, um dort neues Wissen auszutauschen und Ideen zu entwickeln. Einen solchen Raum zunächst in Ruhe und mit Sorgfalt zu planen, ist wichtig, um Kosten und Ärger zu sparen. Laut einem Bericht[1] halten bis zu 90 Prozent aller Innovationsräume ihre Versprechen nicht ein.

Als Knotenpunkt angelegt, birgt ein solcher Raum aber enorme Vorteile für die Unternehmenskultur und die interne Kommunikation.

Bevor es also um die technische Umsetzung geht, sollten Sie sich zuerst überlegen, für wen Sie diesen Raum planen und wie Sie die Menschen, die später darin arbeiten werden, am besten unterstützen können. Dazu müssen Sie die Bedürfnisse und Ziele des Unternehmens und der Mitarbeitenden kennen. Viel zu oft haben Unternehmen kein vorher definiertes Ziel, was sie eigentlich mit einem solchen Raum erreichen wollen, und beginnen mit der Umsetzung der erstbesten Idee. Dieser Mangel an Strategie ist häufig die Folge, wenn der Innovationsraum als eine Art „PR-Maßnahme" gedacht ist. Gerade Führungskräfte sollten sich vorab gut überlegen, welche Auswirkungen ein Innovationsraum auf das gesamte Unternehmen und auch auf die aktuellen und zukünftigen Geschäfte hat, um zu bestimmen, wie Ideen umgesetzt werden.

Dazu brauchen Sie vor allem eine Vision. Das Erstellen klarer Ziele für den Innovationsraum hilft, die Richtung und den Zweck der einzelnen Innovationsinitiativen zu verstehen. So kann die Vision für Ihren Innovationsraum lauten, dass Sie viele neue Ideen generieren wollen, die das Kerngeschäft ergänzen.

---

1 *https://www.capgemini.com/news/capgemini-consulting-and-altimeter-global-report-reveals-leading-businesses-continue-to/,* abgerufen am 28.06.2021

Expertentipp von Bastian Gerhard

Ein wichtiges Learning bei der Errichtung von Innovationsräumen ist, dass man die Flächen niemals bis zum Schluss fertigbauen sollte. Während der Nutzung kommt es einfach immer wieder vor, dass sich die Anforderungen an den Raum stark ändern und Anpassungen vorgenommen werden müssen. Auch entwickelt sich das Team in jedem Projekt weiter. Am besten ist es, wenn der Raum mit den Menschen und vor allem deren Anforderungen an den Raum „mitwächst" und der Fokus nicht zu sehr auf die Finalisierung gelegt wird. Ist der Raum bereits fertig, bevor das Team mit der Arbeit im Raum begonnen hat, sind Bastians Erfahrungen nach oft aufwendige Rückbauten notwendig.

Expertentipp von Stefan Camenzind

Für Stefan Camenzind ist für die Planung geeigneter Büroräume die Beobachtung die Methode der Wahl. Basierend auf dem, was er und sein Team zu Beginn des Projekts beobachten konnten, gehen sie dann mit den Nutzern der Büroräume in den Austausch. Das Ziel dabei ist, herauszufinden, was die Nutzer tatsächlich für ihre Arbeit brauchen, was sie erreichen wollen und was ihnen in ihrem Arbeitsalltag wirklich wichtig ist.

Der große Gap herrscht laut Camenzind zwischen dem, wie die Mitarbeitenden aktuell die Büroräumlichkeiten wie Meetingräume oder Pausenräume nutzen, und dem, wie die Nutzung eigentlich sein sollte. Deswegen ist es seiner Meinung nach am besten, zunächst über die Nutzung und die Räume zu sprechen, die bereits da sind.

Expertentipp von Thomas Fundneider

Die Gestaltung eines Innovationsraums hat viel mit einem Hausbau gemein: Bei einem Hausbau wird zunächst gemeinsam mit dem Architekten überlegt, wie die eigenen Ideen umgesetzt werden können. Dabei geht es weniger um die Gestaltung einzelner Räume, als darum, dass das gesamte Haus optimal auf die Bewohner ausgerichtet ist. Dazu werden Fragen gestellt, die vor allem mit dem Leben und den Werten zu tun haben. Es wird danach gefragt: „Was sind für Sie die wichtigen Plätze?" und nicht, ob die Küche geschlossen oder offen sein soll.

4.2 Ebene Arbeitsplatz

Die Grenzen zwischen Arbeit und Leben verschwimmen immer weiter – Menschen arbeiten zu Hause im Home-Office und Arbeitsplätze sind weit mehr als nur Büros. Unternehmen erkennen langsam, dass sich der moderne Arbeitsplatz ändern muss: Mitarbeitende erwarten viel mehr als lediglich einen Schreibtisch mit einem Computer und einem Telefon. In einer Zeit, in der jedes Unternehmen um Talente buhlt und diese auch halten will, ist es wichtig, Ergänzungen und Strategien zu finden, die ihren Mitarbeitenden das Unternehmen attraktiver machen.

Der moderne Arbeiternehmende braucht sowohl Privatsphäre als auch Gemeinschaft, je nachdem, welches Projekt er in Angriff nimmt. Es gibt keinen einheitlichen Ansatz. Ein gut durchdachtes Büro ist flexibel und bietet sowohl Platz für Projekte, die viel Alleinsein fordern, als auch für gemeinsame Brainstorming-Sitzungen.

Neben einer neuen Generation von Mitarbeitenden gibt es auch schnellere und leistungsfähigere Technologien, die sich auf die Arbeit auswirken. Unternehmen, die Effizienz und die Produktivität optimieren wollen, müssen in flexible Arbeitsbereiche investieren, in die sie auch die neuen Technologien einfach integrieren können und so das Wohlbefinden der Mitarbeitenden maximieren.

Laut einer Studie steigert eine leistungsfähige Büroumgebung die Produktivität der Mitarbeiter und Mitarbeiterinnen bei kognitiven Aufgaben um 25 Prozent.

Unterschiedliche Unternehmen wie auch unterschiedliche Abteilungen haben oft nicht nur unterschiedliche Anforderungen an ihre Umgebung, sondern sie können die Bereiche des Büros auch mit unterschiedlichen Zielen verknüpfen. So kann beispielsweise die Rezeption so eingerichtet werden, dass potenzielle Kunden gleich von Anfang an miteinbezogen werden. Die Büroküche mit dem Kaffeeautomat anderseits kann die interne Kollaboration fördern. Einer meiner Kunden hat den Eingangsbereich beispielsweise vollkommen transparent gestaltet. Dadurch hat dieser Bereich Symbolcharakter – Transparenz ist ein wichtiger Wert im Unternehmen.

Da die Arbeit ein wichtiger Teil unseres Lebens ist, erfüllt der Arbeitsplatz im Grunde mehrere Funktionen. Daher muss die Gestaltung vor allem auf Praxistauglichkeit und Benutzerfreundlichkeit ausgerichtet sein. Die wichtigste

Frage, die sich die Unternehmen bei der Gestaltung ihrer Standorte stellen müssen, lautet: Wie können wir Menschen dazu bringen, mehr Zeit hier zu verbringen?

Das moderne Büro hat in den letzten Jahrzehnten einen Übergang von einer grauen Gefängniszelle hin zu einem bunten Spielplatz durchlebt. Es ist an der Zeit, dass wir einen guten und vor allem produktiven Mittelweg finden. Wir müssen Räume schaffen, in denen Menschen arbeiten können und in denen sie auch gleichzeitig gerne ihre Zeit verbringen. Dazu können wir das Ästhetische mit dem Funktionalen auf neue und aufregende Weise verbinden.

Die physische Umgebung beeinflusst unseren Komfort und unseren Fokus. Die Gestaltung des Arbeitsplatzes wirkt sich aber auch auf unsere persönliche Effektivität aus. Das richtige Design erhöht das Wohlbefinden und reduziert auch Fehlzeiten. Es steigert die Produktivität und erhöht das Gefühl der Menschen, wertgeschätzt zu werden.

Der Unterschied zu eher konservativen Büroräumen ist, dass die modernen nicht unbedingt für eine durchgehend gleichbleibende Nutzung konzipiert sind. Denn das Modell der durchgängigen Nutzung funktioniert einfach in der heutigen Welt nicht mehr. Es braucht flexible Arbeitsbereiche, die neue Lösungen anbieten. Die Anforderungen der Mitarbeitenden ändern sich laufend. Aber nicht nur das: Heute kann keiner mehr sagen, welche Jobs und Rollenbeschreibungen es in den kommenden fünf Jahren geben wird. Die Zeit ändert sich schnell und damit auch die verschiedenen Anforderungen. Auch die Räume müssen entsprechend schnell angepasst werden. Denn ein flexibler Raum ermöglicht es, neue Technologien leichter anzupassen und bietet Platz für die unterschiedlichen Arbeitsstile.

Wir haben dann die besten Ideen, wenn wir in einer Umgebung sind, in der Kollaboration gefördert wird – wenn wir uns mit anderen austauschen, die eigene Perspektive erweitern. Dennoch brauchen wir einen Ort, an dem wir uns zurückziehen und konzentrieren können, um die Gedanken zu sammeln und zu sortieren. Offene Grundrisse mit einer Vielzahl von Funktionsräumen sind daher oft eine ideale Lösung. Denn sie bieten eine Mischung aus privaten, halbprivaten und offenen Arbeitsbereichen und bringen so die Vorteile jedes Raumtyps zum Einsatz, da sie die Räume für Arbeitsstile und Aufgaben teilen und neu definieren. Die meisten modernen Arbeitsplätze umfassen einen oder mehrere Gemeinschaftsräume, Besprechungsräume, offene Arbeitsbereiche und ungezwungene Sitzgruppen.

4.2.1 Dein Büro gestalten

Dass Ihre Umgebung Ihre Produktivität beeinflusst, wissen Sie ja bereits. Aber es ist nicht nur der Standort, der ausschlaggebend ist, sondern es beginnt schon am eigenen Schreibtisch. Auch dieser sorgt für eine angenehme Atmosphäre. Es sind auch Dinge wie Pflanzen und Möbel, die Sie bei Ihrer Produktivität unterstützen. Das Gute ist, dass Sie selbst Ihr Büro zu einem Ort machen können, an dem Sie gerne Ihre Arbeit erledigen möchten.

- **Sorgen Sie für Bewegung:** Mit ein paar kleinen Tricks können Sie dafür sorgen, dass Sie produktiv und motiviert bleiben. Setzen Sie z. B. ein Stehpult ein, das zum Wechseln der Position und zum Bewegen während des Arbeitstags einlädt. Sie können jedoch auch andere Möglichkeiten für die Bewegung in Ihren Arbeitsbereich schaffen. Hängen Sie ein kleines Whiteboard in Ihrem Zimmer oder bei Ihrem Platz auf, das Sie dazu motiviert, aufzustehen und zu zeichnen. Oder gewöhnen Sie sich an, während des Telefonierens viel im Zimmer auf- und abzugehen. Es ist wichtig, dass Sie sich ab und zu neu „kalibrieren" und vor allem auch während des Tages Energie tanken.
- **Holen Sie sich Pflanzen:** Sorgen Sie dafür, dass sich Ihr Raum etwas lebendiger anfühlt, indem Sie sich eine Zimmerpflanze besorgen. Viele Pflanzen sorgen für sauberere Luft und motivieren die Menschen, energischer und kreativer zu sein, und reduzieren den Stress.
- **Geben Sie Ihren Gadgets ein Zuhause:** Smartphones, Tablets und andere Geräte können Ihnen dabei helfen, organisiert und effizient zu bleiben, aber sie können auch eine große Ablenkung sein. Bewahren Sie solche Dinge an einem bestimmten Ort auf, während Sie Ihre Arbeit erledigen. So werden Sie nicht durch einen ständigen Strom von Benachrichtigungen abgelenkt.
- **Halten Sie Ihren Tisch sauber und ordentlich:** Wenn Sie in einem unordentlichen Bereich sitzen und darüber nachdenken, wie unordentlich Ihr Bereich ist und wie Sie ihn reinigen sollten, werden Sie wahrscheinlich nicht viel Arbeit erledigen. Nehmen Sie sich daher jeden Tag ein paar Minuten Zeit, um Ihren

Arbeitsplatz aufzuräumen. Werfen Sie unnötige Gegenstände weg und entwickeln Sie ein für Sie passendes Organisationssystem. Arbeiten Sie auch mit To-do-Listen, damit Sie zu Beginn Ihres Arbeitstags keine Zeit verschwenden. Sehen Sie Ihren Schreibtisch als ein leeres Dokument. Das hilft Ihnen, sich mehr zu konzentrieren. Stellen Sie sich ein Dokument vor, das mit zufälligen Wörtern und Zahlen gefüllt ist, die alle auf dem Papier liegen, und Sie müssen dazwischen schreiben. Ihr Verstand wird Ihnen einen Streich spielen und es wird unmöglich sein, sich zu konzentrieren. Das Gleiche gilt für ein unorganisiertes Büro.

- **Werden Sie persönlich:** Die Personalisierung Ihres Raums kann Ihre emotionale Verbindung zu Ihrer Arbeit erhöhen. Stellen Sie ein gerahmtes Foto Ihrer Kinder oder Ihres Partners auf. Das hilft Ihnen, über den Tag hinweg motiviert zu sein.

4.2.2 Ablenkung am Arbeitsplatz

Wie können wir uns am besten konzentrieren? Dazu wurde eine Studie[2] mit 80 Probanden durchgeführt, bei der untersucht wurde, inwiefern sie irrelevante Reize wie Hintergrundgespräche oder das Summen von Geräten ignorieren können.

Die Hypothese, dass diejenigen, die die Reize ausblenden konnten, auch produktiver wären, konnte überraschenderweise nicht validiert werden. Vielmehr waren diejenigen, die die Ablenkungen nicht ausblenden konnten, produktiver und entwickelten kreativere Lösungen und Ideen. Diese Erkenntnisse deuten darauf hin, dass Ablenkungen möglicherweise doch nicht die Produktivität stören, sondern im Gegenteil sogar hilfreich sein können.

Warum ist das so?
Wenn eine Person sich leicht von Nebengeräuschen ablenken lässt, dann deutet das darauf hin, dass diese Person eine Art „undichten" Filter hat. Sie nimmt mehr Informationen auf als

---

2 *https://www.wsj.com/articles/SB10001424052748703584804576144192132144506*

Tipps für weniger Ablenkung

Schalten Sie Ihre Benachrichtigungen aus

Am einfachsten ist es, alle möglichen Ablenkungen wie E-Mail-Benachrichtigungen, soziale Medien, Telefon etc. auszuschalten und den Fokus auf das zu richten, an dem Sie gerade arbeiten. Damit Sie sich nicht selbst manipulieren, können Sie in dieser Zeit eine automatische Antwortregelung einstellen, sodass Sie gar nicht in die Versuchung kommen, immer mal wieder zu schauen, ob Sie nicht etwas Wichtiges versäumt haben.

Machen Sie kurze Pausen

Kurze Pausen helfen Ihnen dabei, sich immer wieder neu zu sammeln und die Dinge aus einer neuen Perspektive zu betrachten. Dabei hilft z. B. die bekannte Pomodoro-Technik, bei der Sie Ihre Arbeitszeit in 25-Minuten-Blöcke aufteilen. Egal, welche Zeitspanne Sie wählen, es ist wichtig, dass sie für Sie funktioniert und Sie sich auch daran halten.

Vermeiden Sie Musik mit Texten

Viele Menschen hören während der Arbeit Musik. Studien haben aber nachweisen können, dass Musik mit Texten für sprachbasierte Aufgaben wie Schreiben und Lesen das Arbeiten definitiv schwieriger macht. Wenn Sie Musik abspielen wollen, dann suchen Sie lieber Musik aus, die der momentanen Umgebung eher entspricht und vermeiden Sie Musik mit Texten.

eine durchschnittliche Person. Das hilft ihr einerseits, kreativer zu sein, weil sie mehr Möglichkeiten sieht, und andererseits auch Probleme einfacher zu lösen, weil sie verschiedene Lösungen betrachtet und sich nicht auf eine versteift. Je abgelenkter eine Person ist, desto mehr relevante und auch irrelevante Informationen nimmt sie auf und entwickelt kreativere Lösungen.

Indem wir uns von dem gegenwärtigen Problem ablenken lassen, ermöglichen wir unserem Gehirn, auf die freien Gedanken zuzugreifen und neue Verbindungen und Assoziationen herzustellen.

4.2.3 Exkurs Home-Office

Es gibt Menschen, die es lieben, von zu Hause aus zu arbeiten. Sie können sich nichts Schöneres vorstellen, als den ganzen Tag gemütlich vor ihrem Notebook zu sitzen und zu arbeiten. Andere brauchen die Struktur einer Organisation und vermissen vor allem die spontanen Gespräche mit Kollegen. Es gibt ein paar Tricks, die Sie dabei unterstützen, in den eigenen vier Wänden effizienter zu arbeiten.

Denken Sie an Ihren Körper

Wenn wir von zu Hause aus arbeiten, vergessen wir schnell, dass unser Körper Grundbedürfnisse hat. So haben wir oft in unserem Büro ergonomische Stühle. Zu Hause besteht der Arbeitsbereich aber in den meisten Fällen lediglich aus einem Küchentisch und einem einfachen Stuhl. Um gesünder zu sitzen, müssen Sie nicht gleich in ein komplett neues Home-Office-Setup investieren. Es reicht schon, wenn Sie darauf achten, wie sich Ihr Körper in den unterschiedlichen Positionen fühlt. Ein Vorteil der Arbeit von zu Hause aus ist, dass Sie häufig die Sitzplätze wechseln können. Probieren Sie unterschiedliche Körperhaltungen aus, egal ob Sie auf einem Stuhl sitzen, auf dem Sofa entspannen oder es sich am Boden bequem gemacht haben.

Vergessen Sie auch nicht die Bewegung! Im Büroalltag gehen wir viel mehr, als uns bewusst ist: Wir kommen mit dem Bus oder vom Parkplatz, wir holen uns unseren Kaffee in der Küche, wir wechseln die verschiedenen Räume, um an Besprechungen teilzunehmen. Das alles findet nicht statt, wenn wir zu Hause bleiben.

Das Home-Office bringt aber diesbezüglich einen großen Vorteil mit sich: Sie können sich meistens dann bewegen, wenn Sie möchten, und so, wie Sie möchten. Legen Sie zwischen zwei Telefonkonferenzen ein Training ein, praktizieren Sie Yoga-Übungen oder stehen Sie einfach mal auf und wandern Sie im Raum herum, während Sie telefonieren.

Nutzen Sie die Zeit, die Sie sonst für den Weg ins Büro brauchen

Viele Menschen pendeln täglich zwischen dem Arbeitsplatz und zu Hause zwischen 30 Minuten und zwei Stunden. Diese Zeit können Sie nun ganz bewusst für sich nutzen. Blocken Sie diese Zeitspanne in Ihrem Kalender und tun Sie etwas, für das Sie sich sonst keine Zeit nehmen. Lesen Sie ein Buch, nehmen Sie ein Bad oder kochen Sie etwas für sich. Genießen Sie die neugewonnene Zeit.

Gestalten Sie Ihren Arbeitsbereich

Die meisten Arbeitsbereiche sind so gestaltet, dass sie zur Maximierung der Produktivität die Ablenkung minimiert haben. Dabei zeigen Untersuchungen, dass Sie in Räumen, die Kunst, Pflanzen und andere Dinge beherbergen, bis zu 30 Prozent produktiver sind.

Zu Hause können Sie Ihr eigener Innenarchitekt sein und die Räume so gestalten, wie Sie wollen. Regeln Sie die Temperatur so, wie es für Sie angenehm ist, setzen Sie bei störenden Geräuschen Kopfhörer auf, hängen Sie ein Bild auf, auf dem sich Ihre Augen ausruhen können, wenn Sie von Ihrem Bildschirm aufblicken.

Gerade die Tast- und Geruchssinne werden in den Stunden, in denen wir auf einer Tastatur tippen, meistens unterschätzt. Suchen Sie also nach Möglichkeiten, diese gezielt zu triggern.

Bringen Sie Licht ins Zimmer
Die meisten Büros haben viel zu wenig Tageslicht. Untersuchungen zeigen jedoch, dass Arbeitnehmer, die mehr Tageslicht aufnehmen, besser schlafen (bis zu 46 Minuten mehr pro Nacht), weniger gestresst sind und tagsüber aktiver sind. Licht reguliert wichtige Hormone und Neurotransmitter und beeinflusst nicht nur das Immunsystem, sondern auch die Stimmung.

Wählen Sie zu Hause, wenn möglich, Ihren Platz so aus, dass Sie in der Nähe eines Fensters sitzen. Und wenn Sie nicht viel natürliches Licht in Ihrem Raum haben, verwenden Sie Lampen, um die Helligkeit herzustellen.

Entwickeln Sie Rituale, um die verschiedenen Arbeiten zu Hause besser voneinander zu trennen
Eine Herausforderung bei der Arbeit von zu Hause aus sind die verschiedenen Aufgaben, die zu Hause anfallen (Spülmaschine leeren, Wäsche waschen, kochen usw.). All diese Dinge drängen sich förmlich auf, wenn wir Arbeit vermeiden wollen.

Mir helfen bei den Übergängen Rituale und Routinen. Machen Sie bewusst Pause, um die Küche aufzuräumen, und läuten Sie diesen Übergang beispielsweise immer mit demselben Lied ein. Oder legen Sie einen bestimmten Tag und eine bestimmte Uhrzeit fest, in der Sie staubsaugen. Suchen Sie nach Triggern, die Ihnen helfen, sich schnell in andere Situationen zu versetzen.

Setzen Sie sichtbare Grenzen
Wenn wir von zu Hause aus arbeiten, fehlt es oft an einem deutlichen Start und Ende. Studien zeigen, dass Remote-Mitarbeiter kürzere Pausen und weniger Krankheitstage haben, was darauf hindeutet, dass sie Schwierigkeiten damit haben, Grenzen zu setzen. Das wird sogar noch schwieriger, wenn Sie keinen eigenen Home-Office-Bereich haben. Wenn Ihr Notebook auf

dem Esstisch steht oder Ihr Couchtisch mit Ordnern vollgestellt ist, wird es schwer, nach getaner Arbeit vollständig abzuschalten.

Sie brauchen aber dafür kein freies Zimmer. Nutzen Sie einen Korb oder legen Sie Ihr Material in einen Schrank. Suchen Sie Orte, wo Sie Ihre Unterlagen nachts verstauen können. Wenn Sie physische Grenzen haben, hilft Ihnen das dabei, schneller zur Ruhe zu kommen und nach getaner Arbeit Ihr Zuhause zurückzugewinnen.

Expertentipp von Karim El-Ishmawi

Ihre interne Kreativität befeuern Sie am besten, indem Sie Räume schaffen, die nicht so aussehen als müssten die Mitarbeitenden darin kreativ sein, so Karim El-Ishmawi. So fördert weder das berühmte Bällebad die Kreativität, noch lädt ein starrer, gar antiseptischer Ort dazu ein, gute Ideen zu generieren.

Der Raum soll demnach ein Ort sein, der Bedeutung hat und indem Kreativität nicht wie die sprichwörtliche Zitrone in der Presse ausgequetscht wird. Dieser Ort soll vor allem die Bewegung anregen. Das kann durch verschiebbare Möbel gefördert werden oder auch durch eigenständige Module, die die verschiedenen Stufen eines kreativen Prozesses abbilden.

Expertentipp von Stefan Camenzind

Ein Raum muss so konzipiert sein, dass sich die Menschen, die darin arbeiten, wohlfühlen, meint Stefan Camenzind. Während die Menschen Zuhause non-territorial unterwegs sind – sie also unabhängig vom Raum ihre Tätigkeiten verrichten – haben Büroräumlichkeiten immer eine gewisse funktionale und emotionale Qualität. Es ist also wichtig, dass der Raum so gestaltet wird, dass sich der Nutzer dort vor allem wohlfühlt und sich gerne aufhält.

4.3 Ebene Meeting-Raum

Bei der Gestaltung von Meeting-Räumen gibt es viel zu beachten: die technische Ausstattung, die Möblierung, die Platzierung im Gebäude und vieles mehr. Letztendlich sind genau das die Elemente, die den Unterschied zwischen einem Raum ausmachen, der nur ein weiterer Arbeitsplatz ist, und einem Raum, in dem Menschen aufeinandertreffen, um gemeinsam Probleme zu diskutieren und zu lösen.

Bei der Gestaltung eines Meeting-Bereichs für Ihr Team ist es wichtig, nicht nur die Mitarbeitenden und Kunden zu berücksichtigen, die den Raum nutzen, sondern auch dessen Zweck. Jede Organisation und jedes Team sind anders, und auch die Ziele für ein Meeting können je nachdem, mit wem Sie sich treffen, worüber Sie sich austauschen wollen und was Ihre Ziele für das Meeting sind, variieren.

In diesem Buch unterscheide ich vier verschiedene Meeting-Räumlichkeiten:

1. **Der Breakout-Raum:** Dieser Bereich ist zwar kein expliziter Meetingraum, aber er eignet sich perfekt für einen kurzen Austausch, ein Kundengespräch oder ein wichtiges Telefonat. Der Raum ist meistens mit Sofas, weichen Polsterstühlen und einem oder zwei Couchtischen ausgestattet. Die Funktion eines solchen Raums besteht darin, die Zusammenarbeit und Verbindung zu fördern. Idealerweise findet man einen solchen Raum nicht unmittelbar im Zentrum des Unternehmens, sondern eher im Anschluss an die Arbeitsplätze, um ein Gefühl von Rückzugsmöglichkeit und Privatsphäre zu vermitteln.

2. **Der kleine Meeting-Raum:** In der Regel für — zwei bis sechs Personen gedacht, eignen sich solche Räume vor allem für kleinere Meetings oder kurze Telefon- oder Videokonferenzen. Der Raum hat meistens einen runden oder kleinen rechteckigen Tisch in der Mitte und bietet neben bequemen Sitzgelegenheiten auch etwas Platz zum Aufstehen und Bewegen. Oft finden sich auch einige audiovisuelle Geräte darin wieder.

3. **Der große Meeting-Raum:** Diese Räume sind für —vier bis zwölf Personen gedacht. Ausgestattet mit einem großen Konferenztisch und Konferenzstühlen ermöglichen diese Räume dem Team, die Köpfe zusammenzustecken

und gemeinsam zu arbeiten. Das Hauptaugenmerk liegt darauf, dass sich die Menschen dort vernetzen und gemeinsam Strategien entwickeln.
4. **Der Konferenzraum:** Der Konferenzraum ist für wichtige Events wie eine Kunden- oder Vorstandssitzung bestimmt. Normalerweise bietet er Platz für zehn–20 Personen und ist mit hochwertigen Möbeln ausgestattet. Viele Teams entscheiden sich dafür, audiovisuelle Geräte in den Raum zu integrieren, um ein Erlebnis für Führungskräfte und Kunden zu bieten. Große Tische, mehrere Stühle, Anrichte oder andere Aufbewahrungsmöbel sind perfekt für diese Räume.

Positionieren Sie die Meeting-Räume taktisch
Wenn Sie Teams haben, die in größeren Räumen oder gar auf mehrere Etagen verteilt sind, ist es sinnvoll, die Räume so anzulegen, dass die Mitarbeitenden sich aus Bequemlichkeit öfter treffen. Achten Sie also darauf, dass die Mitarbeitenden nicht zu weit zu gehen haben und dass die Räume möglichst zentral gelegen sind. Die Verteilung der Meeting-Räume basierend auf dem Sitz verschiedener Teams fördert die Verbindungen.

Berücksichtigen Sie bei der Positionierung auch den Zweck des Raums. Die Anordnung von Räumen, die für Präsentationen und Strategiesitzungen gedacht sind, sollten Zugang zu natürlichem Licht haben, um die Konzentration und Produktivität zu steigern. Bei Räumen, die für 1:1-Gespräche oder Telefongespräche gedacht sind, sollten Sie darauf achten, dass möglichst wenig Ablenkungen herrschen.

Es ist wichtig, dass der moderne Meeting-Raum die Ziele und Werte des Unternehmens widerspiegelt und eine Umgebung schafft, die sowohl den Komfort als auch die Effizienz in Einklang bringt. Denken Sie beim Entwickeln des Raumkonzepts immer an den spezifischen Zweck und das übergeordnete Thema dieses Raums.

Sitzsäcke, extrem weiche Sofas und bequeme Kissen können einerseits eine großartige Möglichkeit sein, um die Mitarbeitenden zu motivieren, einen Raum zu nutzen, aber es kann auch dazu führen, dass die Mitarbeitenden den Raum als Pausenraum nutzen.

Ihre Meeting-Räume sollten auch immer aufgeräumt und sauber sein, damit jede Interaktion frei von Unordnung ist. Sie sollten auch einladend sein, ohne aufdringlich zu wirken oder gar ablenkend. Ziehen Sie warme Farbtöne und sanfte Beleuchtung für kleinere Räume und hellere Farbtöne und Beleuchtung für größere Räume in Betracht.

Am Ende des Tages sollten Meeting-Räume den Schwerpunkt auf das Meeting legen und die Verbindung unter den Menschen erleichtern. Das Design sollte den Zweck des Meetings widerspiegeln, ohne davon abzulenken.

4.3.1 Gestaltung eines Innovationsraums

Es gibt kein Unternehmen, das es sich noch erlauben kann, nicht zu innovieren. Ein Innovationsraum hilft Ihnen dabei, diesen Prozess in Gang zu setzen und einen Bereich zu schaffen, in dem der Schwerpunkt auf Innovationen liegt.

Ein Innovationsraum bietet Ihrem Team den Platz und die Werkzeuge, die es benötigt, um neue Ideen zu entwickeln und diese dann auch gleich zu testen. In einem solchen Raum herrscht die Atmosphäre, die es braucht, damit die Menschen kreativ werden, ihre Talente miteinander teilen und so gemeinsam langfristig wirksame Schritte setzen.

Bevor Sie beginnen, einen solchen Raum zu planen und einzurichten, müssen Sie sich bewusst machen, was Sie eigentlich mit und auch in diesem Raum erreichen wollen. Ein Innovationsraum ist nicht nur ein physischer Raum, er ist vielmehr durch die Kultur definiert, die alle dort stattfindenden Aktivitäten durchdringt. Deswegen ist es so wichtig, dass Sie wissen, welche Probleme Sie in diesem Raum zukünftig lösen möchten oder in welchen Bereichen Sie innovieren wollen. Wollen Sie auch mit anderen Unternehmen zusammenarbeiten? Vor welchen Problemen stehen Sie und was wollen Sie lösen? Oder brauchen Sie Platz für die neuesten Technologien? Es reicht aber nicht, dass Sie sich nur bewusst machen, welche Ziele Sie erreichen wollen. Es geht dabei auch darum, dass Sie überlegen, wie Sie diese Ziele erreichen werden. Das hält die später in diesem Raum arbeitenden Menschen fokussiert und motiviert.

Denn das Wichtigste in Ihrem späteren Innovationsraum sind die Menschen, die darin arbeiten sollen. Es braucht ein engagiertes und leidenschaftliches Team, damit Sie gute Ideen entwickeln. Dieses Team bestimmt letztlich den Erfolg Ihres Unternehmens. Das bedeutet, dass der Raum zum Mittelpunkt des Unternehmens wird – dort, wo sich die Menschen treffen, um gemeinsam an Ideen zu arbeiten und die neuen

Ideen zu gegebener Zeit in das restliche Unternehmen zu transferieren.

Stellen Sie vor dem Bau eines Innovationsraums sicher, dass er für Sie geeignet ist. Einer der Gründe, warum einige Innovationsräume trotz der besten und teuersten Ausstattung doch nicht funktionieren bzw. von den Mitarbeitenden nicht angenommen werden, ist, dass dort keine greifbaren Ergebnisse erzielt werden. Innovation nur aus Gründen zu entwickeln, damit es Innovation gibt, wird keine sinnvollen Ergebnisse bringen. Wenn Sie nur herausfinden möchten, wie Sie eine bestimmte Technologie in Ihr Unternehmen integrieren können, gibt es bessere Wege, als einen Innovationsraum dafür zu bauen.

Case Study: Kinzo

Kinzo gestaltete für einen südkoreanischen Kosmetikkonzern einen 3100 Quadratmeter großen Raum im 21. Stockwerk, der sowohl von den Mitarbeitenden selbst als auch von Start-ups genutzt wird. Der Raum ist c-förmig geschnitten. Kinzo hat bei der Gestaltung des Raums bewusst auf eine Mischung aus verschiedenen Materialien und kräftigen Farben gesetzt, um vor allem einen Kontrast zu schaffen. Die verschiedenen Gemeinschaftsbereiche sollen zu einer offenen und kreativen Arbeitsatmosphäre beitragen, indem kollaborative Bereiche miteinander verbunden werden. So gibt es neben einem Café und einer Lounge für spontane Treffen auch eine Universität sowie eine Arena für informelle Zusammenkünfte.

Um die Kreativität zu fördern, wurden Teambereiche kreiert, die den in Seoul typischen Häusern mit Vorgärten nachempfunden sind. Auf diese Weise wurde jede der 60 Quadratmeter großen Flächen mit verschiedenen Grundelementen ausgestattet, die dann wiederum flexibel aufgrund der jeweiligen Team-Bedürfnisse umgestaltet werden können.

4 Anwendung in der Praxis

Bild 4.1 Teambereich für kreative Arbeitsatmosphäre in Seoul. Foto: Schnepp Renou

4.3.2 Grundfläche

4.3.2.1 Gibt es den idealen Grundriss?

Wer bereits einmal ein Haus gebaut hat, kennt die Frage: Was ist der perfekte Grundriss? Stockhaus oder Bungalow? Ausrichtung am Hang oder am Sonnenstand? Offene oder geschlossene Bereiche? Ähnlich wie beim privaten Haus oder bei der privaten Wohnung richtet sich im Idealfall auch der Grundriss für einen Innovationsraum an den Anforderungen und Bedürfnissen der einzelnen „Bewohner" aus.

Während meiner Tour durch Deutschland, Österreich und die Schweiz im Rahmen der

Case Study: Österreichische Kontrollbank

Die Österreichische Kontrollbank hat ihren Sitz im 1. Wiener Gemeindebezirk in einem historischen Gebäude. In einem der oberen Stockwerke wurde vor einem Jahr ein Innovationsraum geschaffen, der mit anderen Innovationsräumen durchaus konkurrieren kann. Dabei war der Raum sehr schwierig einzurichten: Die Fläche im obersten Stockwerk ist verwinkelt und die vielen Dachschrägen nehmen einiges an Platz ein. Die hohen Fenster bieten als Entschädigung einen schönen Ausblick über Wien.

Der Innovationsmanager, Thomas Jagereder, holte aus diesem schwierigen Raum das Beste heraus. Den einzelnen Ecken wurden verschiedenen Funktionen zugedacht. In der Mitte befindet sich ein großer Tisch, der zum gemeinsamen Denken einlädt. Statt eines Beamers gibt es einen großen Fernseher, der auf Rollen flexibel von einem Ende des Raums zum anderen geschoben werden kann. In einer Ecke, die eher abseits liegt, wurde ein Arbeitsplatz für Mitarbeitende eingerichtet, die sich nach Ruhe sehnen. Bequeme Möbel wie eine große Couch, aber auch ein bequemer Sessel laden dazu ein, sich etwas zurückzuziehen, auszuruhen oder sich mit anderen auszutauschen. Die angrenzende Küche wird öfter für Teambuilding-Events genützt. In einem Retrokühlschrank gibt es die passenden Getränke.

Einzig die Couch, Stehtische inklusiv passende Hocker und gemütliche Sessel wurden neu angeschafft. Alle anderen Gegenstände, selbst der Kühlschrank, befanden sich im hauseigenen Archiv und glänzen jetzt in ihrer ganzen Pracht. Es wird viel auf Ausprobieren gesetzt. Die Mitarbeitenden nutzen das vorhandene Material, Neues wird erst gekauft, wenn es auch einen tatsächlichen Bedarf gibt. Die Wände sind zum größten Teil beschreibbar, was auch gerne genutzt wird.

Bild 4.2 Blick in den Innovationsraum der Österreichischen Kontrollbank (Copyright: Christina Häusler)

4.3 Ebene Meeting-Raum

Bild 4.3 Bequeme Möbel und Retro-Kühlschrank im Innovationsraum der Österreichischen Kontrollbank. Foto: Österreichische Kontrollbank (Copyright: Christina Häusler)

Recherche für dieses Buch habe ich jedoch bemerkt: Es lässt sich aus fast jedem Grundriss ein Raum für Ideen zaubern. Es hat sich aber auch gezeigt, dass fast jeder Innovationsraum dabei mit speziellen Herausforderungen zu kämpfen hat.

Hier gebe ich Ihnen ein paar Tipps, wie Sie aus jedem Grundriss einen Platz für Ideen schaffen.

4.3.2.2 Wie viel Raum benötigen Sie?

Neben der Anzahl der benötigten Räume ist ein wichtiger Faktor bei der Auswahl eines passenden Raums dessen Größe. Ein Innovationsraum muss groß genug sein, damit sich die Teilnehmer bei den Workshops frei bewegen können und eine flexible Nutzung möglich ist, ohne permanent Möbel verstellen zu müssen. Planen Sie also lieber etwas mehr Platz ein, als Sie normalerweise für einen Seminarraum benötigen.

Wie viele Personen passen überhaupt in einem Raum? Das hängt vor allem von der Nutzung ab: Bei einer Theaterbestuhlung müssen Sie pro Person ca. 1–2 Quadratmeter einplanen. In einen 100 m^2 großen Raum passen bei enger Bestuhlung also ca. 50–100 Personen. Für einen Innovationsraum, in dem gearbeitet wird, ist das allerdings viel zu eng. Wenn Sie den Raum mit flexiblen Möbeln ausstatten (siehe Abschnitt 4.3.3) und den Workshop-Teilnehmern Platz zum Arbeiten und Denken bieten wollen, dann rechnen Sie am besten mindestens mit einem Faktor 3, besser 4 oder 5! Somit ist ein 100 m^2 großer Raum im Workshop-Setting gut geeignet für 20–25 Personen.

Dann haben Sie genug Platz, damit diese Personen in vier bis fünf Kleingruppen arbeiten können, einen großen Stuhlkreis bilden oder locker und entspannt einer Präsentation lauschen können.

4.3.2.3 Offene Räume und Rückzugsmöglichkeiten

Offene Räume sind eine großartige Idee für Innovationsräume. Die Offenheit eines Raums erzeugt auch in unserem Denken eine Offenheit, die für Innovation unablässig ist. Ein kleiner Raum mit kahlen Wänden wirkt schnell deprimierend. Offene Räume ermöglichen Interaktionen zwischen vielen Teilnehmern und fördern so den Austausch von Ideen innerhalb der Gruppen. Selbst wenn Sie aufgrund der großen Teilnehmeranzahl in mehreren Kleingruppen arbeiten, kann es sinnvoll sein, diese in einem großen Raum arbeiten zu lassen: Denn eine gute Arbeitsstimmung in einer Gruppe wirkt sich so auch positiv auf die anderen Gruppen aus.

Trotzdem haben große, offene Räume auch Nachteile. Die Lautstärke kann ablenken und so die Produktivität stören. Es ist sogar so, dass Kreativität und selbst Zusammenarbeit in Teams oft von Rückzugsmöglichkeiten profitieren: tiefgehende Interviews während der Einfühlen-Phase führen; die gesammelten Insights während der Definieren-Phase in aller Ruhe sortieren; alleine oder zu zweit ein „Kollektives Notizbuch"[3] führen; oder sich eine Geschichte für einen Prototyp ausdenken.

Um die Mitarbeiter und Mitarbeiterinnen dennoch bei einem offenen Austausch zu unterstützen, ist eine Mischung aus einem offenen Raum und geschlossenen Rückzugsmöglichkeiten die beste Wahl.

Um Ihren Teilnehmern Rückzugsmöglichkeiten zu bieten, sind getrennte Nebenräume sehr praktisch. Steht Ihnen viel Fläche zur Verfügung, die auch von mehreren Gruppen zeitgleich genutzt werden kann, sind eine zentrale Begehbarkeit und getrennte Räume unabdingbar.

Nebenräume, an die Sie in Ihrem Raumkonzept denken sollten, sind beispielsweise ein Empfang, Arbeitsplätze, eine Küche, Toiletten, Pausenräume, Meetingboxen für wenige Personen und ungestörte Telefonate. Ideen für solche Bereiche finden Sie im Abschnitt 4.4.7 über unterschiedliche Nutzungsszenarien.

Für ein Gesamtkonzept mit mehreren Workshop-Räumen und Nebenräumen benötigen Sie natürlich wesentlich mehr Platz als nur für einen einzelnen Raum. Rechnen Sie hier mit dem Faktor 6 oder mehr, um die Anzahl der Personen in die benötigte Quadratmeterzahl umzurechnen: Inklusive Nebenräume benötigen Sie also mind. 150 m^2 für 25 Personen.

4.3.2.4 Beispiele funktionierender Grundrisse

Es folgen drei Beispiele funktionierender Grundrisse:

---

3 Gerstbach, 77 Tools für Design Thinker. GABAL, 2017, Technik Nr. 55

4 Anwendung in der Praxis

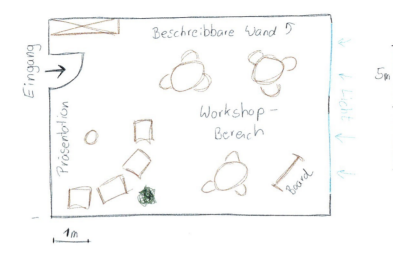

Bild 4.4
Ein zum Innovationsraum umgestalteter Meeting-Raum (ca. 50 m²)

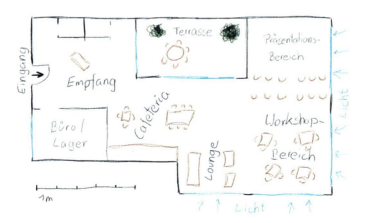

Bild 4.5
Ein multifunktionaler Raum für größere Gruppen (ca. 200 m²)

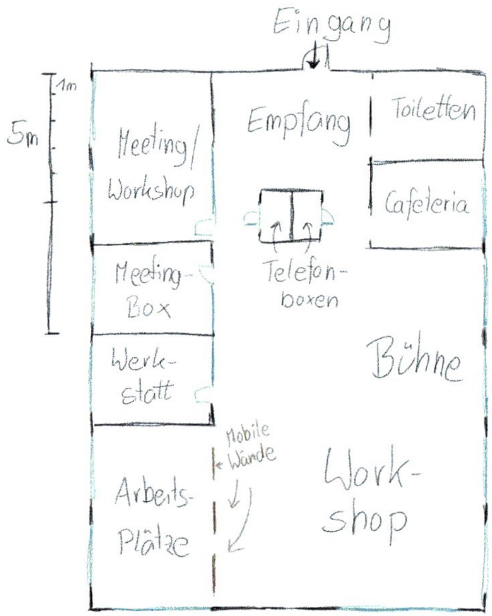

Bild 4.6 Ein zentral begehbarer Raum mit mehreren Workshop-Zimmern (ca. 250 m²)

Case Study: Schaeffler

Das Konzept, das hinter dem Digital Transformation Center des deutschen Automobil- und Industriezulieferers Schaeffler in Herzogenaurach steht, ist einzigartig. Gemeinsam hat es Olaf Mackert mit Stefan Camenzind von Evolution Design entwickelt und umgesetzt. Das traditionsreiche Unternehmen hat ein hochmodernes Arbeitsumfeld geschaffen, das die Kreativität der Mitarbeitenden fördert und eine agilere Denkweise zulässt. Dazu wurden verschiedene Arbeitsbereiche definiert, um dort jeweils Design Thinking auszuüben. So gibt es neben eigenen Prototyping-Bereichen auch flexible Arbeitsplätze und große Veranstaltungsräume. Verschiedene Farben und Materialien wurden bewusst so eingesetzt, dass die Bereiche auch visuell abgegrenzt werden. So steht der Teamraum, der bewusst lebendig mit Farben gestaltet wurde, im Kontrast zu den Baumstämmen, die ein Gefühl der Ruhe vermitteln sollen.

Das Digital Transformation Center verfügt über keine klassische Rezeption, sondern bietet den Besuchern beim Eintritt einen interaktiven Showroom. Auf den Wänden und am Boden werden Produktpräsentationen eingeblendet. Es ist in drei Hauptbereiche eingeteilt, die von sogenannten lauten zu leisen Zonen wechseln. Dadurch soll gleichzeitig Teamarbeit gewährleistet werden, ohne dass das konzentrierte Arbeiten gestört wird.

Das neue Büro hat keine traditionelle Rezeption. Das Erste, was Gäste beim Betreten des Digital Transformation Center erleben, ist ein interaktiver Showroom, in dem Schaeffler-Produktpräsentationen an den Wänden und am Boden stattfinden. Dadurch wird ein 360-Grad-Erlebnis geschaffen, dass den Gästen, Kunden und Mitarbeitern ein erstes Gefühl für Innovationen gibt.

Der erste Bereich des Centers ist ein Kommunikations-/Kollaborationsraum, in dem sich ein großer Werkstatt- und Veranstaltungsbereich sowie eine Kaffeeküche befinden. Dieser farbenfrohe Raum wird für interne Veranstaltungen, Präsentationen und gemeinsame Brainstorming-Sitzungen verwendet. Faltbare Trennwände aus Glas sorgen dafür, dass je nach Anlass der Raum in drei weitere, kleinere Bereiche geteilt werden kann.

Bild 4.7 Der Communication Hub bei Schaeffler in Herzogenaurach. Foto: Peter Würmli

Der zweite Bereich, der in Blau gehalten ist, wurde für die agile Teamarbeit konzipiert. In diesem Raum liegt der Fokus auf der Zusammenarbeit. Statt einzelner Arbeitsplätze gibt es gemeinsame Sitz- und Stehpulte. Die Arbeitsstationen können an die Anzahl der an einem Projekt beteiligten Mitarbeiter angepasst werden.

Der grüne und dritte Bereich ist für die individuelle Arbeit entwickelt worden. In diesem Bereich steht Konzentration und stilles Arbeiten im Fokus. So ist in der „Psst"-Zone das Sprechen verboten, damit auch wirklich in Ruhe und für sich gearbeitet werden kann.

Bild 4.8 Der Fokus-Bereich bei Schaeffler in Herzogenaurach. Foto: Peter Würmli

4.3.3 Möbel zum Sitzen und Stehen

Wenn Sie einen Konferenzraum mieten, können Sie üblicherweise aus einer der folgenden Bestuhlungsvarianten wählen:
- Kinobestuhlung (Bild 4.9)
- Blocktafel (Bild 4.10) oder die Abwandlung „Carré"
- Parlament oder Klassenzimmer (Bild 4.11)
- U-Form (Bild 4.12) oder die Abwandlung E-Form
- Bankett (Bild 4.13)

Bild 4.10 Bestuhlungsvariante Blocktafel. Zeichnung: Peter Gerstbach.

Bild 4.9 Bestuhlungsvariante Kino oder Theater. Zeichnung: Peter Gerstbach.

Bild 4.11 Bestuhlungsvariante Parlament oder Klassenzimmer. Zeichnung: Peter Gerstbach.

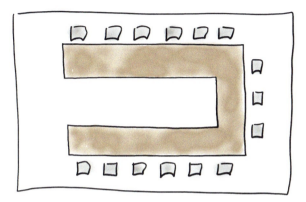

Bild 4.12 Bestuhlungsvariante U-Form.
Zeichnung: Peter Gerstbach.

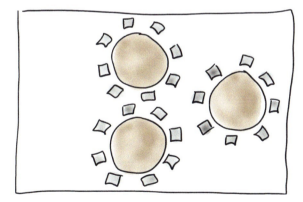

Bild 4.13 Bestuhlungsvariante Bankett.
Zeichnung: Peter Gerstbach.

Für einen Innovations-Workshop bedeuten all diese Varianten den Anfang vom Ende: Denn sie behindern die Kommunikation, Beweglichkeit und Flexibilität, die letztlich die Basis für gute Ideen sind.

Ideen müssen fließen! Das bedeutet, dass wir unseren Ideen auch im wörtlichen Sinne keine Hindernisse in den Weg legen sollten. Jede der oben genannten Bestuhlungsvarianten behindert mit den unflexiblen Tischen und Stühlen das effektive Arbeiten.

Sind die Tische auch noch mit Kabeln verbunden, stehen Sie vor dem Horror-Szenario jedes Workshop-Leiters:

Diese Szenarien kennen Sie möglicherweise aus Meetings oder Workshops:

- Die Teilnehmer kommen in den Raum, setzen sich auf die Stühle und werden über die gesamte Dauer des Meetings nicht mehr aufstehen.
- Die Hälfte der Teilnehmer klappen ihr mitgebrachtes Notebook auf und beginnen, nebenbei wichtige E-Mails zu schreiben.
- Je länger das Meeting oder der Workshop dauert, desto müder werden die Teilnehmer alleine durch das Sitzen. Das Blut sinkt in die Beine, das Gehirn schaltet in den Ruhemodus.

4 Anwendung in der Praxis

Bild 4.14 Tische mit Einbausteckdosen sind beliebt, aber für Workshop-Situationen ungeeignet. Foto: Peter Gerstbach.

- Der Moderator stellt eine Frage und die Teilnehmer reagieren mit ausweichenden Blicken und Stille darauf.
- Am Ende wurde viel gesagt, aber letztlich nur heiße Luft produziert.

Das Problem dieser Standard-Bestuhlung ist schnell erklärt: Sie unterstützt nicht das Arbeiten, sondern verhindert es. Was für ein kurzes Meeting oder ein klassisches Training möglicherweise noch funktioniert, ist für einen Innovationsraum der Tod auf Raten.

- All diese Szenarien lassen sich mehr oder minder auf die Bestuhlung zurückführen. Sie können diese Situationen dadurch meiden, indem Sie gleich zu Beginn darauf achten, dass die Bestuhlung den Bedürfnissen und Anforderungen Ihres Workshops/Meetings gerecht wird.

4.3.3.1 Regel Nummer 1: Ideen wollen rollen

Achten Sie bereits beim Kauf darauf, dass die Tische (und evtl. auch einige Stühle) auf Rollen gelagert sind. Dadurch können Sie schnell, flexibel und ganz einfach je nach Anforderung zwischen unterschiedlichen Raumkonfigurationen wechseln:

- Eine 10-Minuten-Präsentation zu einer bestimmten Aufgabenstellung? Kein Problem: Sofort dreht sich jeder Teilnehmer in Richtung Präsentation und die „Kinobestuhlung" ist perfekt.

- Eine Prototyping-Session in Kleingruppen? Gruppieren Sie die Tische in wenigen Sekunden zu Inseln und ordnen Sie die Stühle rundherum an.
- Ein Spiel zur Auflockerung benötigt Platz? Dank der Rollen können die Möbel in Windeseile an den Rand geschoben werden und es kann losgehen!

Können all diese Beispiele auch mit normalen Tischen und Stühlen erreicht werden? Im Normalfall lautet die Antwort „ja". Aber der Umbau kostet wertvolle Zeit, Nerven und Energie. Aus meiner Praxis weiß ich, dass die Teilnehmer zwar mitmachen, die Stimmung in den meisten Fällen darunter aber leidet. Verloren haben Sie auf jeden Fall dann, wenn Sie sich in einem technisch „modern" ausgestatteten Meeting-Raum befinden: Jeder Tisch ist mit Steckdosen ausgestattet, der Kabelstrang führt von einem Tisch zum nächsten und endet in einer Bodensteckdose. Der Tisch ist sicherheitshalber im Boden verschraubt.

Achten Sie deswegen von Anfang an darauf, dass möglichst alle Möbel rollbar sind. Verändern Sie die Konfiguration der Möbel jedes Mal so, wie sie für den aktuellen Zweck am besten geeignet ist! Die Möbel müssen zu Ihren Bedürfnissen passen, nicht umgekehrt!

Bild 4.15 Stabile Rollfüße an einem beschreibbaren Tisch. Foto: Peter Gerstbach.

4.3.3.2 Regel Nummer 2: Ideen möchten stehen

Der vorangegangene Abschnitt hat Ihnen gezeigt, dass das größte Hindernis für Innovation schlicht und einfach *Bestuhlungen* sind. Das zweitgrößte Hindernis sind die Workshop-Teilnehmer selbst:

Der Mensch neigt dazu, es sich in Meetings gemütlich zu machen, zurückzulehnen und die Inhalte passiv zu konsumieren. Wer einmal gut sitzt, steht so schnell nicht wieder auf. Das führt zu einer Kommunikationssperre im Meeting: Jeder sieht in seine eigenen Notizen vor sich auf dem Tisch, das Whiteboard an der Wand bleibt ungenutzt, der Moderator ist der Einzige, der die wichtigsten Punkte auf dem Flipchart notiert. Die Teilnahme gleicht einer betreuten Lesestunde. Kein Wunder, denn sich von einem gemütlichen Stuhl zu erheben, ist eine kleine Kraftanstrengung. Und Energie wird lieber gespart als für Dinge eingesetzt, die es vielleicht gar nicht bräuchte.

Eine Lösung für dieses Problem ist aus unserer Erfahrung der Einsatz von Stehtischen. Wer auf einem Sitzhocker bei einem Stehtisch Platz nimmt, braucht nur mehr ein wenig vom Stuhl zu rutschen, einen Schritt zu setzen, um so schnell das Flipchart oder das Whiteboard zu erreichen. Die Interaktion kann beginnen.

Warum Sitz-Steh-Tische für Innovation und Kreativität so wichtig sind

Für das Überleben und um es möglichst komfortabel zu haben, ist der Mensch auf seine Bewegungsfähigkeit angewiesen. Seitdem wir aber im Zeitalter der Technologie angekommen sind, müssen wir nichts mehr jagen, sammeln, säen und ernten. Die Fingerfertigkeiten und der gesamte körperliche Bewegungsapparat sind eingerostet. Selbst das Essen können Sie sich direkt ins Haus liefern lassen, auch der tägliche Einkauf wird bequem bis zur Haustür gebracht. Eine Person könnte fast einen ganzen Tag zwischen Arbeit und Zuhause in einer sitzenden Position verharren.

Flurry Analytics fand in einer Studie[4] heraus, dass zwischen Dezember 2013 und Januar 2014 der Download von Apps für Gesundheit und Fitness um 62 Prozent zunahm, während die Apps rund um Produktivität nur um etwa 33 Prozent wuchsen. Das bedeutet, dass sich die Menschen zwar sehr um Fitness und Wellness kümmern, aber trotzdem an ihren Stühlen im Büro und zu Hause festzukleben scheinen.

Um einen Arbeitsbereich für einen Körper zu optimieren, muss es mehr Möglichkeiten für körperliche Aktivität und eine Wahl zwischen

---

4 *https://www.enolalabs.com/blog/archives/5-surprising-statistics-from-flurrys-latest-mobile-app-usage-study,* abgerufen 28.08.2021

Arbeitshaltungen und Arbeitsbereichen geben. Das ist vor allem deswegen wichtig, weil die aufmerksamen, motivierten und gesunden Arbeitnehmer diejenigen sind, denen eine stimulierende und inspirierende Arbeitsumgebung geboten wird, die Bewegung fördert – Sitzen, Stehen und Laufen. Wir sind einfach aufmerksamer, wenn wir mit einem Kollegen oder Freund spazieren gehen. Wir haben viel aufschlussreichere Gespräche und das beeinflusst auch das Gefühl des Wohlbefindens. Gleichzeitig können wir so anders mit Menschen interagieren und negative Gefühle wie Angst, Wut oder Ärger werden eher angesprochen und weniger ausgelebt.

Sie sollten aber nun nicht Ihren Innovationsraum in ein Fitnesscenter verwandeln. Denn selbst eine Stunde anstrengende Aktivität kann acht Stunden Sitzen nicht entgegenwirken. Das zeigt eine Studie.[5] Menschen sollten vielmehr abwechselnd im Verhältnis 3:1 sitzen und stehen, wobei das langfristige Ziel ist, dass sie generell mehr stehen als sitzen. Umgelegt auf einen achtstündigen Arbeitstag würde das nur zwei Stunden sitzen bedeuten.

Unternehmen sollten also nicht nur für die Kreativität, sondern auch in Hinblick auf die Gesundheit ihrer Mitarbeiter und Mitarbeiterinnen mehr darauf achten, Plätze zu schaffen, die für die Bewegung bestimmt sind.

Während Deutschland und Österreich die Kombination aus Steh- und Sitz-Schreibtischen als eine Neuerung betrachten, benutzen bereits weit über 80 Prozent der Büroangestellten in Schweden, Norwegen und Finnland diese Art der Büromöblierung. In Dänemark ist es sogar Pflicht, Mitarbeitern eine höhenverstellbare Arbeitsstation anzubieten. Europa hinkt dem aber weit hinterher: Hier sind es nur 2 Prozent der Beschäftigten, die Zugang zu Arbeitsstationen mit variabler Höhe haben. Im Durchschnitt verbringt ein Angestellter in Deutschland oder Österreich 85 Prozent des Tages rein sitzend an seinem Arbeitsplatz oder auch zu Hause vor dem Fernseher. Die Folgen von rein sitzenden Tätigkeiten und das Wissen, wie wichtig „aktives Arbeiten" für die Gesundheit ist, sollten eigentlich zu einem Umdenken der Arbeitsplatzgestaltung beitragen. Zwangsläufig müssen sich kluge Arbeitgeber fragen, ob sie es sich überhaupt

---

5 *https://www.calainc.org/Handouts/Participant_handouts/2015New%20Research%20Reveals%20How%20Long%20to%20Sit.pdf,* abgerufen 28.08.2021

noch leisten können, dieses Problem zu ignorieren.

 Wenn Arbeitnehmer den ganzen Tag nur sitzend verbringen, reduziert das nicht nur nachweislich die Produktivität, erhöht den Stress und verursacht Rückenschmerzen. Viel beunruhigender ist neueren Forschungen zufolge, dass langes Sitzen zu folgenden Problemen führte:

- Das Risiko, an Diabetes zu erkranken, steigt um 112 Prozent.
- Kardiovaskuläre Krankheiten steigen um 147 Prozent.
- Es gibt 90 Prozent mehr Todesfälle durch Herz-Kreislauf-Erkrankungen.

Wenn man weiter bedenkt, dass Rückenprobleme die Arbeitgeber 2013 insgesamt mehr als 15 Millionen Arbeitstage gekostet haben, wird das Hinsetzen zu einem extrem teuren Problem. Die naheliegendste Lösung ist die Einführung von Sitz-Steh-Schreibtischen am Arbeitsplatz. Diese tragen nicht nur dazu bei, dass die Mitarbeitenden mindestens einen Teil des Arbeitstags auf den Beinen sind, sondern ändern auch die Arbeitsweise der Mitarbeiter und Mitarbeiterinnen.

Dennoch gibt es einige Einwände und Widerstände, die in Unternehmen immer wieder auftauchen:

- **Einwand Nummer 1: Niemand will im Stehen arbeiten**

Sobald Ihre Mitarbeiter und Mitarbeiterinnen um die Risiken und Nebenwirkungen des vielen Sitzens wissen, werden sie hinterfragen, warum ihre Chefs und Unternehmen bis dato noch keine Vorkehrungen getroffen haben, um sie vor den negativen Auswirkungen einer sitzenden Tätigkeit zu schützen. Stehend zu arbeiten, bedeutet ja nicht gleich, dass die Mitarbeitenden den ganzen Tag auf ihren Füßen stehen sollen. Eine leicht verstellbare Arbeitsstation gibt ihnen aber die Möglichkeit, einfach medizinische Ratschläge zu befolgen, sich alle zwanzig Minuten zu bewegen und dadurch regelmäßig ihre Körperhaltung zu variieren. Je leichter die Einstellung des Schreibtischs von der Hand geht, desto größer ist die Wahrscheinlichkeit, dass diese Funktion auch genutzt wird.

- **Einwand Nummer 2: Unterschiedlich hohe Schreibtische zerstören das Bürodesign**

Was wiegt letztlich mehr: Die Problematik einer scheinbaren Unordentlichkeit oder die Gesundheit Ihrer Mitarbeiter und Mitarbeiterinnen? Bei den meisten Schreibtischen lässt sich die Rückkehr zu einer vorprogrammierten Höhe leicht einstellen. So können die Mitarbeiter, wann immer sie ihren Arbeitsplatz verlassen, diesen geordnet zurücklassen.

- **Einwand Nr. 3: Leicht einstellbare Schreibtische sind zu teuer**

Nachdem sich die Sitz-Steh-Schreibtische bereits in Skandinavien großer Beliebtheit erfreuen, sind auch die Kosten der Herstellung wesentlich geringer als noch vor einiger Zeit. Bei vielen elektrisch eingestellten Sitz-Steh-Arbeitsplätzen ist die Leistung für den Standby-Betrieb so gering, dass ein Schreibtisch weniger als einen Euro Stromkosten pro Jahr verursacht.

- **Einwand Nr. 4: Kombinierte Schreibtische sind nicht so stabil**

Die Sitz-Steh-Tische erfreuen sich größter Beliebtheit und sind schon so lange am Markt, dass sie absolut zuverlässig sind. Es gibt bewährte Zertifikate und Normen, die darüber hinaus für die Sicherheit garantieren. Diese sogenannten Konformitätszertifikate sind notwendig, da durch die Höhe durchaus Probleme mit der Stabilität entstehen können. Wenn Sie sich Gedanken um die Sicherheit machen, achten Sie auch darauf, dass die Stehtische nicht mit berührungssensiblen Mechanismen ausgestattet sind.

Die Herstellung eines sicheren Sitz-Steh-Tisches ist ein komplexer Prozess, nicht zuletzt deshalb, weil die erhöhte Instabilität, die durch die zusätzliche Höhe entsteht, von Anfang an berücksichtigt werden muss. Es reicht nicht, eine Sitz-Steh-Anpassung zu einem primär sitzenden oder statischen Schreibtisch hinzuzufügen und dann das als Lösung anzubieten bzw. zu verwenden. Für welche Lösung Sie sich auch entscheiden, es ist unabdingbar, dass Sie den Sitz-Steh-Tisch vorab gründlich und unabhängig testen.

Derzeit gibt es drei Hauptkategorien von Sitz-Steh-Schreibtischen:

- *Elektrisch höhenverstellbare Schreibtische:* Am komfortabelsten hat sich der elektrisch höhenverstellbare Schreibtisch erwiesen. Die meisten Modelle können sich die von Ihnen einmal eingestellte Idealhöhe merken. Dadurch ist ein einziger Knopfdruck nötig und Sie haben die

Einstellung erreicht – ohne großes Herumprobieren. Wenn Sie diese Funktion nutzen wollen, achten Sie aber unbedingt beim Kauf auf den maximal nutzbaren Verstellbereich. Wenn der Schreibtisch von mehreren Personen genutzt werden soll, sollte dieser Verstellbereich ebenfalls weiter ausfallen. Der ideale Bereich liegt zwischen 62 cm und 127 cm, dadurch decken Sie meistens alle Wünsche und Größen ab.

- *Manuell höhenverstellbar durch Gasdruck:* Die Gasdruckfeder-Technik hat sich bereits bei den Bürostühlen durchgesetzt. Schreibtische, die per Gasdruckfeder in der Höhe verstellt werden können, haben den großen Vorteil, dass sie keinen Strom und auch keine Kabel benötigen (ein Produktbeispiel sehen Sie in Bild 4.16). Allerdings ist das in den meisten Fällen nicht das Problem, da man ohnehin für den Computer eine Steckdose in der Nähe des Schreibtischs braucht. Ein weiterer Vorteil der Gasdruckfeder ist, dass Sie den Schreibtisch fast lautlos in seiner Höhe verstellen können. Der elektrische Tisch gibt je nach Elektromotor lautere oder leisere Geräusche von sich, was als störend empfunden werden kann. Die Höhenverstellung per Gasdruckfeder funktioniert dann am einfachsten, wenn das Gewicht der Schreibplatte mit den darauf befindlichen Geräten optimal ausbalanciert wird. Schwankt das Gewicht – weil sich beispielsweise gerade Bücher auf dem Tisch anhäufen –, ist der elektrisch höhenverstellbare Schreibtisch die bessere Wahl.
- *Manuell höhenverstellbar per Kurbel:* Höhenverstellbare Tische, die per Kurbel bedient werden, sind ebenfalls von einer Steckdose unabhängig. Allerdings dauert das Umstellen der Höhe in der Regel deutlich länger und fühlt sich unkomfortabel an. Das führt dazu, dass die Bequemlichkeit in den meisten Fällen siegt und der spontane (und gewünschte) Wechsel zwischen Sitzen und Stehen erst gar nicht stattfindet. Je schneller Sie zwischen einer Sitzposition und dem Stehen wechseln können, desto eher werden Sie diese Möglichkeit auch nutzen. Und nur so kommen Ihnen die Vorteile der Steh-Sitz-Dynamik in Gänze zugute. Wenn schon höhenverstellbar, dann möglichst einfach und bequem.

4.3 Ebene Meeting-Raum

diert. Hier finden Sie einige Ideen für Ihren Raum:

- **Kombination aus höhenverstellbarem Steh-Tisch und Hocker:** Eine solche Kombination ist gut für Kleingruppen mit vier bis sechs Personen geeignet. Der Tisch ist mit einer Gaspumpe ganz einfach in der Höhe verstellbar und auf Rollen gelagert. Auf der niedrigsten Stufe kann er mit normalen Stühlen kombiniert werden, auf der höchsten Stufe ist er zum Arbeiten im Stehen gedacht oder auch zur Nutzung mit Hockern (siehe Bild 4.17).

Bild 4.16 Höhenverstellbarer Steh-Tisch mit Gasdruckfeder und Rollen. Foto: Peter Gerstbach.

4.3.3.3 Produktbeispiele Sitz- und Steh-Tische

In den letzten Jahren ist das Angebot an gut durchdachten Sitz- und Steh-Tischen und dazugehörigen Sitzmöglichkeiten förmlich explo-

Bild 4.17 Höhenverstellbarer Tisch und Stehhocker. Foto: Peter Gerstbach.

- **College-Stuhl:** Tische benötigen viel Platz, deswegen ist es manchmal sinnvoll, Stühle mit College-Brett zu nutzen. Auf dieser kleinen Schreibfläche können die Teilnehmer einfach Notizen machen und bei Nichtgebrauch wegklappen (siehe Bild 4.18).

Bild 4.18 Stapelbarer Stuhl mit College-Schreibbrett. Foto: Peter Gerstbach.

- **Stuhl auf Rollen mit Ablage:** Sie möchten es noch flexibler? Dann nutzen Sie Stühle, die nicht nur einen kleinen Tisch, sondern auch eine Ablage für Taschen oder Unterlagen integriert haben (siehe Bild 4.19). Diese Kombination eignet sich vor allem für Workshop-Szenarien, in denen Sie schnell zwischen Vortrag und Gruppenarbeit wechseln möchten.

Bild 4.19 Stuhl auf Rollen mit Ablage für Taschen und Unterlagen. Foto: Steelcase.

- **Sitzwürfel:** Sie möchten es ein wenig legerer haben? Dann sind Sitzwürfel eine flexible Variante. Diese sind nicht nur hübsch anzusehen, sondern können auch für kürzere Verweildauer zum Sitzen genutzt oder auch als akustisch wirksame Trennwand gestapelt werden.

Bild 4.20 Sitzwürfel als eine flexible Alternative zu Stühlen. Foto: Rehau.

- **Sitz-Steh-Kombination für den Außenbereich:** Sie haben eine Terrasse, einen Balkon oder ein Atrium? Passende Steh-Kombinationen gibt es auch für den Außenbereich beispielsweise mit integrierten Sitz-Balken für bis zu sechs Personen.

Sie möchten Möbel einfach selber bauen? Am einfachsten gelingt dies mit sogenannten Palettenmöbeln: Diese gibt es in jedem Baumarkt samt passenden Rollen zu kaufen. Anleitungen zum Selberbauen und eine stetig wachsende Liste mit weiterführenden Infos und Links finden Sie auf unserer Website zum Buch.[6]

4.3.4 Moderationsmöbel

Im vorangegangenen Abschnitt habe ich beschrieben, wie wichtig Stehtische für Interaktion zwischen Workshop-Teilnehmern sind. Ebenso wichtig ist die Auswahl von passenden Möbeln für Interaktion und Moderation. Dazu zählen unter anderem:
- Flipcharts
- Pinnwände
- Whiteboards
- Beschreibbare Wände
- Werkzeug- und Material-Container
- Spezielle Innovations-Möbel

Bei der Auswahl der passenden Möbel sollten Sie auf hohe Qualität achten und die entsprechenden Vor- und Nachteile kennen. Eine hohe Qualität ist absolut wichtig, damit ungestört gearbeitet werden kann. Alle Möbel sollten stabil gebaut und auf Rollen gelagert sein. Klapprige Pinnwände, die schon beim Betrachten fast umfallen, sind keine

---

6   Website zum Buch: *http://gdt.li/innovationsraum*

Option. Achten Sie auch auf hochwertige Rollen: Billiges Plastik und Metall wird einer intensiven Beanspruchung in der Praxis nicht standhalten und stellt nicht nur ein Sicherheitsrisiko dar, sondern hält einfach von der Arbeit ab.

Vor- und Nachteile haben die einzelnen Möbelkategorien:

- **Flipcharts:** Der relativ kleine und leichte Klassiker unter den Moderations-Möbeln darf in keinem Workshop-Raum fehlen. Allerdings kann durch das Papier der Ressourcenverbrauch enorm steigen. Papier hat den Nachteil, dass Sie nichts löschen oder verschieben können. Dafür können die Ergebnisse einfach und spiegelfrei abfotografiert oder mitgenommen werden.
- **Pinnwände** sollten ebenso in fast jedem Meeting-Raum zu finden sein. Die Befestigung von Kärtchen mit den „Pins" ist jedoch etwas umständlicher, umso wichtiger ist ein stabiler Stand. Sind die Kärtchen einmal befestigt, hängen sie jedoch stabil. Wird ein Packpapier verwendet, hat man eine Mischung aus Pinnwand und Flipchart, das Handling wird damit jedoch ungünstiger.
- **Whiteboards:** Whiteboards, idealerweise auch auf Rollen, sind eine praktische Ergänzung zu Flipcharts. Achten Sie dabei auf hochwertige Oberflächen, die sich problemlos säubern lassen. Stellen Sie einen Schwamm, ein Tuch und ein Reinigungsspray zur Verfügung, damit einer intensiven Verwendung nichts im Wege steht. Aber Vorsicht: Achten Sie darauf, dass sich keine Permanent-Marker im Raum befinden … Der größte Nachteil von Whiteboards ist, dass diese nur eine abgegrenzte Fläche bieten und nicht „umgeblättert" werden können. Außerdem ist das Abfotografieren aufgrund von Spiegelungen oft nicht ganz einfach.
- **Beschreibbare Wände:** Ein einfaches Whiteboard reicht Ihnen nicht? Dann verwandeln Sie doch die freien Wände Ihres Raums in beschreibbare Wände! Dies gelingt mit spezieller Wandfarbe: Die Wand kann sogleich mit normalen Whiteboard-Stiften beschrieben und genauso einfach wieder abgewischt werden. Außerdem kann die Wand zuvor auch noch mit einer Spezialschicht magnetisch gemacht werden. So können Sie Fotos und selbst größere Bögen Papier problemlos auf- und abhängen. Eine beschreibbare Wand ist relativ teuer, wenn Sie auf Qualität achten. Wer hier günstig kauft, kauft möglicherweise zweimal, denn nicht alle Produkte am Markt funktionieren so

problemlos, wie sie beworben werden. Ähnlich wie bei Whiteboards gilt auch für beschreibbare Wände, dass das Abfotografieren ohne störende Reflexionen nicht so einfach ist.

Methode: SCAMPER

Die SCAMPER-Technik ist eine Kreativitätstechnik, um bestehende Produkte oder Dienstleistungen zu verbessern. Dabei liefern sieben Stichworte, die auch gleichzeitig das Akronym „SCAMPER" ergeben, sieben unterschiedliche Fragen, die zu neuen Lösungen führen sollen:

- **Substitute (Ersetzen):** Welche Komponenten, Teile, Materialien, Zubehör oder auch Personen lassen sich ersetzen?
- **Combine (Kombinieren):** Welche Dienstleistungen, Funktionen, Ideen überschneiden sich oder lassen sich kombinieren?
- **Adapt (Anpassen):** Welche zusätzlichen Elemente können sinnvoll ergänzt werden?
- **Modify – auch Maxify/Minify (Vergrößern/Verkleinern):** Lassen sich Farben, Größe, Materialien, Menüpunkte verändern/vergrößern/verkleinern? Welche Attribute (Farbe, Haptik, Akustik, …) können abgeändert werden?
- **Put to other purposes (Finde weiteren Nutzen):** Wie kann das Produkt bzw. die Dienstleistung noch genutzt werden?
- **Eliminate (Löschen):** Welche Elemente, welche Komponenten lassen sich vereinfachen oder gleich ganz eliminieren?
- **Reverse (Umkehren):** Lässt sich bei den vorhandenen Elementen oder Abläufen die Reihenfolge ändern? Gibt es eine entgegengesetzte Nutzungsmöglichkeit?

Für diese Methode ist eine große beschreibbare Wand ein geeignetes Moderationsmöbel.

Bild 4.21 Beschreibbare Wand. Foto: Peter Gerstbach.

Bild 4.22 Detailaufnahme der beschreibbaren Wand. Foto: Peter Gerstbach.

Zusätzlich zu den Moderations-Möbeln sind je nach Nutzungsszenario unterschiedliche Container zum Verstauen von Kleinteilen sinnvoll. Auch diese Container sollten im besten Fall auf Rollen montiert sein:

- **Moderationskoffer:** Ein klassischer Moderationskoffer enthält üblicherweise Flipchart-Marker in unterschiedlichen Farben und Größen, Platz für Moderationskarten (rechteckig, oval, rund), Pinnnadeln, Bewertungspunkte, ein Klebeband, einen Klebestift, eine Schere oder einen Cutter. Diese sind normalerweise ausgelegt für die klassische Möbelkombination aus Flipchart und Pinnwand. Wenn Sie andere Möbel nutzen, achten Sie unbedingt auch auf die passenden Materialien dazu: beispielsweise Whiteboard-Marker statt Flipchart-Marker, Haftzettel statt Moderationskarten und Magnete statt Pinnnadeln.
- **Prototyping-Container:** Für Prototypen aller Art bewährt sich ein eigener Container, der zusätzliches Material zum Basteln und Bauen von Prototypen enthält: Papier und Karton in unterschiedlichen Größen, Stärken und Farben, Buntstifte, Magazine zum Ausschneiden, Pfeifenreiniger, Knetmasse, Filz, Papierrollen, Textilien, Sticker, Garn, Bausteine. Sorgen Sie

auch für entsprechendes Werkzeug wie Scheren in unterschiedlichen Größen, Heftmaschinen, Lochmaschine, Heißkleber etc.

Mit der Verbreitung von Design Thinking und anderen Innovationsmethoden in Unternehmen haben auch die Möbelhersteller neue und innovative Produktkategorien geschaffen, die speziell für interaktive Workshops gedacht sind. Durch meine Beratungspraxis habe ich viele von diesen Spezialmöbeln nicht nur gesehen, sondern auch ausgiebig getestet. Hier ist beispielhaft ein Möbelstück, das sich für uns besonders bewährt hat:

Schwenkbarer Tisch: Dieses Möbelstück kann horizontal als Stehtisch und vertikal als Whiteboard genutzt werden. Die Oberfläche ist beschreibbar und eignet sich so perfekt für viele Kreativtechniken im Design Thinking, bei denen mehrere Personen gleichzeitig an einer Grafik arbeiten, wie Wort-Assoziationsketten[7], kollaboratives Sketching[8] oder Concept-Maps.[9] Der Tisch ist außerdem stark magnetisiert und kann selbst eine Rolle Flipchart-Papier mühelos halten.

Bild 4.23
Ein beschreibbarer Tisch beim Ideen-Generieren.
Foto: Peter Gerstbach.

---

7   Siehe Gerstbach, Design Thinking im Unternehmen, GABAL, 2016. Seite 89
8   Siehe Gerstbach, 77 Tools für Design Thinker, GABAL, 2017. Methode 54
9   Siehe Gerstbach, Dem Kunden verpflichtet, GABAL, 2018. Seite 259

Qualitativ hochwertige Möbel sind nicht günstig. Wer die teure Anschaffung von Spezialmöbeln zu Beginn vermeiden möchte, kann natürlich auch auf günstigere Varianten setzen. Oder Sie nutzen das Mindset von Design Thinking gleich für ein Team-Event der besonderen Art: Es gibt eine Menge an tollen Ideen für Möbel zum Selberbauen. Veranstalten Sie einen Workshop und bauen Sie Ihre eigenen Möbel. Der Design-Thinking-Prozess ist dafür perfekt geeignet.

Eine stetig wachsende Liste mit Infos und Links zu Spezialmöbeln und Anleitungen zum Selberbauen finden Sie auf unserer Website zum Buch.[10]

4.3.5 Technik

Es existiert eine Menge an Mythen rund um innovative Menschen: Viele stellen sich dabei junge Leute mit ausgefallener Kleidung und einem Hang zur Exzentrik vor. Dieses Bild entspricht natürlich nicht der Realität. Auch bei Innovationsräumen gibt es solche Vorstellungen. Eine davon lautet, dass in einem innovativen Raum besonders eines sein muss: viel Technik.

---

10 Website zum Buch: *http://gdt.li/innovationsraum*

Beispiele:
- Ein leistungsstarker Beamer, der dank Kamera mit dem Finger bedient werden kann
- Ein Touch-Screen mit einer Diagonalen von mindestens zwei Meter
- Eine hochwertige Virtual-Reality-Zone mit 3D-Brille und VR-Handschuh
- Eine Maker-Zone mit 3D-Drucker
- Eine Videowall mit Kamera, Hochleistungsmikrofonen und Lautsprecher für das perfekte Online-Meeting

Nur so ist Innovation möglich ... Oder etwa nicht?

Die Realität ist eine andere. Es stimmt, diese Technik lässt Technikerherzen höherschlagen. Aber der Effekt ist, dass bei einem mehrstündigen Innovations-Meeting mindestens die ersten zehn Minuten für das Einschalten und Verbinden des innovativen Geräts verloren gehen. Weitere zehn Minuten braucht es dann, damit jeder Teilnehmer kurz die Technik ausprobiert und damit gespielt hat. Und am Ende des Meetings braucht es weitere zehn Minuten für das Abspeichern und Verschicken der Ergebnisse. Spätestens am nächsten Tag erschrecken viele, weil das Abgespeicherte aus unbekannten Gründen doch nicht abgespeichert werden konnte. Nur dann ist es leider zu spät.

Exkurs: Schreiben Sie mehr per Hand

Wissenschaftler[11] entdeckten, dass das Schreiben per Hand wichtig ist für Kreativität und kognitive Entwicklung. Wir trainieren dadurch unser Gehirn: Durch die haptische Bewegung übt es eine funktionelle Spezialisierung, die sowohl Empfindung, Bewegungskontrolle als auch Denken verbindet. CT-Untersuchungen zeigen, dass dabei mehrere Bereiche des Gehirns aktiviert werden, die beim Schreiben über die Tastatur nicht aktiv sind.

Um lesbar zu schreiben, ist eine feinmotorische Kontrolle der Finger erforderlich. Sie müssen dabei bewusst aufpassen und gezielt nachdenken, was Sie dabei wie tun. Schreiben hilft dem Gehirn, visuell-taktile Informationen und Feinmotorik zu integrieren:

- **Es koordiniert das linke Gehirn und das rechte Gehirn:** Etwas in Schreibschrift zu schreiben, verbindet die zwei Hirnhälften miteinander (obwohl wir immer beide Gehirnhälften gleichzeitig verwenden).
- **Es steigert kognitive Fähigkeiten:** Für kleine Kinder ist Schreiben mit der Hand ein unverzichtbares Werkzeug, um kognitive Fähigkeiten zu trainieren.
- **Es inspiriert:** Wenn man Stift und Papier verwendet, aktivieren Sie Ihr kreatives Denken. Schreiben ist ein langsamer Prozess, bei dem Sie bewusster nachdenken und sich mehr auf den Prozess einlassen, als wenn Sie nur etwas eintippen.
- **Es schärft das Gedächtnis:** Schreiben von Hand ist ein großartiges Werkzeug für alle, die ihren Verstand wachhalten wollen.
- **Es verbessert das Gedächtnis:** Nehmen wir an, Sie machen sich Notizen. Wenn Sie dazu Ihr Notebook nutzen, um vermeintlich schneller zu sein, verzichten Sie auf eine länger anhaltende Wirkung in Ihrem Gedächtnis.

---

11 *https://pdfs.semanticscholar.org/f72d/77c344dfa7ab79ab78640c02fd206406893c.pdf*

Prinzipiell lehne ich keine Technik ab. Aber aus meiner Erfahrung aus der Praxis unzähliger Workshops mit Technikeinsatz sieht die Realität leider in den meisten Fällen so aus wie oben beschrieben. Diverse Hersteller versprechen seit Jahren, dass das mit ihren Produkten nicht der Fall ist und diese von Anfang an mit Usability und Stabilität als Haupteigenschaft entwickelt wurden. In meiner Praxis habe ich allerdings noch nie dieses Versprechen umgesetzt gesehen.

Bild 4.24 Schreiben Sie mehr per Hand!
Foto: Peter Gerstbach.

Unsere grundsätzliche Empfehlung
Verzichten Sie – wenn möglich – auf Technik. Nutzen Sie Flipcharts, Whiteboards, Ausdrucke, Schautafeln, Knetmasse statt interaktiver Bildschirme, Beamer, 3D-Brille und 3D-Drucker.

4.3.5.1 Welche Technik Sie wann sinnvoll einsetzen

Trotz der hohen weltweiten Verbreitung von mobilen Geräten für den persönlichen Gebrauch berichtet die große Mehrheit der Befragten, dass ihre Unternehmen für die Arbeit doppelt so viel feste Technologien bereitstellen wie mobile Optionen. Die überwiegende Mehrheit der Beschäftigten berichtet, dass sie mit Festnetztelefonen (86 Prozent) und Desktop-Computern (80 Prozent) ausgestattet sind. Weit weniger Mitarbeitern stehen Notebooks (39 Prozent), Smartphones (40 Prozent) oder Tablets (13 Prozent) bei der Arbeit zur Verfügung. Und in der jüngsten britischen Forschung gaben 16 Prozent an, dass die Technologie, die sie zu Hause verwenden, der von ihrem Arbeitgeber weit überlegen ist.

Beamer bzw. Fernseher
Ein Beamer bzw. ein großer Bildschirm ist Standardrepertoire eines gut ausgestatteten Meeting-Raums. Da auch Präsentationsmöglichkeiten zu einem wichtigen Nutzungsszenario eines Innovationsraums gehören (siehe Abschnitt 4.4.7.4), empfehle ich Ihnen in dem dafür vorgesehenen Bereich auch ein Präsentationsgerät zu installieren.

Achten Sie aber darauf, dass die Geräte nicht zu viel Platz einnehmen und ablenken. Aus diesem Grund bevorzuge ich in den meisten Fällen Beamer, die an der Decke montiert sind oder sich einfach wegschieben lassen. Der Nachteil von Beamern ist das geringe Kontrastverhältnis. Ein Beamer kennt kein „Schwarz", sondern nur Licht und kein Licht. Schwarz entsteht auf einer weißen Leinwand dadurch, dass die Leinwand nicht angestrahlt wird, weiß ist es dennoch weiterhin. Um das Schwarz dunkler erscheinen zu lassen, müssen Sie entweder den Raum abdunkeln oder den Beamer heller einstellen. Dadurch wird das Weiß der Leinwand scheinbar dunkler als das helle Weiß der angestrahlten Leinwand.

Hier liegt auch der größte Vorteil von Fernsehgeräten, egal ob LCD, TFT, Plasma oder OLED: Diese haben (in aufsteigender Reihenfolge) ein viel höheres Kontrastverhältnis. Ein schwarzes Pixel ist tatsächlich schwarz. Auch die Farben sind brillanter und bei Tageslicht problemlos zu lesen. Wenn Sie eine große Präsentationsfläche benötigen, wird es aber schnell teuer. Hier sind Beamer nach wie vor die preisgünstigere Lösung. Außerdem benötigt ein Fernseher mehr Platz und zieht dadurch die Aufmerksamkeit eher auf sich.

Egal für welche Variante Sie sich entscheiden, stellen Sie zu Ihrem Gerät immer eine Box mit diversen Adaptern für ältere und neuere Notebooks, für Tablets und Smartphones. Sonst verlieren Sie wieder Zeit, bis das Gerät angeschlossen ist und gearbeitet werden kann.

Interaktive Displays und Beamer
Viele TV-Geräte und Beamer für den Business-Einsatz bieten mittlerweile interessante Zusatzfunktionen für interaktive Präsentationen. Mit diesen Geräten können Sie je nach Geräteart mit der Hand oder mit speziellen Stiften auf der Projektionsfläche zeichnen und Aktionen auslösen. Bei Beamern übernimmt meistens eine auf die Projektionsfläche gerichtete Kamera die rechenintensive Aufgabe, die Handbewegungen zu erkennen und in sichtbare Striche oder Befehle umzuwandeln. Auch wenn sich die Rechenleis-

tung der uns bekannten Geräte in den letzten Jahren verbessert hat, haben alle eine spürbare Verzögerung, bis eine Bewegung korrekt erkannt wurde. Das ist keine ideale Voraussetzung für friktionsloses Arbeiten in Teams. Bei interaktiven Displays kommt eine Touch-Technologie zum Einsatz. Die Berührungsempfindlichkeit ist meistens besser als bei Beamern. Aber erwarten Sie auch hier keine mühelose Verwendung wie bei hochwertigen Smartphones oder Tablets.

Aus diesen Gründen rate ich prinzipiell von der Nutzung solcher Geräte in Workshops ab. Sie werden bessere Ergebnisse erzielen, wenn Sie analoge Mittel wie Stift und Papier nutzen.

Eine Ausnahme gibt es jedoch: Wenn Sie in verteilten Teams arbeiten und sich die Workshop-Teilnehmer in unterschiedlichen Städten, Ländern oder Kontinenten befinden, können mit solchen Geräten alle Teilnehmer an dem Workshop gleichberechtigt teilnehmen. Eine schnelle Internetverbindung ist dafür natürlich Voraussetzung. Befinden sich solche Geräte auf beiden Seiten, ist es meistens sogar möglich, nicht nur die Zeichnungen zu übertragen, sondern die Remote-Teilnehmer können diese selbst verändern. Alle diese Änderungen werden den Teilnehmern auf ihren jeweiligen Geräten gleichzeitig angezeigt.

Online-Meetings
Ein anderer Weg für eine Zusammenarbeit über große Distanzen sind Geräte für Online-Meetings. Wenn Sie regelmäßig mit verteilten Teams arbeiten, ergibt es durchaus Sinn, eine hochwertige Installation für Videokonferenzen anzuschaffen. Sparen Sie dabei aber nicht an der Videoqualität und schon gar nicht an der Audioqualität. Der Ton ist bei Videoübertragungen sogar wichtiger als das Bild! Und gerade bei größeren Gruppen ist es sehr schwierig, eine gute Tonqualität sicherzustellen, die ein angenehmes Arbeiten ermöglicht. Stellen Sie in diesem Fall eine möglichst geringe Nachhallzeit sicher siehe Abschnitt 4.4.7.4.

Auch auf die Gefahr hin einer Wiederholung: Die meisten Online-Meetings behindern die Produktivität von Workshops. Das gilt insbesondere im Rahmen von Design-Thinking-Workshops, bei denen Empathie und Spaß an der Arbeit sowie die Teilnehmer im Zentrum stehen und für Höchstleistungen sorgen. Diese Gefühle gehen beim Übertragungsweg meistens verloren – und das wäre schade!

3D-Drucker

Mit 3D-Druckern können Sie in bisher nicht dagewesener Geschwindigkeit großartige und realitätsnahe Prototypen entwickeln. Seit einiger Zeit sind diese auch relativ erschwinglich geworden. Das ist insbesondere in der Experimentier-Phase im Design-Thinking-Prozess praktisch. Diese Drucker erstellen in mehreren Schichten dreidimensionale Objekte, die man anfassen und je nach Material auch tatsächlich verwenden kann. Im Rahmen eines Projekts habe ich beispielsweise Beißringe für Babys als Prototypen mit Hilfe eines 3D-Druckers erstellt. Das neuartige Design konnte das Team gleich am nächsten Tag am Spielplatz an unseren jüngsten Probanden testen. Für ein anderes Projekt haben wir eine Idee für eine praktische Küchenhilfe erarbeitet: Ein 3D-Drucker produzierte im Handumdrehen die perfekte Spaghetti-Gabel, die auch in der Realität keine Nudeln mehr verloren hat.

Was sich großartig anhört, ist aber selbst mit einem 3D-Drucker in der Praxis nicht ganz so einfach. Ein 3D-Drucker will auch mit dreidimensionalen Daten gefüttert werden. Um diese 3D-Pläne zu erzeugen, benötigen Sie ein CAD-Programm. Dessen Bedienung ist gar nicht so einfach. Wenn Sie in der Schule Spaß an Geometrie, Kurvendiskussionen und Integralfunktionen hatten und ein großartiges räumliches Vorstellungsvermögen besitzen, dann wird Ihnen auch das CAD-Programm Freude bereiten. Wenn nicht, dann empfehle ich Ihnen diese einfachen und simplen Alternativen, die keine stundenlangen Einschulungen benötigen: Knetmasse, Bausteine, Spielmais, Pfeifenreiniger, Pappe und Ähnliches.

Virtual Reality

Virtuelle Realität nennt man die gleichzeitige Darstellung und Wahrnehmung einer am Computer in Echtzeit generierten virtuellen Umgebung. Erste Ideen und Konzepte zu VR-Systemen gibt es seit den 1950er-Jahren. Mit dem Internet wurden diese Ideen in den 1990er-Jahren erneut diskutiert, sie konnten sich aber aufgrund der noch mangelnden Rechenkapazität nicht durchsetzen. Erst 2012 begann mit neuen und erschwinglichen Videobrillen (Head-Mounted Displays) eine neue Ära der virtuellen Realität.

Für die Entwicklung von Innovationen ergeben sich damit spannende Möglichkeiten: Menschen können beispielsweise über Videobrillen in beliebige Welten versetzt werden und mit Gegenständen oder Räumen interagieren, die nur am Computer existieren.

Sie können virtuell durch Ihr zukünftiges Haus gehen, das noch nicht gebaut wurde, ganze Wände per Handbewegung farbig bemalen, Fliesenmuster testen oder ganze Flächen verschieben. Sie können beobachten, zu welcher Tageszeit die Sonne auf Ihre zukünftige Terrasse scheint oder wie hoch ein Baum in zehn Jahren wachsen könnte. Sie können gefährliche Produkte gefahrlos an Probanden testen und die Produkte basierend auf Rückmeldungen verbessern und weiter testen. Sprich: Sie können das menschliche Verhalten auf Produkte sehr realitätsnah untersuchen, ohne dass diese bereits Realität sind.

Ähnlich wie bei 3D-Druckern wird jedoch auch hierfür viel technisches Know-how benötigt, um diese Geräte in einem Innovationsraum allen Personen zugänglich zu machen. Aus diesem Grund ist es wohl in den allermeisten Fällen sinnvoller, auf einfache und nichttechnische Hilfsmittel zurückzugreifen, um Prototypen zu testen.

Drucker/Kopierer
Stellen Sie den Teilnehmern in Ihrem Innovationsraum einen unkomplizierten Zugang zu einem Drucker oder Kopierer zur Verfügung. Insbesondere ein Drucker oder sogar ein Foto-Drucker ist für Innovationsworkshops ein praktisches Hilfsmittel. Wenn Sie dem Design-Thinking-Prozess folgen, werden Sie beispielsweise in der Einfühlen-Phase (siehe Abschnitt 2.2.1) Interviews und Beobachtungen mit Ihren Kunden durchgeführt und dabei im Idealfall einige Fotos geschossen haben. Diese Erinnerungen auszudrucken und aufzuhängen, ist ein guter Weg, Empathie zu Ihren Kunden aufzubauen.

Achten Sie darauf, dass der Zugang unkompliziert ist. Das Gerät sollte offen zugänglich sein und am besten direkt per Funkverbindung (z. B. Bluetooth oder AirPrint) von einem beliebigen Smartphone aus und ohne Passwort nutzbar sein. Halten Sie die Hürden so niedrig wie möglich. Ermutigen Sie die Teilnehmer, aktiv das Gerät zu nutzen. Stellen Sie eine kurze, einfache Anleitung zur Verfügung, wie Fotos gedruckt werden können.

Internet
Für Recherchezwecke kann es sinnvoll sein, den Teilnehmern einen einfachen Zugang zum Internet per WLAN zur Verfügung zu stellen. Achten Sie auch hier auf einen einfachen Zugang und berücksichtigen Sie externe und insbesondere

internationale Gäste. Aus Sicherheitsgründen empfehle ich die Nutzung eines WLAN-Passworts, das aber unkompliziert für alle Teilnehmer auffindbar sein sollte.

Eine weitere Idee ist, den Teilnehmern ein Tablet zur Verfügung zu stellen, das nicht nur für Internet-Recherchen, sondern auch zum Drucken und Aufnehmen von Videos bzw. Fotos genutzt werden kann.

Lautsprecher
Musik beeinflusst das kreative Denken.[12] Ich nutze aus diesem Grund häufig während Gruppenarbeiten Musik als Untermalung. Entweder Sie integrieren in Ihrem Raum ein komplettes Lautsprecher-System oder Sie nutzen kleine portable Boxen mit integriertem Akku. In jedem Fall sollten die Geräte Bluetooth unterstützen, damit sie sich unkompliziert von einem Smartphone aus benutzen lassen.

4.3.6 Virtuelle Realität

Virtuelle Realität (VR) soll eine gute Alternative zu Videoanrufen bieten. Denn einer der größten Vorteile dieses Mediums ist, dass es Menschen das Gefühl gibt, zusammen im selben Raum zu sein, ohne dass sie dafür reisen müssen. Das heißt, Sie sparen sich viel Geld und Zeit und bekommen dennoch mit Hilfe der virtuellen Realität ähnliche Ergebnisse, wie wenn Sie sich vor Ort treffen. Sie können benutzerdefinierte Umgebungen oder 3D-Objekte erschaffen und über interaktive Whiteboards zusammenarbeiten. Die Teilnehmer können auch Simulationen erneut besuchen, um den Inhalt neu oder auch besser zu verarbeiten.

Ein zusätzlicher Vorteil von VR ist, dass alle Ablenkungen beseitigt werden und die Menschen sich voll und ganz auf das konzentrieren können, was um sie herum geschieht. So zeigt eine Untersuchung,[13] dass sich die Aufmerksamkeitsspanne beim Treffen in der virtuellen Realität im Vergleich zu Videokonferenzen um 25 Prozent erhöht und dass mehr Informationen behalten werden.

---

12 Design Thinking Podcast, Folge 144: *http://gdt.li/dt144*

13 *http://press.spglobal.com/2020-06-18-COVID-19-Shakes-Up-the-Future-of-Work*, abgerufen am 10.02.2021

Ein Nachteil der virtuellen Realität ist, dass aktuelle Avatare (computergenerierte Zeichen, die uns darstellen) aus technischen Gründen visuell sehr einfach gehalten sind. Es wird noch eine Weile dauern, bis die Avatare unserem realen Selbst wirklich ähnlich sehen.

Case Study: T-Systems

Was tun, wenn man sich aus Gründen wie z. B. einer weltweiten Pandemie nicht treffen kann, aber dennoch gemeinsam etwas erarbeiten muss? T-Systems hat mit dem „Virtuellen Innovation Center" eine Antwort auf diese Frage gefunden.

Das „Virtuelle Innovation Center" ist eine digitale Abbildung des real existierenden Innovation Centers in München. Alles ist in seinen Einzelheiten genauso abgebildet, wie es auch im Raum in München vor Ort der Fall ist. So gibt es beispielsweise eine virtuelle Abbildung des Greenhouses. Dank der Webcam und der Temperaturanzeige wissen die MitarbeiterInnen, wie es ihren Pflanzen vor Ort geht.

Die Besucher des „Virtuellen Innovation Center" sind lebensechte Avatare, die anhand von Scanmessungen erstellt worden sind. Auch wenn die Bewegungen teilweise ruckelig wirken, ist es dennoch erstaunlich, wie detailliert die Menschen als Avatare wiedergegeben werden. Als Avatare nehmen sie dann beispielsweise an Workshops teil, treffen sich für Meetings oder verfolgen gemeinsam Präsentationen. An manchen Tagen gibt es auch Happy Hours, wo gemeinsam das Feierabend-Bier getrunken wird oder Veranstaltungen wie ein Cocktail-Abend stattfinden. Dazu kann mit einem einzigen Klick der Ort des Geschehens gewechselt werden. Statt im Innovationsraum befindet man sich dann plötzlich an einem Strand mit blauem Meer oder sieht auf wunderschöne Berge herab.

Verschiedene Medien wie Livestreams, Audio- oder Videokonferenzen sorgen dafür, dass auch externe Besucher an den virtuellen Sessions teilnehmen können. Dazu braucht es keine 3D-Avatare, sondern es reicht der Einstieg über den Browser.

Es ist ein wirklich interessanter Ansatz, wie detailgetreu ein echter Raum virtuell auch abgebildet werden kann.

Bild 4.25
Happy Hour auf einer virtuellen Südseeinsel

Bild 4.26
Virtuell dabei mit Bergpanorama im Hintergrund

 Expertentipp von Wolf Wienecke

Der Kommunikationsprofi Wolf Wieneke sieht die Entwicklung von virtuellen Räumen noch als ausbaufähig an, vor allem im Vergleich zu den Möglichkeiten, die die Spiel-Industrie vorzeigt. Bei vielen virtuellen Veranstaltungen würden nicht alle Teilnehmenden eine stabile Internetleitung geschweige denn eine vernünftige Kamera haben. Bei virtuellen Räumen fällt die Notwendigkeit eines solchen Equipments zwar teilweise weg, allerdings sind dann statt Menschen Avatare zu sehen. Dadurch entsteht ein sehr spielerischer Charakter, der es schwer macht, eine menschliche Beziehung aufzubauen.

4.4 Ebene Unternehmen

Während einige Bereiche in Unternehmen gar nicht genutzt werden, gibt es Plätze, wo Mitarbeitende sich kaum aus dem Weg gehen können, weil alles so eng zu sein scheint. Der Grund dafür könnte sein, dass der Raum nicht optimal genutzt wird. Je nach Kontext kann die Raumnutzung die wichtigste Messgröße sein. Und trotzdem vergessen viele Unternehmen, sie zu ermitteln. Dabei unterstützt die Messung Sie dabei, innerhalb des Unternehmens für eine gewisse Harmonie zu sorgen.

Die Messung der aktuellen Raumnutzung liefert Hinweise, ob Ihre Mitarbeitenden genügend Platz haben, um produktiv zu arbeiten. Sie zeigt aber auch auf, ob Sie überhaupt die Räume richtig nutzen, damit die Menschen dort sinnvoll ihre Arbeit erledigen können.

Es gibt einen Spagat zwischen der Anzahl der Personen, die innerhalb eines Raums agieren, und der Nutzung. Weist ein Raum eine geringe Auslastung auf, ist das ein deutliches Zeichen, dass der Raum zur Zeit der Messung ineffizient genutzt wird. Bei der Messung sollten Sie den Fokus darauf legen, eine hohe Belegung mit einer hohen Auslastung zu erhalten und zu erkennen, wenn diese beiden Variablen nicht übereinstimmen.

Die Messung der Raumnutzung ist also für die Planung extrem wichtig. Sie können so nicht nur die Kosten der Einrichtung besser kalkulieren, sondern auch einen positiven Beitrag zur Mitarbeiterkommunikation leisten und wichtige Entscheidungen über das Arbeitsplatzmanagement aufgrund von konkreten Daten treffen. Hinzu kommt: Je besser die Räume genutzt werden, desto mehr können Sie den Erfolg von innen heraus fördern.

Viele Formen der Nutzungsmessung

Es gibt verschiedene Parameter, die Sie heranziehen können, um die Raumnutzung zu messen. Sie können einen oder alle diese Parameter verwenden:

1. **Zeit:** Anhand der Zeit wird gemessen, wie ein bestimmter Raum zu einem bestimmten Zeitpunkt genutzt wird. Dazu wird ein Zeitraum definiert (ein Tag, eine Woche oder mehrere Wochen), um Muster über die Nutzung des Raums zu identifizieren. So kann ein Raum beispielsweise vornehmlich Donnerstag und Freitag genutzt werden, den Rest der Woche

aber leer stehen. Aufgrund dieser Beobachtung können Sie dann weiter untersuchen, welchen Bedarf es an diesen Tagen gibt, den es sonst eventuell nicht gibt. Sie können beispielsweise fragen, wer den Raum für welches Projekt bucht.

2. **Personen:** Wer wie oft bestimmte Räume nutzt, ist ebenfalls eine gute Möglichkeit, die effektive Nutzung zu messen. Gibt es irgendwo ungenutzte Schreibtische? Werden manche Räume öfter von bestimmten Abteilungen genutzt?
3. **Ort:** Wenn ein Unternehmen verschiedene Ebenen hat, ist eine Messung in Verbindung mit dem Sitz der Mitarbeiter und Mitarbeiterinnen sinnvoll. Nutzen die Personen im dritten Stock ihre Küche? Oder werden die Konferenzräume im zweiten Stock öfter gebucht als die im vierten Stock? Wer ist an welchem Standort wie häufig? Wenn Sie diese Dinge näher beobachten, können Sie auch leichter Trends und Muster erkennen.

Es gibt eigene Softwareprogramme, die die Nutzung der Räume genau aufzeichnen. Die meisten verfügen über verschiedene Nutzungsmetriken und können zwischen den Datensätzen ganz leicht hin- und herwechseln. Dadurch können Sie verschiedene Hypothesen ganz einfach überprüfen.

4.4.1 Was Unternehmenskultur mit Räumen zu tun hat

Alles beginnt mit der Frage nach dem Ziel und Zweck eines Unterfangens. Was ist das Ziel, das Sie z. B. mit der Gestaltung Ihres Arbeitsplatzes erreichen wollen? Was sind die Ziele derer, die dort arbeiten? Und inwiefern bedingen sich diese beiden? Wir leben in einer Welt, die oft so scheint, als sei sie voll mit ziel- und zweckloser Arbeit. Die Kultur ändert sich, wenn sich das Ziel und die Wünsche der Menschen und Unternehmen ändern. Eine Kultur besteht aus Überzeugungen, Werten und Verhaltensweisen, die von den Mitarbeitern geteilt werden. Wenn nur eine Person an ein bestimmtes Verhalten glaubt oder sich auf ein bestimmtes Verhalten einlässt, ist diese Überzeugung oder Handlung eine persönliche Angewohnheit, kein gemeinsames Kulturmuster. Damit etwas als kulturell betrachtet werden kann, muss es allgemein von einer bestimmten Gruppe von Individuen geteilt werden.

Ein weiteres Merkmal von Kultur ist, dass das Verhalten erlernt wird. Die Art und Weise, wie wir miteinander kommunizieren, die Abläufe, die zur Ausführung bestimmter Handlungen verwendet werden, und die Verhaltensweisen, die wir für angemessen halten oder nicht, haben wir erlernt.

Nun sind Räume physische Orte, an denen Interaktionen stattfinden und Dinge passieren. Vor allem werden dort Werte ausgetauscht. Menschen treffen sich darin, um an einem gemeinsamen Ziel zu arbeiten. Dieses Ziel, die gemeinsame Geschichte, sind mehr als nur Neuronen in unseren Gehirnen. Sie umfassen alles, was uns daran erinnert, dass wir leben und fühlen. Damit wir das im Hier und Jetzt aber auch begreifen können, reicht nicht ein einfacher Raum. Er muss zu einem Ort werden.

Der Raum fügt eine soziale Dimension hinzu. Es geht darum, Bedeutung aus direkten und manchmal indirekten Erfahrungen zu ziehen. Räume, in denen wir leben, prägen unsere Gedanken, Emotionen und sogar unsere Handlungen. So fördert eine gute oder schlechte Umgebung die entsprechende Stimmung. Diese wiederum führt uns zu einem guten oder schlechten Verhalten. Die Bedeutungen, die wir Räumen geben, werden durch unsere Ideen, Überzeugungen und Einstellungen, was in diesen Räumen passieren soll, beeinflusst.

Auf den ersten Blick ist ein Gebäude nichts weiter als ein Haus, das aus Zement, Holz, Putz, Verkabelung, Sanitär, Fenster, Türen, Böden etc. besteht. So wichtig Häuser und Gebäude sind, sie sind nicht annähernd so wichtig wie die Menschen, die sich darin befinden. Wir haben in Bäumen, Höhlen, Berggipfeln und Dschungeln ohne wirkliche Häuser gelebt. Aber wir können nicht ohne einander leben, da wir vor allem soziale Wesen sind. Ein Raum besteht aus vier Wänden plus Menschen plus Zweck.

Wie machen Sie den Raum zu einem besonderen Ort?

Beeinflusst die gebaute Umwelt die Einstellungen? Ja natürlich, weil das physische Artefakt Signale über kulturelle Werte sendet. Überlegen Sie nur, was eine Kirche in Ihnen bewirkt. Oder eine Gefängniszelle. Inwiefern inspiriert Sie Ihr Büro? Der Umfang dessen, woran Arbeitsplatzdesigner denken müssen, wird im Kontext der neuen Geschichte stark erweitert. Es reicht nicht, nur über räumliche Eigenschaften nachzudenken. Es geht darum, eine Umgebung zu gestalten und zu entwickeln, die sowohl dem Unternehmen als auch den in ihnen arbeitenden Menschen dient. Es geht darum, einen sozialen Raum zu erschaffen.

Ein altes Sprichwort aus der Architektur lautet „Form follows function". Was sind die Implikationen, wenn eine Kernfunktion eines Raums darin besteht, etwas symbolisch zu kommunizieren? Welche Form wird dieser Raum annehmen? Der Raum ist ein Schmelztiegel für die Interaktion mit anderen. Menschen brauchen etwas, um miteinander zu interagieren. Wir entwerfen und bauen Orte, um zielgerichtetes Engagement zu fördern und zu unterstützen. Wir verbinden uns in diesen speziellen Räumen, leben unsere Gegenseitigkeit und können uns an den gemeinsamen Werten orientieren. Der Arbeitsraum sollte ein Ort sein, an dem wir uns vom Ich zum Wir bewegen. Wenn der Raum keine Bedeutung und kulturelle Relevanz hat, trägt er nicht zu unserem Zweck bei.

Ob absichtlich oder zufällig: Das Erscheinungsbild eines Raums ist das Spiegelbild Ihrer Unternehmenskultur. Die Kultur beginnt bereits ab dem Zeitpunkt, ab dem Sie durch die Türe kommen. Ein Unternehmen kann seine Kultur aktiv entwickeln oder die Kultur organisch entstehen lassen. Es kann Arbeitsplatzdesign verwenden, um Kultur zu stärken – oder zu unterminieren.

Stellen Sie sich ein Unternehmen vor, das als zukunftsorientiert und innovativ wahrgenommen werden möchte. Im Idealfall wird am Arbeitsplatz die Führungsstrategie sichtbar. Indem die Unternehmenswerte in den Mittelpunkt gestellt werden, wird das Büro zu einem Ort, an dem sich die Menschen engagiert fühlen und ihre beste Arbeit leisten können.

Schnell und flexibel. In letzter Zeit wurde ich immer wieder von Unternehmen gefragt, wie sie diese Eigenschaften, die die meisten mit Start-ups assoziieren, für sich selbst anwenden können. Die Motive dahinter scheinen klar zu sein: Unternehmen, die nicht innovieren, scheitern. Neue Produkte und Dienstleistungen sind im Nu wieder veraltet. Um immer den wesentlichen Schritt voraus zu sein, muss ein Unternehmen vor allem neu, flexibel und schnell denken. Glücklicherweise müssen Sie kein 19-jähriges Social-Media-Wunderkind anstellen, um diese Fähigkeiten zu leben. Es reicht, wenn Sie ein klein wenig in Ihrem unternehmerischen Alltag ändern.

Eureka-Momente können nicht erzwungen werden, dasselbe gilt auch für Agilität. Aber:

Beide Vorgehensweisen gedeihen nur in der richtigen Umgebung. Große Unternehmen fördern daher aktiv eine Start-up-Kultur innerhalb der Unternehmensstruktur.

Angesichts des harten Wettbewerbs in jeder Branche sollte daher der Aufbau einer Umgebung, die die Zufriedenheit Ihrer Mitarbeiter und Mitarbeiterinnen bewahrt und fördert, hohe Priorität haben.

- Schaffen Sie einen Inkubator, um den internen Unternehmergeist zu entfachen. Wilde Ideen brauchen Raum, um zu entstehen und zu wachsen. Bieten Sie Ihrem Team einen spezifischen Raum für kreatives Denken, in dem sie sich möglicherweise auch mit Kunden oder Lieferanten treffen können. Ein In-House-Inkubator hat noch einen weiteren Vorteil: Sie können so Talente binden, indem Sie es Ihren Mitarbeitern ermöglichen, dort auch ihre persönlichen Projekte zu verfolgen.
- Investieren Sie in Technologien, die die Agilität fördern. Künstliche Intelligenz, automatisierte Projekte, Robotik sind nicht nur von Vorteil für das IT-Team. Jede Innovation kann durch diese schnell voranschreitenden Technologien in irgendeiner Weise profitieren. Dinge wie 3D-Drucker können dabei helfen, eine Idee viel schneller zu testen, noch bevor große Investitionen getätigt werden müssen.
- Mutige Ideen können schwer entstehen, wenn sich die Menschen nicht trauen, diese auch wirklich zu verfolgen. Mitarbeiter sollten nicht befürchten müssen, dass jede Bewegung genau überwacht und dokumentiert wird. Unternehmen können genau dann unternehmerisches Denken anregen, wenn sie den Menschen die Freiheit geben, aus einer Vielzahl von funktionalen Arbeitsumgebungen auszuwählen, die auf der jeweiligen Aufgabe basieren. Das können zum Beispiel Ruhezonen und Lounges sein, die zufällige Begegnungen fördern, die wiederum zu überraschenden neuen Ideen führen. Und weil einige der besten Ideen nach oder während eines Adrenalinstoßes kommen, denken Sie darüber nach, ob Sie Ihren Mitarbeitern nicht in Form eines Fitnesscentergutscheins oder eines kostenlosen Yoga-Kurses vor Ort etwas Gutes tun wollen.
- Großartige Ideen kommen aus jeder Abteilung. Manager können Innovationen aktiv fördern, indem sie ein klares Vorgehen für das Teilen von neuen Ideen entwickeln und die Türen für konstruktives Feedback öffnen. Sie können aber auch Inkubatoren einladen.

- Mischen Sie die Teams. Manchmal braucht es nur eine frische Perspektive und eine inspirierende Umgebung (der große bequeme Stuhl, in dem man sich so wohlfühlt), um eine neue Idee hervorzubringen oder eine andere Taktik für ein altes Problem zu entwickeln. Das ist einer der Gründe, warum Co-Working zu neuen Netzwerkmodellen für Unternehmen motiviert. Diese Räume sind mehr als nur eine andere physische Umgebung. Sie bieten eine soziale Plattform, die den Fluss von Ideen und neuen Denkweisen erleichtert.
- Initiieren Sie Ad-hoc-Meetings. Schreibtische, die groß genug sind, damit Menschen ihre Stühle zusammenstellen und so einfach direkt am Schreibtisch gemeinsam etwas besprechen können, fördern den Austausch enorm. Die besten „Meetings" finden spontan statt und betreffen nur diejenigen, die direkt an einem Projekt arbeiten. Diese Art von Ad-hoc-Treffen fördert schnellere Entscheidungen und ermöglicht mehr Zeit für die eigentliche Arbeit.
- Veranstalten Sie gemeinsame Mittagessen für die ganze Firma. Nutzen Sie die Zeit dazu, sich über Kinder, Hobbys und Sonstiges auszutauschen – nicht über Arbeit. Diese Mittagessen sind eine gute Möglichkeit, sicherzustellen, dass sich alle verbunden und als Teil des Unternehmens fühlen.
- Machen Sie den Arbeitsplatz bequem: Angesichts der vielen Stunden, die wir bei der Arbeit verbringen, ist der physische Arbeitsraum ein entscheidendes Element für das Glück aller. Achten Sie daher auch im Sinne einer positiven Unternehmenskultur darauf, zahlreiche Sofas und bequeme Plätze anzubieten.
- Haben Sie Spaß: Während wir hart arbeiten, ist es wichtig, Orte und Zeiten zu haben, um etwas Dampf abzulassen und einfach nur Spaß

Bild 4.27 Spruch an der Wand im Design Thinking Space® Wien. Foto: Peter Gerstbach

zu haben. Jeder braucht auch mal Pause, um den Fokus wieder zu schärfen. Dadurch wird der gesamte Prozess produktiver. Bieten Sie auch Plätze und Räume innerhalb des Unternehmens an, wie eine Gemeinschaftsküche mit einem Fernseher oder einen Kickertisch in der Lobby.

Von allen Unternehmen, mit denen ich im Laufe meiner Beraterzeit zusammengearbeitet habe, hat der Großteil immer wieder auf die Bedeutung und Wichtigkeit der Unternehmenskultur hingewiesen. Im Gegensatz zu den physischen und technologischen Umgebungen ist kulturelle Umgebung nicht etwas, das Sie sehen können. Aber es beeinflusst alles andere am stärksten. Es ist die Umgebung, die Sie fühlen und wahrnehmen – auch wenn Sie nicht Teil des internen Teams sind. Die kulturelle Umgebung ist die Atmosphäre Ihres Unternehmens, das Herzstück. Sie entsteht durch die Mitarbeiter und Mitarbeiterinnen, die dort arbeiten, auch wenn sie sich dessen nicht immer bewusst sind. Eine Unternehmenskultur sollte immer bewusst geschaffen und gestaltet werden, nicht nur einfach „passieren". Denn letztlich gibt sie vor, wie die Mitarbeitenden sich selbst und die Kunden behandeln, welche Produkte oder Dienstleistungen entwickelt werden, worauf der Fokus liegt, welche Allianzen aufgebaut werden und wie die Mitarbeiter ihre Arbeit erledigen.

Unternehmen wollen als positiv wahrgenommen werden. Das ist wie bei einer wichtigen Person, der Sie zum ersten Mal Ihre Familie vorstellen: Sie wollen deren Zustimmung bekommen und ein Wohlgefühl herstellen. So ist das auch bei Mitarbeitern – Unternehmen wollen, dass diese stolz darauf sind, für eine solche Firma zu arbeiten, weil sie einen guten Ruf in der Branche und in der Gemeinschaft hat.

Tipps für eine gute Unternehmenskultur
Einen solchen guten Ruf bzw. eine gute Unternehmenskultur erreichen Unternehmen, in denen sich die Mitarbeiter vor allem respektiert und wertgeschätzt fühlen. Das bedeutet, dass die Unternehmen die Arbeit der Mitarbeiter und Mitarbeiterinnen schätzen, ihre Anwesenheit bemerken, ihren Ideen zuhören und sie auch angemessen für ihre Arbeit entlohnen.

Die Mitarbeiter von heute und morgen suchen aber auch einen Sinn in ihrer Arbeit. Sie wollen sich mit dem, was sie tagtäglich tun, identifizieren und sich verbunden fühlen. Menschen setzen ihre Arbeit am ehesten in die Tat um, weil

Experteninterview: Rainer Krumm

Rainer Krumm ist Managementtrainer, Berater und Coach. Er beschäftigt sich seit über 15 Jahren mit dem werteorientierten Führen. Er ist mit seinem Unternehmen axiocon GmbH auf die Beratung von Organizational & Value Management spezialisiert.

Bild 4.28
Rainer Krumm beim Business Analyse Camp 2018.
Foto: Peter Gerstbach

Struktur verändert Kultur

IG: Gibt es deiner Meinung nach eine Art „Patentrezept" für Innovation im Unternehmen?

RK: Viele Unternehmen haben es schon schmerzhaft erfahren müssen: Innovation ist kein Imagefaktor, sondern schlichtweg für den Erfolg von Unternehmen überlebenswichtig. Damit Unternehmen innovativ agieren, wird viel getan. U. a. wird auch darauf gesetzt, einen Innovationsraum im Unternehmen zu etablieren. Aber was in einem Unternehmen gut funktioniert, kann in einem anderen völlig wirkungslos sein und führt teilweise zu starken Widerständen bei der Umsetzung. Vielmehr müssen Unternehmen prüfen, welche Innovationsmethoden zu ihnen passen.

IG: Wie wichtig ist es für ein Unternehmen, dass die Werte sich auch im Außen widerspiegeln?

RK: Der Begriff „Werte" kommt ursprünglich aus dem Lateinischen: „valere" bedeutet so viel wie gesund sein. Menschen fühlen sich dann zufrieden, wenn sie im Einklang mit ihren Werten leben. Werte sind unsere Überzeugungen. Wir haben unsere Werte bereits in der Kindheit von unseren Eltern, Lehrern oder anderen uns prägenden Menschen übernommen und sie durch gemachte Erfahrungen bei uns eingeprägt. Werte beschränken sich aber nicht auf unser Privatleben, sondern beeinflussen uns in allen Bereichen.

Auch in Unternehmen werden Werte auf unterschiedlichste Weise gelebt. So spiegeln sie sich beispielsweise in der Art und Weise wider, wie wir Räume einrichten und erleben.

IG: Wie wichtig sind Werte beim Entwickeln eines Innovationsraums?

RK: Es ist enorm wichtig, dass Innovationsinitiativen die vorhandene Unternehmenskultur beachten. Nicht alles, was möglich oder aktuell modern ist, macht Sinn. Viel wichtiger, als fancy Möbel, schrille Farben und einen Kickertisch in den Raum zu stellen, ist es, dass die Unternehmenskultur beachtet wird. Dann ist Innovation für jedes Unternehmen machbar.

> Auch ist es wichtig, dass Unternehmen sich im Voraus überlegen, was sie eigentlich erreichen wollen. Räume fördern Kommunikation und können sie aber auch gleichzeitig behindern. Das kann durchaus im Interesse des Unternehmens liegen: Wenn weniger kommuniziert, dafür aber konzentrierter gearbeitet werden soll, ist ein Großraumbüro nicht geeignet.
>
> **IG:** Hast du einen Tipp für Unternehmen, die einen Raum für Innovation errichten möchten?
>
> **RK:** Hier muss man ja fast das Wortspiel „Raum für Innovation" nutzen. Wie viel zeitlichen und inhaltlichen Raum soll denn das Thema Innovation haben? Und natürlich wie soll architektonisch an Räumen gearbeitet werden, um innovativ sein zu können. Nur wenn die Führungskräfte das Thema für relevant halten und fördern, dann kann ein Unternehmen innovativ sein – also wenn sie im doppelten Sinn den Raum dafür geben.

sie es wollen, nicht weil sie es müssen. Mitarbeitende und Arbeitgebende müssen deshalb zusammenarbeiten, um ein Ziel zu entwickeln, das jeden motiviert, sein Bestes zu geben.

Arbeit ist eine Mannschaftssportart. Erfolgreiche Unternehmen achten darauf, dass ihre Mitarbeiter und Mitarbeiterinnen in verschiedenen Teams arbeiten. Teams sind dynamisch und agieren flexibel. Es geht um die Vielfalt und Integration. In einem inklusiven Umfeld sind die Mitarbeiter frei, sie selbst zu sein und ihre einzigartigen Standpunkte zu teilen.

Lassen Sie Ihre Mitarbeiter und Mitarbeiterinnen neue Fähigkeiten lernen und geben Sie ihnen auch die Möglichkeit, das zu tun. Eines der schlimmsten Gefühle für einen Angestellten ist, dass er in seinem Job stecken bleibt, ohne etwas Neues zu lernen und nirgendwohin zu gehen. Entwicklungsprogramme, Schulungen und neue Technologien können Menschen dazu ermutigen, etwas Neues zu lernen, und sie für Neues zu begeistern.

Führungskräfte und Manager sind Coaches und Mentoren. Die Zeiten, in denen Führungskräfte an der Spitze des Unternehmens stehen und auf die Mitarbeitenden herabblicken, sind längst vorbei. Heute sind Führungskräfte und Manager vor Ort und interagieren mit den Mitarbeitern, um sie zu ermutigen und sie durch ihre Jobs und Karrieren zu coachen.

Mitarbeiter können sich außerdem nicht auf die Arbeit konzentrieren, wenn sie sich nicht um ihre körperliche und geistige Gesundheit kümmern. Zukunftsorientierte Unternehmen erkennen, dass Wellness mit der Arbeitsleistung verbunden ist, und bieten den Mitarbeitern Möglichkeiten, ihre Gesundheit bei der Arbeit und zu Hause zu verbessern.

Die Unternehmenskultur drückt sich sichtbar in der Marke, den Werten und auch durch den Arbeitsplatz aus. Unternehmen, die ihre Kultur aktiv weiterentwickeln, erzielen laut einer Studie[14] der Harvard Business School 516 Prozent mehr Umsatz und 755 Prozent mehr Einkommen als jene, die dies nicht tun.

Die Studie zeigt weiterhin, dass die Stärkung einer positiven Unternehmenskultur einen wichtigen Beitrag zur Mitarbeiterzufriedenheit und -motivation leistet. Sie erhöht nicht nur die Zufriedenheit der Mitarbeiter, sondern bewirkt auch eine geringere Fluktuation, weniger Krankheitstage und einfachere Rekrutierung. Und das wiederum führt zu mehr Wachstum und Rentabilität.

Engagierte Mitarbeitende arbeiten kundenorientierter und achten mehr auf die Erfüllung von Kundenbedürfnissen, was zu einer größeren Kundenbindung und -vertretung führt. Im Gegensatz dazu kann ein unbeteiligter Mitarbeitender mit wenig Motivation dem positiven Markenimage sogar schaden.

Eine funktionierende Unternehmenskultur entsteht aber nicht, indem Sie einfach Ihr Logo an die Wand kleben. Vielmehr sind gerade die Details wichtig, um die Unternehmenskultur effektiv zu vermitteln. Den Mitarbeitern ist es wichtig, dass sie sich wohlfühlen, wo sie arbeiten. Kosmetische Veränderungen alleine reichen nicht, wenn der grundlegende Komfort fehlt.

Der Arbeitsplatz ist eine Art kultureller Hebel, um die Wahrnehmung, Motivationen und Verhaltensweisen von Mitarbeitern zu beeinflussen. Ein gewöhnlicher Arbeitsplatz lässt sich in einen besonderen verwandeln. Wenn Mitarbei-

---

14 *http://www.simonandschuster.com/books/Corporate-Culture-and-Performance/John-P-Kotter/9781451655322*, abgerufen am 20.08.2021

ter spüren, dass sie ein wichtiger Teil des besten Arbeitsplatzes sind, dann werden sie auch ihr Bestes geben. Wenn Ihre Mitarbeiter also in einem Innovationsraum arbeiten dürfen, der sie darin unterstützt, etwas Sinnvolles zu tun, und der sie inspiriert, fühlen sie sich einbezogen.

Aus meiner Beratungserfahrung heraus unterstützt ein Raum die Unternehmenskultur vor allem in folgenden Bereichen: Ist es für die Mitarbeiter einfach, Ressourcen zu finden? Bekommen sie die notwendige Technologie zur Verfügung gestellt? Können sie ihre Wünsche und Bedürfnisse erfüllen? Gibt es die Möglichkeit, dass sich die Kollegen austauschen – zufällig und absichtlich? Und die wichtigste Frage: Fördert der Raum das Gefühl, Teil einer sinnvollen Erfahrung zu sein?

Wie können Sie nun selbst Ihre Räume so gestalten, dass sich Ihre Marke widerspiegelt und die Unternehmenskultur gestärkt wird?

- Machen Sie als Erstes Ihre Hausaufgaben. Gehen Sie nicht davon aus, dass Sie im Vorfeld bereits alles wissen, was Sie für die Umsetzung eines Innovationsraums brauchen werden. Viele Dinge werden erst sichtbar, wenn das Team beginnt, darin zu arbeiten.
- Achten Sie auf die unterschiedlichen Bedürfnisse. Jeder Mensch ist anders – und das sollten Sie auch im Raum beachten. Der beste Weg, um herauszufinden, was Ihre Mitarbeiter und Mitarbeiterinnen brauchen, ist, sie zu befragen und zu beobachten. Wenn Mitarbeitende beispielsweise angeben, dass sie informelle Räume für die Zusammenarbeit benötigen, die keine Vorabreservierungen erfordern, nehmen Sie dieses Anliegen auch ernst.
- Vergessen Sie nicht, die richtigen Menschen einzubeziehen. Wenn Mitarbeiter in eine Neugestaltung des Arbeitsplatzes einbezogen werden sollen, benötigen Sie Teammitglieder aus den Bereichen Kommunikation, Marketing, PR, Personalwesen, IT und Finanzen, um das Projekt auszuführen. Das Büro von heute besteht aus wesentlich mehr als nur Farbe und Möbeln. Es braucht beispielsweise auch Technologie und andere Ressourcen. Ein gut abgerundetes Team sorgt dafür, dass das Projekt auf Kurs bleibt.
- Bleiben Sie sich selbst treu. Jedes Unternehmen hat eine eigene Persönlichkeit. Zeigen Sie diese nach außen und nach innen. Wenn Ihre Mitarbeiter und Mitarbeiterinnen Freude und Spaß leben sollen, dann macht es keinen Sinn,

Ihre Räume trist auszustatten. Achten Sie stattdessen auf ein zeitgemäßes Aussehen. Spielen Sie mit helleren Farben und integrierten Funktionen, die zur Bewegung motivieren. Indem Sie das Innere mit dem Äußeren zusammenbringen, verstärken Sie das Ziel, dass die Menschen ihr Bestes geben.

- Achten Sie nicht nur auf die Ausstattung des Innovationsraums. Es gibt nichts Enttäuschenderes als einen inspirierenden, tollen Innovationsraum zu erschaffen und dann Büros zu haben, in denen altbackene Möbel stehen. Schenken Sie stattdessen allen Räumen Ihre Aufmerksamkeit.

Das Design eines Raums und die Arbeitsplatzpraktiken sagen unsagbar viel über die Marke und Kultur eines Unternehmens aus. Wenn Sie es gut machen, wird alles – von der Wandfarbe, Einrichtung, dem Design bis hin zur Cafeteria – die Unternehmenskultur zum Ausdruck bringen und die Leistung Ihrer MitarbeiterInnen inspirieren. Ohne einen durchdachten Ansatz spiegelt der Arbeitsplatz dennoch die Unternehmenskultur wider – aber vielleicht nicht die Kultur, die Sie wollen.

4.4.2 Die Geschichte, die ein Unternehmen erzählt, wenn du es betrittst

Sind Architekten die neuen Geschichtenerzähler?

In der heutigen Welt ist effektives Marken-Storytelling so viel mehr als nur ein übergroßes Logo oder eine beleuchtete Beschilderung. War es noch vor zwei Jahrzehnten Usus, dass die Unternehmen die Arbeitsplätze so gestalteten wie alle anderen auch, wird heutzutage Wert darauf gelegt, alles zu nutzen, um die Einzigartigkeit eines Unternehmens hervorzuheben. Gerade deswegen braucht es Grenzgänger, Vordenker und Unternehmen, die keine Angst haben, Emotionen an den Arbeitsplatz zu bringen. Nur so können sie wirklich authentische Erlebnisse schaffen, die die Markentreue und die Verbindung zu ihren Nutzern fördern. Es gilt, die Geschichte eines Unternehmens glaubhaft zu erzählen, sobald jemand seinen Fuß über die Türschwelle setzt.

Wenn Sie ein Unternehmen betreten, erfahren Sie automatisch etwas über dessen Werte und Geschichte. Architekten haben die Fähigkeit, das menschliche Verhalten nicht nur durch die

Gestaltung der Räume zu beeinflussen, sondern auch eine emotionale Verbindung zum Raum zu erschaffen, sodass beim Besucher ein Gefühl der Zugehörigkeit entsteht. Die Gestaltung eines Raums verändert nicht nur die Unternehmenskultur, sondern bietet eine authentische Erfahrung.

Wenn Sie einen Raum betreten, fragen Sie unbewusst immer nach dem Warum. Das Erlebnis einer Unternehmensmarke ist immer im Kontext mit der emotionalen Verbindung zu sehen, die der Kunde zum Unternehmen hat oder spätestens dann aufbaut, sobald er das Unternehmen betritt.

Wenn ein Unternehmen beispielsweise den Wert Nachhaltigkeit transportieren will, kann der Designer oder Architekt kleine Eingriffe vornehmen und etwa die Rezeption überwiegend aus Holz gestalten. Es kann aber auch bis hin zu größeren Interventionen gehen, wie die Integration intelligenter Technologien, bei denen die Mitarbeitenden die Möglichkeit haben, die Raumbedingungen über ihre Bildschirme zu steuern. So können Licht, der Sauerstoffgehalt oder die Temperatur im Raum gemessen und sinnvoll angepasst werden, damit eine optimale und effiziente Nutzung erfolgt. Das Unternehmen könnte dann noch die Mitarbeiter und Mitarbeiterinnen aktiv mit einbinden und motivieren, den eigenen CO_2-Fußabdruck zu messen und gegebenenfalls zu reduzieren. Dadurch werden dann auch die Mitarbeiter und Mitarbeiterinnen selbst Teil der Markengeschichte.

Wenn Sie einen Raum oder ein ganzes Unternehmen gestalten, dann besteht die wichtigste Aufgabe darin, den Endbenutzer zu verstehen. Das Ziel sollte es letztlich immer sein, Räume zu schaffen, die sowohl deren Herz als auch deren Verstand erreichen. Ein großer Teil dieses nutzbringenden Designs schafft Momente und unvergessliche Erlebnisse, die die Menschen auf eine emotionale Reise durch die Marke des Unternehmens führen.

Sie können dazu Beleuchtung, Texturen, Muster und subtile Interventionen als Markenbotschaften verwenden. Es gilt, eine emotionale Verbindung zum Unternehmen herzustellen. Sie können im Aufzug Lautsprecher installieren, aus denen die entsprechende Musik erklingt. Oder Sie arbeiten mit bestimmten Mustern im Boden und Wegweisern. Das Entscheidende dabei ist, dass der Besucher oder der Mitarbeiter jedes Element mit der Erzählung über das Unternehmen verbindet.

Case Study: Puls Vario

PULS Vario, ein in Wien ansässiges Unternehmen, hat das Schweizer Architektur- und Designstudio Evolution Design beauftragt, ihr neues 1000 m² großes Büro zu gestalten. Die Büroräume sollten so konzipiert werden, dass das Team sich auf Innovation und Kreativität fokussieren kann. Damit die Mitarbeitenden sich bestmöglich unterstützt und auch bei der Arbeit wohlfühlen, hat Stefan Camenzind beim Design der Räume vor allem darauf geachtet, dass der Raum den Innovationsprozess unterstützt. Ein wichtiger Teil des gesamten Prozesses war das kontinuierliche Feedback der Mitarbeiter, das bei jedem Bereich abgefragt und integriert wurde.

Dazu wurde ein besonderes Bürokonzept entwickelt, das an dem Prinzip eines Vierkanthofs angelehnt ist. Ein Vierkanthof ist die traditionell quadratische Struktur eines österreichischen Bauernhofs, in deren Mitte ein Innenhof liegt. Die Idee ist, dass die verschiedenen Experten so zusammenarbeiten können, um gemeinsame Ziele zu erreichen. Evolution Design übersetzte dieses Konzept in einen Arbeitsplatz mit vier Hauptzonen – Retreat, Dialog, Share und Create. Diese Zonen unterstützen die jeweiligen Aufgaben in dem Innovationsschritt, den sie widerspiegeln.

Die verschiedenen Schritte im Innovationsprozess als Räume

Bei der ersten Phase, dem Retreat, geht es darum, die Reflexion zu ermöglichen und individuelles Denken und Forschen zu ermöglichen. Die Mitarbeitenden von PULS Vario wählten als Vorbild für diese Zone eine abgelegene Berghütte, die eine Bibliothek mit Sitzmöglichkeiten bis hin zu privaten Rückzugsräumen anbietet (Bild 4.29).

In der zweiten Phase, dem Dialog, lädt ein kreativer Workshopraum mit langen Tischen, Whiteboard-Bereichen und einem Amphitheater dazu ein, erste Ideen durch Diskussionen und Zusammenarbeit weiterzuentwickeln (Bild 4.30).

In der dritten Phase bzw. im Create-Bereich erstellen die Ingenieure Prototypen, die sie dann testen und daraus weitere Produkte entwickeln.

In der letzten Phase, dem Sharing, werden die Ergebnisse des Experimentierens und Testens ausgetauscht und neue Ideen dabei entwickelt. Als Vorbild für diese Zone diente das Wiener Kaffeehaus, bei dem Austausch und Dialog im Mittelpunkt stehen (Bild 4.39).

Das gesamte Büro ist so aufgebaut, dass die vier Phasen kontinuierlich Kreativität ermöglichen. Sind die Ideen bewertet, weiter verfeinert und entstehen daraus neue Ideen, beginnt der Prozess von vorne. Die Bereiche unterstützen das Team bei seiner kontinuierlichen Suche nach Innovation.

Bild 4.29
Die Zirben-Almhütte in der Retreat-Zone bei PULS Vario in Wien.
Foto: Peter Würmli

Bild 4.30
Workshop-Raum
in der Dialog-Zone
bei PULS Vario
in Wien.
Foto: Peter Würmli

Warum dies funktioniert, ist schnell erklärt: Wir sind Menschen, und als solche sehen wir uns nach Zugehörigkeit und wollen unbewusst eine Verbindung zu anderen herstellen. Wenn Sie mit der Geschichte des Unternehmens diese Wünsche und Bedürfnisse erfüllen, stellen Sie zugleich sicher, dass der Kunde oder Mitarbeiter sich verstanden, abgeholt und wohlfühlt.

Case Study: innocent

innocent ist ein Hersteller von Smoothies, der vor allem für seinen lockeren Firmenauftritt bekannt ist. Bei innocent gibt es eine entsprechende Regel: „Du bist besser in deinem Job, wenn du Spaß an der Arbeit hast und im Team ein natürlicher, freundlicher Umgang miteinander herrscht." Und das spürt der Besucher, sobald er das Büro in Salzburg betritt. Von hier aus steuert das Unternehmen seit 2006 seine Aktivitäten für die gesamte DACH-Region und seit 2016 auch für Skandinavien. Von weltweit 500 Mitarbeitern arbeiten ca. 30 im Salzburger Büro. Damit innocent die besten Mitarbeiter finden und halten kann, hat sich das Unternehmen den Spaß bei der Arbeit auf die Fahne geschrieben. Denn wer Spaß bei der Arbeit hat, ist erfolgreicher. Davon zeugen auch der Grasteppich, der im Eingangsbereich zum Barfußlaufen einlädt, oder die Liegestühle auf den kleinen Balkonen, die den Mitarbeitern zur Verfügung stehen. Das bedeutet nicht, dass die Mitarbeiter ihren Job nicht ernst nehmen würden. Im Gegenteil. Sie können aber auch über sich selbst mal lachen.

Die Grundwerte wie „be natural" (sei natürlich), „be entrepreneurial" (tu so, als ob es dein eigenes Unternehmen wäre), „be responsible" (sei verantwortlich), „be commercial" (denke wirtschaftlich) und „be generous" (geht großzügig miteinander um) stehen nicht nur überall an den Wänden, sondern sie sind in jedem Raum erlebbar. Genauso wie die Geschichte und die besonderen Highlights des Unternehmens. Auch diese ziehen sich als „Lebenslinie" durch alle Räume. Die hierarchische Entscheidungsstruktur zeigt sich an der Verteilung der Arbeitsplätze. Und trotzdem fühlt sich das ganze Klima studentisch und familiär an. Das liegt vermutlich auch an der großen Küche, die im Zentrum des Raums liegt und die neben Smoothies für alle (auch für Gäste, die jederzeit willkommen geheißen werden) auch eine riesengroße Tafel beherbergt. Hier wird gemeinsam gegessen, gelacht, diskutiert und auch gefeiert. An der Wand der Küche befinden sich viele Fotos von lustigen, gemeinsamen Momenten, die einfach gute Laune verbreiten. Die Server haben auch einen Platz in der Küche gefunden. Damit sie nicht auffallen, wurden sie in Hütten verwandelt, die sich gut in das Design eingliedern und so gar nicht auffallen. Auch für die Mitarbeiter wurden überall Nachrichten versteckt, damit sie den Raum neu entdecken.

Auf den ersten Blick wirkt der Raum wie eine große Spielwiese. Aber bei genauerer Betrachtung erkennt der Besucher schnell, wie viel harte Arbeit, Ehrgeiz, Mut und Reflexion in diesem Unternehmen stecken. Die Mitarbeiter setzen sich täglich intensiv mit ihren Produkten, Kunden und sich selbst auseinander, um so besser zusammenzuarbeiten und gemeinsam mehr zu erreichen.

Bild 4.31
Meeting-Raum mit Grasteppich bei innocent in Salzburg. Foto: Peter Gerstbach

Bild 4.32
Küche mit Grasteppich und „Wand der Liebe" bei innocent in Salzburg. Foto: innocent.

4.4.3 Neue Arbeit: weniger Hierarchie, mehr Flexibilität

Die traditionelle Struktur in einem Unternehmen sieht meist wie folgt aus
- Vorstand/Direktor
- CEO/Geschäftsführer
- Abteilungsleiter
- Manager
- Mitarbeiter
- usw.

Diese Struktur stammt von Managementexperten wie Peter Drucker, der diese als eine treibende Kraft für das Wirtschaftswachstum angepriesen hat. Aber ist es wirklich das beste Modell? Für einige Unternehmen ist diese Struktur sicherlich hilfreich. Aber dort, wo Innovation und Agilität von großer Bedeutung sind, braucht es andere Strukturen. Eine Studie[15] ergab, dass 70 Prozent der Unternehmen, die innovativ agieren, Strukturen wählen, die aus kleineren und kaum hierarchisch organisierten Modellen bestehen. Und das aus gutem Grund: Die neuen dynamischen Märkte, Digitalisierung und der steigende Wettbewerbsdruck erfordern hohe Flexibilität und schnelles Handeln innerhalb eines Unternehmens. Das zeigt auch eine Studie von StepStone, die 14 000 Fach- und Führungskräfte zu den Organisationsstrukturen in ihren Unternehmen befragt hat.[16] Zwei Drittel der befragten Fachkräfte arbeiten demnach in hierarchisch oder stark hierarchisch organisierten Unternehmen, bei denen in Entscheidungen viele Rollen

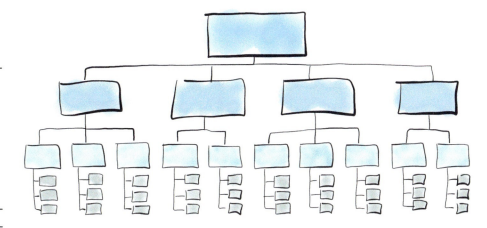

Bild 4.33
Beispiel-Organigramm einer Hierarchie.

---

15 *https://www.emc.com/collateral/analyst-reports/ esg-dellemc-it-transformation-maturity-report.pdf,* abgerufen 20.08.2021

16 *https://www.stepstone.de/Ueber-StepStone/wp-content/ uploads/2018/06/Decoding-Global-Talent-2018_ Deutschland-Zweitbeliebtestes-Arbeitsland_June2018.pdf*

und Ebenen miteinbezogen werden müssen und die endgültige Entscheidung immer von der obersten Führungsebene getroffen wird. Das ist der Tod einer jeden guten Idee, denn diese Reaktionen sind zu langsam und zu demotivierend. Kein Wunder also, dass die Umfrage weiterhin ergab, dass für Innovationen neue Strukturen notwendig seien.

Flachere Hierarchien und Teamarbeit erleichtern Innovationen. Gemeinsame Projekträume statt der klassischen Abteilungen mit Einzelbüros sind nötig. Viele Unternehmen tun sich hier jedoch schwer, weil damit meistens auch ein gefühlter Verlust der Kontrolle und Macht einhergeht.

Eine Aufbauorganisation ist ein hervorragendes Modell für ein lang existierendes Unternehmen, das Produkte oder Dienstleistungen produziert, die sich nur langsam bzw. schrittweise ändern. Das liegt vor allem an der Notwendigkeit einer funktionalen Spezialisierung – wenn ein Unternehmen über eine bestimmte Größe hinauswächst, ist Effizienz das Maß aller Dinge: Während der Manager die Aufgabe definiert, zuweist und deren Ausführung überwacht, arbeitet der Mitarbeitende die Aufgabe effizient ab. Das ist das Genie von Henry Ford: Indem er Aktivitäten unterteilte und Entscheidungen an die Spitze verlagerte, baute er Autos schneller als jeder andere. Dieses Vorgehen funktioniert auch fantastisch, wenn das Unternehmen in einem Markt agiert, der generell mit wenig Unsicherheit zu kämpfen hat. Denn es ist ein praktischer, präziser Prozess, der letztlich hervorragende und vorhersehbare Ergebnisse liefert. Der Grund ist denkbar einfach: Jede Person bekommt in diesem traditionellen Modell eine starre Zuschreibung, die wenig Platz für Abweichungen hat.

Aber was passiert mit Unternehmen, die in einem Markt mit erheblichen Unsicherheiten agieren? Zum Beispiel bei neuen Markteinführungen oder bei regulatorischen Veränderungen? Spätestens dann wird das traditionelle Modell nicht mehr funktionieren.

Um mit der sich wandelnden Natur der heutigen schnelllebigen Zeit und sich ständig neu erfindenden Branchen Schritt zu halten, braucht es also ein neues Modell und neue Strukturen. Dabei geht es nicht nur darum, die Vielfalt der funktionalen Fähigkeiten jedes Mitarbeitendes zu fördern, um auf die sich verändernde Nachfrage reagieren zu können. Sondern es geht darum, ein ganzheitliches Gespür für Kreativität und unabhängiges Denken zu fördern und zu unterstützen.

4.4.3.1 Das neue Modell der Heterarchie

Die Hierarchie wird nach und nach von der Heterarchie abgelöst. Die Heterarchie beschreibt ein System von Elementen, die nebeneinander und gleichwertig und nicht mehr unter- oder übergeordnet existieren. Dieses System unterscheidet sich von einer Hierarchie dadurch, dass die Mitarbeiter und Mitarbeiterinnen über mehrere Dimensionen hinweg agieren und der Fokus auf Selbststeuerung und Selbstbestimmung liegt. Entscheidungen werden dezentral getroffen.

Ein Beispiel: Ein Start-up, das eine neue Software auf den Markt bringt, hat meist nur wenige Mitarbeiter, die alle programmieren können. Trotzdem teilen sich die Menschen auf und so konzentrieren sich manche auf die Produktvision oder Strategie, während andere mit bestehenden oder potenziellen Kunden interagieren usw. Die funktionalen Rollen ändern sich ständig und alle Mitarbeiter sind nicht nur dafür verantwortlich, diese Rollen zu erfüllen, sondern auch zu bestimmen, welche Änderungen vorgenommen werden sollten.

Es gibt also unterschiedliche Anforderungen an dieselben Personen. So kann ein Mitarbeiter oder eine Mitarbeiterin, der/die die Kunden betreut, zum Beispiel auch dafür verantwortlich sein, Feedback an einen anderen weiterzugeben und gleichzeitig mit dem Einkauf über eine Kostenreduktion zu verhandeln. Die Anforderungen an den einzelnen Mitarbeitenden variieren sehr stark und ändern sich ständig. Die Mitarbeiter müssen deshalb auch über die Kreativität verfügen, die es braucht, um ihre Fähigkeiten gezielt einzusetzen.

Das Problem mit diesem Modell besteht darin, dass es langsamer und weniger effizient ist als die bekannte Hierarchie. Außerdem schafft es Konflikte innerhalb der Unternehmen, sobald diese über 50 Mitarbeiter hinauswachsen.

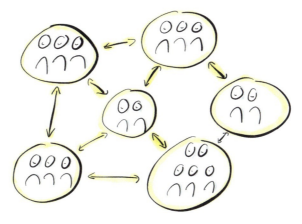

Bild 4.34
Beispiel-Organigramm einer Heterarchie.

Den Mittelweg finden

Die Heterarchie ist also nicht für alle Unternehmen ratsam, genauso wenig wie die Hierarchie die ideale Form für alle Unternehmen ist. In der Realität sollte wohl ein hybrides Modell in Betracht gezogen werden. Denn kleine Unternehmen brauchen im Grunde die Flexibilität der Heterarchie und können dennoch von der Hierarchie profitieren, die sie „einbauen", sobald es an die Skalierung geht. Umgekehrt funktioniert es genauso: Große Unternehmen agieren meist als Hierarchie, erkennen aber die Notwendigkeit, agil und innovativ zu bleiben. Um dieser Notwendigkeit gerecht zu werden, setzen sie oft auf kleinere Teams, die auf amöbenähnliche Weise operieren, sodass sie sich schnell bewegen kön-

Case Study: Liechtenecker

Die Digitalagentur mit Lab für digitale Innovationen liegt etwas versteckt im Hinterhof im 5. Wiener Gemeindebezirk. Ein Lastenlift bringt die Mitarbeitenden und Gäste direkt in die Räume. Was sofort auffällt, ist die freundliche Arbeitsatmosphäre. Das ganze Büro ist offen, nur ein einzelner Workshop-Raum ist mit Glaswänden vom großen Raum abgetrennt.

Neben den Arbeitsplätzen an Schreibtischen gibt es einen Bereich mit einer großen Couch, auf die sich die Mitarbeiter regelmäßig zum Plausch, aber auch zum Arbeiten zurückziehen. Ein wichtiger Fokus liegt auf dem Wohlfühlfaktor. Das spiegelt sich nicht nur im Raum wider, sondern auch im täglichen Miteinander. So kochen die Mitarbeiter jeden Tag gemeinsam und feiern besondere Tage wie Geburtstage oder Projekterfolge.

Die Mitarbeiter konnten das Büro ganz nach ihren individuellen Wünschen und Bedürfnissen gestalten und einrichten – ganz ohne Einmischung des Managements. Das war für die Geschäftsführung nicht einfach, aber das Experiment zahlte sich aus: Die Mitarbeiter haben es geschafft, einen angenehmen Raum mit viel Wohlfühlatmosphäre und Platz für Kreativität zu gestalten.

nen, unabhängig vom Hauptzweck des Unternehmens.

Wenn die Geschwindigkeit des technologischen Fortschritts wächst, werden die Veränderung und die Ungewissheit zunehmen. Das bedeutet für große Unternehmen, dass die etablierten Modelle nicht mehr funktionieren werden. Die Technologie ist generell funktional und wechselt zwischen sich wiederholenden Aufgaben und Flexibilität. Das wiederum führt zu einer wachsenden Nachfrage nach kreativen Menschen, die hoch motiviert und bereit bzw. fähig sind, ständig zu lernen und sich anzupassen.

Bild 4.35
Das offene Büro der Digitalagentur Liechtenecker.
Foto: Liechtenecker

Bild 4.36
Der Workshop-Raum der Digitalagentur Liechtenecker ist mit Glaswänden vom großen Raum abgetrennt.
Foto: Liechtenecker

4.4.4 Räume für flexible Unternehmenskulturen

Die neuen Technologien verändern nicht nur die Anforderungen an die bestehenden Jobprofile, sondern auch an die Räumlichkeiten, die notwendig sind, um das Wissen der Mitarbeiter gut zu vernetzen und einzusetzen. Mitarbeiter und Mitarbeiterinnen fordern qualitativ hochwertigere Arbeitsplätze, um die gewünschten Ergebnisse zu liefern, anstatt nur vor dem Computer sitzend zu denken. Sie brauchen einen Zugang zu den notwendigen Werkzeugen und wollen keinen standardisierten und oft eintönigen Arbeitsbereich.

Fabriken dienten früher als zeitgenössische Arbeitsräume in Form von Büros. Dadurch konnten die Belegungskosten drastisch gesenkt werden. Mit den Veränderungen in der Arbeitswelt des 21. Jahrhunderts ändern sich aber auch die Arbeitsbedingungen: Die Fortschritte in der Computer- und Telekommunikation haben zur Folge, dass Menschen nicht länger in Raum und Zeit zusammenarbeiten müssen. Barrieren zwischen Arbeit und Privatleben brechen zusammen. Arbeiten ist zu jeder Zeit möglich, das soziale Leben findet nicht mehr außerhalb des Jobs statt und selbst Schlafen und Essen ist bei der Arbeit möglich, wenn nötig.

Diese neuen Anforderungen an die Mitarbeitenden haben zur Folge, dass die mobile Arbeit und der nicht-territoriale Arbeitsraum an Bedeutung gewinnen und Unternehmen im Zuge dieser Veränderungen die Arbeitsumgebungen anpassen müssen. Es gilt, den Arbeitsraum als aktive Unterstützung und Werkzeug für die Arbeit zu sehen.

Expertentipp von Wolf Wienecke

Wolf Wienecken ist als Kommunikationsexperte viel unterwegs und bekommt daher Einblick in die unterschiedlichsten Räumlichkeiten und Unternehmenskulturen. Auch er sieht die Zentrale eines Unternehmens als Ort der Begegnung, wo Innovation, Zusammenarbeiten und zwischenmenschlicher Austausch stattfinden sollten. So wird das gesamte Office zum Innovationsraum.

Für Wolf muss ein Raum inspirierend sein und zur Unternehmenskultur passen. Das Design sollte ansprechend, aber nicht zu teuer sein, sodass die Menschen sich trauen, Möbel auch mal zu verrücken und aktiv zu nutzen. Letztlich sollte ein Unternehmen niemals vergessen, dass es immer um den Menschen geht, der das Office nutzt.

4.4.5 Räume von Führungskräften

Entgegen der Tradition ist der Geschäftsführer nicht mehr immer derjenige mit dem größten Büro, einem riesigen Schreibtisch und einer Sekretärin. Stattdessen suchen moderne Führungskräfte Transparenz, eine Verbindung zu ihren Teams und gehen mit gutem Beispiel voran. In vielen erfolgreichen Unternehmen hat die Führungskraft nicht einmal mehr ein eigenes Büro. Menschen arbeiten in „Home-Zonen" und können ihren Laptop zu einem der vielen Arbeitsbereiche oder in eines der Cafés bringen.

Trotzdem benötigen Führungskräfte ebenso wie andere Mitarbeitende eine Balance zwischen privaten Bereichen, Teamarbeitsmöglichkeiten und sozialen Räumen. Räume für Führungskräfte offenbaren oft viel darüber, wie ein Unternehmen von seinen eigenen Mitarbeitern wahrgenommen werden möchte, welche Werte es hat und welche Verhaltensweisen gefördert werden. Diese Bereiche sollten in diesem Sinne sorgfältig geplant werden.

4.4.6 Entwickeln Sie die Räume auch im Hinblick auf Besucher und mobile Mitarbeitende

Arbeitsbereiche sollten nicht nur für Mitarbeiter und Mitarbeiterinnen ausgelegt sein. Mit immer mehr Mitarbeitern, die von verschiedenen Standorten zusammentreffen, um das Büro als „Treffpunkt" zu nutzen, werden Arbeitsbereiche zu Interaktionsbereichen zwischen einer Vielzahl von Kollegen, Auftragnehmern und Freiberuflern und repräsentieren das Unternehmen auch gegenüber externen Gästen. Daher ist es wichtig, dass Räume diese unterschiedlichen Besucher berücksichtigen und deren Mobilität erleichtern – indem der Raum dem entspricht, wer sie sind und wo bzw. wie sie arbeiten wollen. Unternehmen sollten darauf abzielen, Arbeitsplätze zu schaffen, die Menschen dazu ermutigen, agiler und produktiver zu sein und sich bei Bedarf anders zu entwickeln.

Expertentipp von Wolf Wienecke

Während Corona-Zeiten begann für den Kommunikationsprofi Wienecke das fokussierte Arbeiten im Home-Office stattzufinden. Die Zentrale bekam eine neue Aufgabe und wurde zum Raum für Begegnung, Innovation, Zusammenarbeiten und zwischenmenschlichen Austausch. Das führte dazu, dass das gesamte Office zum Innovationsraum wurde und der Bedarf nach flexiblen Gemeinschaftsflächen stieg.

4.4.7 Nutzungsszenarien mit Checklisten

Nachdem ich im vorherigen Kapitel die einzelnen Raumelemente vorgestellt habe, finden Sie in diesem Kapitel Inspiration, wie Sie diese Raumelemente in Ihrem Innovationsraum bestmöglich integrieren können. Ich habe dieses Kapitel nach Nutzungsszenarios eingeteilt.

Ein Nutzungsszenario beschreibt beispielhaft, wie ein Raum (oder auch ein Bereich innerhalb eines Raums) genutzt wird. So nutzen wir selbst den loftartigen Raum in unserem Design Thinking Space auf viele verschiedene Varianten. Jede dieser Varianten ist ein Nutzungsszenario:
- Präsentationsbühne,
- Workshop-Bereich,
- Cafeteria
- etc.

Ein Nutzungsszenario beschreibt also nicht einen einzelnen Raum, sondern nur, wie Sie diesen Raum nutzen. Und damit Ihnen Ihr Innovationsraum die größtmögliche Flexibilität bietet, sollten Sie möglichst viele Nutzungsszenarios abdecken.

4.4.7.1 Empfang

Beginnen wir beim Anfang: Kommen Teilnehmende, egal ob Gäste von extern oder Mitarbeitende aus dem Unternehmen, entsteht der erste Eindruck vom Raum innerhalb der ersten Sekunden nach dem Betreten: „Wo bin ich hier?", „Wo kann ich meinen Mantel ablegen?", „Wo ist die Toilette?", „Wo bekomme ich Kaffee?", „Wo findet mein Workshop statt?" Das sind möglicherweise die Gedanken, die vielen Teilnehmern als Erstes durch den Kopf gehen.

Diese Fragen sollte der Empfangsbereich auch ohne Worte beantworten: Zeigen Sie mit einem Schild, dass die Teilnehmenden hier richtig sind. Platzieren Sie Garderobenhaken in sichtbarer Nähe, befestigen Sie einen Pfeil, wo die Toiletten sind und wo die nächste Kaffeemaschine steht. Idealerweise hat Ihr Eingangsbereich eine Art „Landeplatz", dem die Teilnehmer ganz automatisch folgen, bis sie an seinem Ende auf ihre ersten Fragen eine Antwort haben.

Checkliste für den Empfang:
- Bringen Sie ein Schild mit Logo/Namen des Raums an.
- Dimensionieren Sie die Garderobe passend für die maximale Anzahl der (externen) Besucher.
- Bringen Sie Wegweiser zu den Toiletten an.
- Bringen Sie Wegweiser zu den einzelnen Räumen, insbesondere der Cafeteria an.

4.4.7.2 Cafeteria

Ein guter Kaffee oder Tee sorgt für eine angenehme, gastfreundliche Atmosphäre. Es hat einen guten Grund, warum die besten Gespräche oft jene in der Küche sind. Ein warmes Getränk verbindet und schafft eine Atmosphäre des Vertrauens. Das galt schon als Kind bei Omas Kakao und ist im beruflichen Kontext nicht anders.

Der Cafeteria-Bereich sollte niemals zu klein dimensioniert sein. In den meisten Büros sind die Kaffeeküchen oft die kleinsten und engsten Räume. In einem Innovationsraum geht es aber nicht um Quadratmeteroptimierung, sondern um den Austausch. Die Cafeteria dient dabei als Kommunikationszentrum und sollte deswegen bei der Planung einen zentralen Stellenwert bekommen. Das bedeutet auch, dass der Raum von allen angrenzenden Workshop-Räumen zentral begehbar sein sollte, wie beispielsweise bei Steelcase (Bild 4.37).

Haben Sie nicht genug Platz für eine eigene Cafeteria, können Sie den Bereich auch offen gestalten und mit anderen Nutzungsszenarien kombinieren, wie beispielsweise mit dem Empfang oder auch dem Workshop-Bereich selbst. Diesen Ansatz haben wir in unserem Design Thinking Space in Wien gewählt (Bild 4.38).

Auch in einer Cafeteria eignen sich Stehtische: Sie sind wahre Kommunikationswunder und sorgen, im wörtlichen Sinn, für Gespräche auf Augenhöhe. Personen, die auf Hockern sitzen, sind auf selber Augenhöhe wie Personen, die noch stehen und gerade erst zur Gruppe gestoßen sind.

4.4 Ebene Unternehmen

Bild 4.37 Die Cafeteria bei Steelcase in München. Foto: Steelcase.

Bild 4.38 Die Cafeteria im Design Thinking Space® Wien. Foto: Peter Gerstbach.

Checkliste für die Cafeteria:
- Wählen Sie einen zentralen Raum für die Cafeteria.
- Nutzen Sie Stehtische für einfache Kommunikation.
- Sorgen Sie für hochwertigen Kaffee und Tee.
- Bieten Sie einfachen Zugang zu Getränken und Wasser.

> **Expertentipp von Bastian Gerhard**
>
> Im Idealfall ist die Cafeteria eng verzahnt mit dem Innovationsraum, wenn es nach Bastian Gerhard geht. Denn Kreativität entsteht dort, wo Menschen ungezwungen miteinander in Kontakt treten und sich wohlfühlen. Ein Innovationsraum sollte also so angelegt sein, dass spontane Treffen immer wieder stattfinden und sich dort auch gleich gut ausgetauscht werden kann, indem man sich z. B. an einen Tisch zurückzieht.

Expertentipp von Stefan Camenzind

Stefan Camenzind sagt: „Das Wiener Café (Anmerkung der Autorin: bei PULS Vario in Wien) war ein weiterer wichtiger Hinweis, der sich aus unseren Gesprächen mit dem Team ergab. Da der Austausch und Dialog traditionsgemäß sehr eng mit der Kultur eines Wiener Kaffeehauses verbunden ist, empfanden wir es als eine ideale Ergänzung zur Sharing-Phase des Büros."

Bild 4.39 Das Viennese Cafe bei PULS Vario in Wien. Foto: Peter Würmli

Methode: Empathisches Gespräch

Das empathische Gespräch ist eine der wichtigsten Techniken in der 4x4 Design-Thinking-Methode.[17] Dabei geht es in erster Linie darum, die Gedanken, Gefühle und Motivationen Ihres Gegenübers nachvollziehen zu können. Wenn Sie verstehen, warum jemand auf eine bestimmte Art und Weise handelt, können Sie die dahinterliegenden Bedürfnisse besser erfassen und so Lösungen kreieren, die dann auch wirklich funktionieren.

Bei einem klassischen Interview gehen Sie vorbereitete Fragen strikt nach Schema F mit Ihrem Interviewpartner kurz und knapp durch und schreiben die Antworten mit, ohne diese zu hinterfragen. Dagegen ist ein empathisches Gespräch ein offenes Miteinanderreden. Sie arbeiten nicht mit vorbereiteten Fragen, sondern Sie lassen sich dabei ganz in die Welt des Anderen ein und hören vor allem aufmerksam zu. Bei dieser Art des Gesprächs geht es nicht darum, Zahlen, Daten und Fakten abzufragen. Sie wollen Geschichten und Erlebnisse hören, um zu verstehen, warum Menschen handeln oder was sie wirklich bewegt, interessiert und auch verstört. Durch gezielte „Warum?"-Fragen erfahren Sie die Bedeutung hinter diesen Geschichten.

Ein offenes Gespräch gelingt am besten in einer offenen Umgebung. Nutzen Sie eine Cafeteria oder einen entsprechenden Bereich in Ihrem Innovationsraum, um diese Methode anzuwenden!

---

17 Die Methode finden Sie in mehreren Büchern, beispielsweise in „Design Thinking in IT-Projekten", erschienen im Carl Hanser Verlag.

4.4.7.3 Workshop-Bereich

Der Workshop-Bereich ist der wichtigste Bereich in den meisten Innovationsräumen. Im Workshop-Bereich finden die kreativen Sessions statt, die Innovationen erst ermöglichen. Die meisten Ideen und Konzepte aus diesem Buch spiegeln sich deswegen genau in diesem Bereich wider.

Beachten Sie hier insbesondere die Empfehlungen in den jeweiligen Abschnitten:
- **Grundfläche:** Rechnen Sie mit einem Quadratmeter-Faktor zwischen 3 und 5 pro Teilnehmer. Auf 75 m² haben also 25 Teilnehmer oder auch etwas mehr genug Platz. Sehr langgestreckte Räume sind nicht ideal, besser ist eine quadratische oder leicht rechteckige Form, weil so die Kommunikation durch kurze Wege vereinfacht wird. Es spricht auch nichts gegen eine L-Form, solange die Teile wiederum nicht zu schmal sind: So können gut zwei Gruppenbereiche eingerichtet werden.
- **Licht:** Wenn Sie in Ihrem Unternehmen generell nur einen Raum mit gutem Tageslicht und einer schönen Aussicht haben, dann sollte das der Workshop-Raum sein, denn hier werden sich die Teilnehmer häufig einen ganzen Tag aufhalten. Für künstliches Licht ist hier dimmbares Licht mit einer Tageslichttemperatur ideal, schließlich wird hier intensiv gearbeitet.
- **Decken, Wände und Boden:** Warme und kräftige Farben passen nicht zu Ihrer Firmen-CI? Im Workshop-Raum ist das nicht wichtig. Beweisen Sie Mut zur Farbe und machen Sie die-

Bild 4.40 Workshop-Bereich im Design Thinking Space® Wien. Foto: Peter Gerstbach

sen Raum zu einer Inspirationsquelle für die Workshop- und Meeting-Teilnehmer.
- **Schall:** Erinnern Sie sich an das Diagramm der idealen Nachhallzeit? Jetzt ist es an der Zeit, Ihr Wissen unter Beweis zu stellen. Unser Raum hat 75 m² und eine Deckenhöhe von 3 m. Die ideale Nachhallzeit ist ca. 0,5 bis 0,6 Sekunden. Das bedeutet, dass Sie vermutlich schallabsorbierende Elemente in der Decke einplanen sollten. Bringen Sie Vorhänge oder Teppiche an, um eine angenehme Atmosphäre zu schaffen. Bei stärkerem Nachhall ermüden die Teilnehmer, die im Workshop-Raum ja intensiv kommunizieren, viel schneller.

Methode: Visuelle Assoziation

Bei dieser Methode werden durch Bilder wie Grafiken, Zeichnungen oder Drucke neue Gedanken und Ideen zu einem bestimmten Thema angeregt. Der Austausch von Ideen funktioniert einfacher durch Bilder als durch Sprechen oder Schreiben, denn das menschliche Gehirn verbraucht weniger Energie beim Betrachten eines Bilds als beim Lesen eines Wortes: Visuelle Informationen werden 60 000-mal schneller verarbeitet als Worte, die zuerst verarbeitet werden müssen, um dann in eine Bedeutung verwandelt zu werden.

Die Bilder helfen deshalb dabei, Beziehungen zwischen Objekten zu erkennen, die wir möglicherweise vorher nicht gesehen haben. Auf diese Weise ergeben sich neue Hinweise, Ideen und nicht offensichtliche Lösungen.

Diese Methode wird bereits seit Tausenden von Jahren angewendet. Die wahrscheinlich ältesten Beispiele für visuelles Denken sind die Höhlenmalereien, zu denen sich die Männer versammelt haben, um die gemeinsame Jagd zu organisieren. Das visuelle Denken als Werkzeug hat seinen Ursprung im Jahr 1969 mit der Veröffentlichung des Buchs „Visuelles Denken" von Rudolf Arnheim.

Konkrete Anleitung

1. Zunächst sollten Sie eine Auswahl an verschiedenen Bildkarten erstellen. Nutzen Sie dazu lizenzfreie Bilder (beispielsweise von *https://pixabay.com/* oder *https://unsplash.com/*) oder fotografieren Sie selbst Motive. Achten Sie auf jeden Fall bei der Auswahl der Bilder auf eine gute Durchmischung von verschiedenen Themen von Menschen, Gegenständen, Landschaften.

2. Sie können die visuellen Assoziations-Karten in unterschiedlichen Bereichen auswählen.

    Sie können sie zum Beispiel bei einer Vorstellungsrunde nutzen. In diesem Fall lassen Sie die Teilnehmenden zwei verschiedene Bilder aussuchen: eines, das den anderen eine Vorstellung davon geben soll, wer man ist oder was einem wichtig ist. Und ein zweites, das genau das Gegenteil aussagen soll, also eines, das der eigenen Persönlichkeit vollkommen widerspricht.

    Oder Sie können die visuelle Assoziationsmethode bei der Ideenfindung nutzen. Dazu bitten Sie die Teilnehmenden, sich eine Karte zu der Frage „Welches Bild spiegelt die Idee am besten wider?" aussuchen. Oder Sie legen die Motive aus und bitten die Teilnehmenden laut zu sagen, welche Ideen ihnen beim Anblick eines Motivs in den Sinn kommen. Sie können auch willkürlich eine oder mehrere Bildkarten austeilen und dazu die Frage stellen, was diese Karte zu diesem Thema sagen könnte oder welche neue Perspektive aufgeworfen wird.

    Sie können diese Methode auch dazu nutzen, um Feedback auf bereits entwickelte Ideen zu geben. Dann könnte die Frage dazu lauten: „Welches Bild spiegelt die Idee für mich wider?"

3. Je nach Frage werden dann in der Runde die verschiedenen Assoziationen diskutiert, besprochen und gegebenenfalls neu entstandene Ideen weiterentwickelt.

Methode: Aufstellung in einer Linie

Damit sich TeilnehmerInnen in einem Workshop besser kennenlernen, wird versucht, Gemeinsamkeiten zu finden. Das hilft einerseits, Gesprächsstoff für die Pausen zu sammeln, andererseits beschleunigt es auch das Kennenlernen in großen Gruppen.

So funktioniert die Aufstellung:

Bitten Sie die TeilnehmerInnen, sich in einer Linie im Raum aufzustellen. Damit alle das Prinzip verstehen, beginnen Sie mit einem Beispiel: Bitten Sie die Leute, sich nach Dienstjahren im Unternehmen aufzustellen. Der oder die Dienstälteste/r steht auf einer Seite, der- oder diejenige mit den wenigsten Jahren im Unternehmen steht auf der gegenüberliegenden Seite. Dazwischen sollen sich alle anderen TeilnehmerInnen den Jahren entsprechend einordnen.

Danach können Sie noch weitere Fragen stellen, wie:

- Jahre der Erfahrung mit einer bestimmten Technologie/Methode/Bereich
- Anwendung einer bestimmten Technologie/Methode/Bereich in Wochenstunden
- Dauer der Anreise
- …

Moderation der Aufstellung

Wichtig ist, dass Sie als Moderator das Spiel gut anmoderieren. Denn ist das Startsignal einmal gegeben, werden alle TeilnehmerInnen herumrennen und es wird sehr laut. TeilnehmerInnen, die sich nicht auskennen, stören dann die Geschwindigkeit und den Spaß des Spiels. Sobald jeder an seinem Platz steht, bitten Sie die Teilnehmenden, Ihnen die Antworten zu geben. Dadurch lernen auch alle die Fakten über andere, die nicht in ihrer Nähe stehen.

Methode/Energizer: Hepp-Hepp

Dieser Energizer ist gut geeignet während eines anstrengenden Workshops, um für etwas Auflockerung zu sorgen. Für die Methode benötigt man für alle Teilnehmenden weiche Gegenstände, die sich leicht werfen und fangen lassen – beispielsweise Bälle.

Ablauf:

- Alle Teilnehmenden stellen sich im Kreis auf, jeweils einen Ball in der Hand
- Zuerst wird ein Probedurchlauf geübt: Mit dem Kommando „Hepp", das der Moderator ruft, wird der Ball in einem leichten Bogen zur Person rechts daneben geworfen, die wiederum den Ball auffangen soll. Im Idealfall haben nun alle Personen wieder einen Ball in der Hand (von der Person zur Linken geworfen).
- Mit dem Kommando „Hepp, hepp" wird die Wurfrichtung geändert, also statt rechts wird nach links geworfen.
- Ist der Probelauf gut abgelaufen, wird nun das Tempo des Kommandos angehoben, um so mehr Schwung zu erzeugen.

Die Übung soll Spaß machen und für Bewegung sorgen. Es geht nicht in erster Linie darum, fehlerfrei zu werfen, sondern die Koordination und die Konzentration zu verbessern.

Entwerfen Sie einen Innovationsraum immer so, dass schnell genug Platz für Energizer wie diesen geschaffen werden kann.

Checkliste für den Workshop-Bereich

Für einen Workshop-Bereich gelten andere Regeln bezüglich Anzahl der Stühle und Tische als in einem Meeting-Raum. Machen Sie nicht den Fehler, indem Sie bei einem Raum für 25 Personen genau 25 Stühle und 25 Tische einplanen. Das wäre der erste Schritt zu einem vollkommen überladenen Raum. Achten Sie lieber auf Flexibilität. Für einen Workshop-Raum, in dem 25 Personen gleichzeitig arbeiten, benötigen Sie bei-

Methode: Was wäre, wenn?

Angeblich nutzte bereits Aristoteles die „Was wäre, wenn?"-Technik, um Menschen zu überzeugen. Bei dieser Technik geht es darum, mittels der provokanten Frage „Was wäre, wenn?" den Gedankengängen freien Lauf zu lassen und zu sehen, was dabei herauskommt. So können wir neue Möglichkeiten erkunden und gleichzeitig bestehende Annahmen infrage stellen.

Wichtig bei dieser Technik ist, dass Sie vor allem auf seltsame, lächerliche oder absurde Fragen setzen und sich nicht davon abhalten lassen, dass etwas nicht möglich sein könnte. Es geht darum, durch diese Art der Fragen zu neuen, unerwarteten Lösungen zu finden.

Darüber hinaus wird diese Technik auch als Werkzeug des Szenario-Denkens verwendet. Dabei geht es darum, über die Zukunft nachzudenken und so verschiedene – optimistische und pessimistische – Szenarien zu durchdenken.

Die Technik beginnt mit der Aufforderung, verschiedene Fragen aufzuschreiben, jeweils beginnend mit den Worten „Was wäre, wenn?". Jede Frage soll so gewählt werden, dass sie lächerlich bzw. phantasievoll ist. Danach werden Antworten auf Fragen generiert und so Verbindungen zum bestehenden Problem gefunden. Die Liste der Antworten und Assoziationen wird dann wiederum dazu verwendet, um neue Ideen und Lösungen zu generieren.

Beispiel für „Was wäre, wenn?"-Fragen, die zu radikalen Einsichten und Innovationen führen können, sind:

- Was wäre, wenn dieses Problem vor 100 Jahren aufgetreten wäre?
- Was wäre, wenn Superman vor diesem Problem stünde?
- Was wäre, wenn Sie sich mit Ihrem größten Konkurrenten zusammenschließen würden?
- Was wäre, wenn Ihre besten Mitarbeiter Sie von heute auf morgen einfach verlassen würden?
- Was passiert, wenn ein neues Start-up Ihr Kernprodukt kostenlos verschenkt?

Konkrete Anleitung

1. Bitten Sie jeden Teilnehmer, eine eigene Liste mit kreativen „Was wäre, wenn?"-Fragen zu erstellen. Dieser Schritt sollte nicht länger als drei bis fünf Minuten Zeit dauern.
2. Danach schreibt jeder Teilnehmer jede seiner „Was wäre, wenn?"-Fragen auf eine separate Karte.
3. Sammeln Sie danach alle Karten ein, mischen Sie sie und wählen Sie eine Karte zufällig aus. Lesen Sie dann diese Karte vor und bitten Sie die Teilnehmer, kreative Lösungen zu finden.
4. Versuchen Sie dann gemeinsam, eine Verbindung zwischen dem „Was wäre, wenn?"-Szenario und der bestehenden Situation herzustellen.
5. Suchen Sie dann nach interessanten Einsichten, an denen Sie anschließend weiterarbeiten können.

spielsweise ein flexibles Setting für einen großen Stuhlkreis:
- ca. 25 Sitzgelegenheiten, die sich jedoch auf unterschiedliche Variationen aufteilen können:
  - 10 normale Stühle
  - 10 Stehhocker
  - 5 – 10 Sitzwürfel
- ca. 5 höhenverstellbare Tische für Kleingruppen
- Eine entsprechende Anzahl an Moderationsmöbeln wie z. B.:
  - 2 – 3 Flipcharts auf Rollen
  - 2 – 3 Whiteboards auf Rollen
  - evtl. eine beschreibbare Wand oder Spezialmöbel
  - 1 – 2 Moderationskoffer
- Regale oder Container für weitere Materialien, je nach Ziel des Workshops
- Besondere Technik benötigt dieser Bereich nur, wenn Sie eine Videokonferenz planen. Auch ein Beamer oder Fernseher ist oft sinnvoll. Was aber auf keinen Fall fehlen sollte, ist eine tragbare Musikbox.

4.4.7.4 Präsentationsbühne

Häufig wird ein Raum sowohl als Workshop-Bereich als auch als Präsentationsbühne genutzt. Das ergibt durchaus Sinn, weil in Workshops häufig zwischen Arbeit in Kleingruppen und Präsentation vor dem gesamten Plenum gewechselt wird. Die Anforderungen an eine Präsentationsbühne unterscheiden sich jedoch von denen an einen Workshop-Bereich. Aus diesem Grund beschreibe ich dieses Nutzungsszenario hier extra.

Im Innovationskontext sind vielerlei Themen für Präsentationen vorstellbar:
- Eine Strategiepräsentation, um darauf aufbauend neue Produkte zu konzipieren.
- Eine Marketingpräsentation, um direkt in die Einfühlen-Phase einzusteigen und die eigenen Kunden besser kennenzulernen.
- Und natürlich Präsentationen durch die Teilnehmer eines Workshops, beispielsweise die Ergebnisse einer Strategiefindung oder die Präsentation von Prototypen der besten Ideen. Dabei kann das Spektrum vom Pitch bis zur Einladung zum Feedback reichen.

Je nach Einsatzzweck sieht die ideale Umgebung für eine Präsentationsbühne anders aus:

1. Möchten Sie eine imposante Show für den Pitch der besten Ideen vor dem versammelten Vorstand?
2. Oder möchten Sie eine Diskussion über einen Prototyp auf Augenhöhe mit der Chance auf echte Lernerfahrungen?

Für Variante 2, die ich als Design Thinker persönlich bevorzuge, könnte eine Checkliste wie folgt aussehen:

Checkliste für den Präsentationsbereich:

- **Grundfläche:** Auch hier ist ein quadratischer Raum ideal. Ein langgezogener Raum bevorzugt einseitige Kommunikation von den Vortragenden zu den Zuhörern, aber erschwert die Kommunikation in die andere Richtung. Eine spezielle Lösung wäre ein Forum, gebaut wie ein griechisches Amphitheater mit ansteigenden Reihen.
- **Schall:** Etwas mehr Nachhall als im Workshop-Raum ist bei diesem Setting sogar wünschenswert, dadurch benötigen Sie selbst bei mittelgroßen Räumen noch kein Mikrofon.
- **Sitzgelegenheiten**, die sich auch hier auf unterschiedliche Varianten aufteilen können, beispielsweise:
  - Sitzwürfel für die vorderen oder seitlichen Reihen (die Wand kann hier als Rückenlehne genutzt werden)
  - Normale Stühle
  - Stehhocker für die hinteren Reihen
  - Im Falle eines Theaters könnten die ansteigenden Reihen als Treppen und gleichzeitig als Sitzmöglichkeiten genutzt werden.
- **Tische:** nur wenige und nur dann, wenn sie nicht im Weg sind
- **Moderationsmöbel:** Diese sind hier nebensächlich, evtl. Flipchart oder Ähnliches.
- **Technik:** Je nach Lichtsituation ein guter Beamer, Lautsprecher und evtl. ein Mikrofon ab 40 oder mehr Teilnehmern.

Case Study: REHAU UNLIMITED X

Große Konzerne bieten gute Voraussetzungen für Produktinnovationen. Die weite Prozesslandschaft, die in der Regel in großen Unternehmen vorherrscht, kostet aber vor allem viel Zeit. Die Digitalisierung verlangt dagegen schnelles, agiles Arbeiten, kurze Entscheidungswege und bahnbrechende Ideen. Um mit diesen Anforderungen mithalten zu können, rufen viele Big Player derzeit Innovation Labs ins Leben, die losgelöst vom Tagesgeschäft wie ein Start-up arbeiten. Sie vereinen das Beste aus zwei Welten: das Know-how und die Services der Muttergesellschaft mit der Schnelligkeit und Agilität eines Start-ups. Durch neue digitale Produkte und innovative Geschäftsmodelle tragen sie zum Erfolg der Unternehmen bei.

Als Familienunternehmen ist REHAU in den Bereichen Bau, Automotive und Industrie weltweit tätig. Das Innovation Lab UNLIMITED X besinnt sich zurück auf den Unternehmergeist der REHAU-Gründer und treibt radikale Innovationen voran – von der Idee bis zur Pilotierung im Markt. Im Innovationslabor werden Ideen für neue digitale Produkte und Geschäftsideen getestet und vorangetrieben. Innovation bedeutet für REHAU vor allem Teamarbeit, die mit hochmotivierten Mitarbeitern funktioniert. Dr. Stefan Thomas, Managing Director UNLIMITED X, hat uns durch den Innovationsraum von REHAU geführt. „Bei UNLIMITED X ist Teamwork ein entscheidender Faktor: Gemeinsam tüfteln wir an neuen Ideen und diskutieren über digitale Innovationen."

Das heterogene Team besteht aus einem Mix aus Ingenieuren, Betriebswirten, Informatikern und weiteren Disziplinen. All diese Disziplinen haben unterschiedliche Arbeitsweisen und brauchen einen Ort, an dem sie gemeinsam an den Ideen arbeiten können.

Dr. Thomas hat lange nach einem geeigneten Standort für das Innovationslab gesucht. Letztendlich hat er sich für München entschieden, denn in München sieht er eine sehr aktive und gut vernetzte Technologie-Startup-Szene. Ebenso fällt die Anbindung an wichtige Standorte des Mutterunternehmens von hier aus deutlich leichter. Das Umfeld gilt als besonders ideenreich und kreativ, aber auch als bodenständig und unternehmerisch. Angesiedelt im Dachgeschoss bietet der große Raum einen Panoramablick über München. Das inspiriert, vor allem diejenigen, die auf der kleinen „Bühne" stehen, die zum Pitchen, Präsentieren und Diskutieren dient (siehe Bild 4.41).

Beim Betreten des Raums werden wir von einer Art Show-Case begrüßt, in welchem aktuelle Innovationen vorgestellt werden. Auffallend sind die knalligen Farben, die uns entgegenleuchten. Nachdem es bei UNLIMITED X keine festen Arbeitsplätze gibt, sondern jeder Mitarbeiter den Platz frei wählen kann, gibt es einen Kasten, wo die persönlichen Gegenstände abgelegt werden können (Bild 4.43). Die anschließende Küche ist klein, aber gemütlich. Hier wird gemeinsam gekocht und gefeiert. Danach folgt erwähnte Bühne, auf der vor allem das gemütliche Vintage-Sofa ins Auge sticht.
Dr. Thomas hat dieses günstig von einem Antiquitätenhändler erstanden – es erinnert an die Anfänge von REHAU und diese Erinnerung wird bewusst getriggert: Generell spiegelt sich durch alte Bilder und Gegenstände – wie die große Werkbank in der Mitte des Raums – die Kultur von REHAU wider.

Bild 4.41 Präsentationsbühne bei REHAU. Foto: REHAU

4.4.7.5 Meetingboxen

Im Workshop- und Präsentationsbereich arbeitet üblicherweise eine größere Gruppe von Menschen gemeinsam an einem Thema. Wenn jedoch Kleingruppen ungestört arbeiten möchten oder der ganze Bereich zur gleichen Zeit von unterschiedlichen Gruppen genutzt wird, dann sind einzelne Meetingräume die bessere Wahl.

Solche Meetingboxen innerhalb des größeren Bereichs können vielfältig genutzt werden:
- Arbeit in Kleingruppen,
- Arbeit unterschiedlicher Projektgruppen,
- Videokonferenzen oder auch
- Gespräche, die Vertraulichkeit erfordern.

Checkliste für Meetingboxen

Auch wenn Meetingboxen am ehesten noch dem klassischen Meetingraum gleichen, sollten Sie auch hier möglichst flexibel bleiben. Wenn Sie den benötigten Platz für mehrere Meetingboxen haben, bieten Sie Ihren Mitarbeitern unterschiedliche Varianten an:
- Ein klassischer Meetingraum
  - Tisch und Stühle in der Mitte
  - Bildschirm/Beamer an der Stirnseite
  - evtl. Platz für ein Whiteboard oder Flipchart
- Ein Raum für Videokonferenzen
  - Videokamera, Lautsprecher und Mikrofone, die genau auf die Größe des Raums ausgerichtet und in Sekunden einsatzbereit sind
- Ein Raum für Ideen
  - Stehtische mit Hockern, aber kein zentraler Tisch, der die Kommunikation nur behindern würde
  - Beschreibbare Wände oder Whiteboards
- Ein Raum für informelle Gespräche
  - Mit unterschiedlichen Stühlen, Sesseln und Sofas
  - Starke Schallabsorbierung durch Teppiche und Vorhänge
  - Farbenfrohe Gestaltung durch Möbel und Wände
- Ein Kleinst-Raum zum Telefonieren (siehe Bild 4.42)
  - Platz für eine oder zwei Personen im Stehen
  - Ablage für ein Notebook
  - Schallabsorbierende Wände
  - Schalldichte Türen mit Gummidichtungen
- Ein Raum zur Entspannung
  - Bewusst ganz ohne Arbeitsutensilien, aber Raum zum Denken und Entspannen
  - Gemütliche Einrichtung wie in einem Wohnzimmer

Bild 4.42
Phone Booths bei Schaeffler
in Herzogenaurach.
Foto: Peter Würmli

- Bücherregale
- Pflanzen

4.4.7.6 Arbeitsplatz (Co-Working, einzelne Plätze, fix und flexibel)

Die bisher beschriebenen Nutzungsszenarien lassen sich einwandfrei mit Arbeitsplätzen kombinieren. Im Grunde kann ein ganzes Unternehmen wie hier beschrieben aufgebaut sein. In einigen Jahren werden hoffentlich die hier dargestellten Nutzungsszenarien ganz normaler Unternehmensalltag sein. Dann darf aber auch das Thema „Arbeitsplatz" nicht fehlen.

In einem Innovationsraum können Arbeitsplätze ganz einfach integriert werden. Das hat mehrere Vorteile:

Die Arbeitsplätze können von externen Gästen genutzt werden, die somit auch einfachen Zugriff auf die Ressourcen des Areals haben.

Die Arbeitsplätze können von Mitarbeitern und Mitarbeiterinnen genutzt werden, die beispielsweise projektweise intensiver zusammenarbeiten.

Auf der anderen Seite machen gerade Arbeitsplätze den gesamten Innovationsraum lebendiger.

Insbesondere am Anfang, wenn die Räume möglicherweise noch nicht so intensiv genutzt werden, vermitteln genutzte Arbeitsplätze eine Betriebsamkeit, die auch für die angrenzenden Workshops ansteckend wirkt.

Methode: Erzwungene Limitation

Einschränkungen sind das Letzte, was sich Menschen bei einem kreativen Projekt wünschen. Aber tatsächlich sind genau diese von großem Vorteil, wenn es darum geht, gute Arbeit zu leisten und neue Ideen zu entwickeln. Denn je mehr Freiheit Sie haben, desto gelähmter werden Sie von den unzähligen Möglichkeiten, die sich dadurch eröffnen. Einschränkungen bewirken eine Vielzahl von Auswahlmöglichkeiten. Wir müssen dann erst Entscheidungen treffen, um loslegen zu können – statt gleich mit ganzer Energie durchzustarten.

Ein Beispiel: Ihr Leben in sechs Wörtern

Apropos Schreibbeschränkungen für sechs Wörter: Hier ist ein unterhaltsames Projekt, das auf derselben Methode basiert. Das Buch „Not Quite What I Was Planning" war eine Sammlung von Memoiren berühmter und weniger berühmter Schriftsteller in genau sechs Worten. Es klingt schwierig, sein Leben in nur sechs Worten zusammenzufassen, aber stellen Sie sich dann vor, Sie schreiben ein ganzes Buch über Ihr Leben – plötzlich scheinen sechs Wörter nicht mehr so entmutigend zu sein, oder?

Ein paar Ideen für gezwungene Limitationen im Einsatz

Wie können Sie die Kraft der Einschränkungen in Ihrer eigenen Arbeit nutzen?

Die Pomodoro-Technik: Stellen Sie sich einen Timer

Wenn Sie bei einem Projekt zum Beispiel gar nicht wissen, wo Sie anfangen sollen, dann stellen Sie sich einen Timer für 30 Minuten und zwingen Sie sich, einfach zu beginnen. Danach machen Sie fünf Minuten Pause, dann arbeiten Sie wieder für 30 Minuten. Bei der Arbeit in Intervallen, die durch kurze Pausen voneinander getrennt wird, hilft die Fokussierung, geistig flexibel zu bleiben.

Machen Sie die Ziele bewusst klein

Je größer ein Ziel erscheint, desto mehr belasten wir uns mit der Aufgabe, es erreichen zu wollen. Wenn Sie bewusst das Ziel verkleinern (also eine Einschränkung treffen, beispielsweise in dem Sinne, dass das Ziel innerhalb eines gewissen Zeitraums erreicht werden muss), können Sie sich besser fokussieren und werden so schneller Ihr Gesamtziel erreichen.

Begrenzen Sie Ihr Team

Kennen Sie die Zwei-Pizzen-Regel von Jeff Bezos, dem ehemaligen CEO von Amazon? Wenn ein Team nicht von zwei Pizzen satt wird, ist das Team zu groß. Der Gedanke dahinter lautet: Je mehr Personen an einem Projekt arbeiten, desto komplizierter und unproduktiver wird die Arbeit.

Bild 4.43 Bei REHAU UNLIMITED X sind die Arbeitsplätze im Workshop-Bereich integriert. Foto: REHAU.

 Methode: Abteilungstausch

Die Mitarbeiter tauschen untereinander für einen Tag oder eine Woche die Rollen, Aufgaben und Fachgebiete. Das Ziel ist, dass sie sich aktiv in die Lage der jeweils anderen Person versetzen. Dadurch können sie die andere Sichtweise kennenlernen und Probleme bzw. Herausforderungen der jeweils anderen Abteilung besser verstehen und neu bewerten.

Vorteile:

- Ermöglicht die Ermittlung von Expertenwissen innerhalb eines Unternehmens.
- Informationen können als Entwicklungspotenzial genutzt werden.

Checkliste für Arbeitsplätze

Arbeitsplätze müssen natürlich den gesetzlichen Anforderungen an Arbeitsplätze genügen. Darüber hinaus sind folgende Elemente besonders wichtig:

- **Licht:** Während bei Gruppenräumen höhere Lichtquellen praktischer und flexibler sind, ist es vorteilhaft, die Arbeitsplätze zusätzlich mit kleineren Lichtquellen auszustatten.
- **Schall:** Insbesondere Arbeitsplätze, die im selben Raum wie Workshop-Bereiche angesiedelt sind, müssen akustisch abgeschirmt werden. Das kann beispielsweise durch dämpfende Raumteiler, Teppiche oder auch abgehängte Deckenelemente erreicht werden.
- **Möbel:** Auch die Tische der Arbeitsplätze sollten höhenverstellbar sein. Hier empfehlen sich elektrische Varianten, die den Schreibtisch samt Computer und Unterlagen problemlos verstellen.

4.4.7.7 Frischluftbereich

Wenn Sie Design Thinking als Methode einsetzen, werden die Teilnehmer Ihrer Workshops genug Bewegung bekommen: Aufwärmspiele, Interaktion, Zeichnen, Stehtische – all das stärkt die Muskulatur und fördert die Gesundheit. Fehlt also nur noch die frische Luft.

Ich empfehle für jeden Workshop-Raum einen Frischluftbereich einzuplanen. Dieser ist natürlich von den baulichen Gegebenheiten abhängig: Balkon, Terrasse, Dachterrasse oder Atrium. Wenn sich der Ausgang zum Frischluftbereich direkt neben dem Workshop-Bereich befindet, werden die meisten Teilnehmer diese Außenzone ganz automatisch aufsuchen. Wenn er sich ein paar Gänge weiter entfernt befindet, können Sie als Workshop-Moderator zum Beginn der nächsten Session ein kurzes Warm-up, wie beispielsweise „Der letzte Samurai"[18] im Frischluftbereich durchführen.

In unserem Design Thinking Space haben wir als eine besondere Attraktion einen Eiswagen installiert (Bild 4.44). Im Sommer gibt es dort Speiseeis und im Winter wird er im Innenraum als Candy-Bar genutzt:

---

18 Siehe Gerstbach, 77 Tools für Design Thinker. GABAL, 2017, Seite 250

Bild 4.44
Der Eiswagen im Atrium des Design Thinking Space® Wien. Foto: Peter Gerstbach.

Checkliste für den Frischluftbereich
Bei gutem Wetter kann der Frischluftbereich gleich als Arbeitsbereich genutzt werden:
- **Lage:** Sorgen Sie für Nähe zum Workshop-Bereich.
- **Stehtische:** Gerade für einen Pausenraum sind wetterfeste Stehtische eine gute Option.
- **Sitzmöbel:** gemütliche Sitzmöbel wie eine Gartenbank.
- Ein **wetterfestes Whiteboard** kann direkt an einer Wand angebracht werden.
- **Flipcharts oder Whiteboards auf Rollen** können auch problemlos vom Workshop-Bereich in den Außenbereich transportiert werden.
- Vor allem in der dunklen Jahreszeit hat ein stimmiges Lichtkonzept im Frischluftbereich eine positive Wirkung auf den Workshop-Bereich. Selbst, wenn die Räume nur durch Glastüren getrennt sind.

4.4.7.8 Bibliothek

„Ein Raum ohne Bücher ist wie ein Körper ohne Seele." Dieses Zitat wird Cicero zugeschrieben. Gilt dies auch, wenn Bücher fast nur noch digital auf Tablets und Smartphones gelesen werden?

In Ihrem Innovationsraum brauchen Sie sich diese Gedanken aber nicht zu machen, denn hier, wo mit den Händen gearbeitet, gezeichnet und gedacht wird, sind die guten alten Bücher in Druckform perfekt aufgehoben.

Statten Sie Ihre Bibliothek mit den wichtigsten Büchern aus, die für die Zukunft Ihres Unternehmens von Bedeutung sind: Branchentrends, Zukunftstechnologien, Strategieentwicklung sollten darin nicht fehlen. Und natürlich gute Bücher über Design Thinking und Innovation!

Checkliste für die Bibliothek

Sie können Ihre Bibliothek schnell und unkompliziert in bestehende Räume integrieren:
- **Lage:** Empfang, in Gängen oder auch im Workshop-Raum.
- **Schall:** Bücher, insbesondere, wenn die einzelnen Buchrücken nicht ganz regelmäßig sind, haben eine gute schallabsorbierende Wirkung, die Sie gezielt einsetzen können.

Ein eigener Raum für Ihre Bibliothek ist ebenso denkbar. Beachten Sie dabei folgende Elemente:
- **Licht:** Eine Bibliothek sollten Sie mit warmem und weichem Licht ausleuchten, das erzeugt die passende Stimmung und macht den Raum zu einem idealen Rückzugsort, um zu lesen und zu lernen.
- **Sitzmöbel:** Hier darf der klassische Ohrensessel nicht fehlen.
- **Schall:** Wie oben beschrieben sind unregelmäßige Buchrücken schallabsorbierend. Eine Bibliothek ist somit häufig der Raum mit dem geringsten Nachhall und eignet sich so sehr gut für qualitativ hochwertige Ton- und Videoaufnahmen.
- **Moderationsmöbel:** Sperrige Moderationsmöbel sind in der Bibliothek evtl. zu viel des Guten. Aber wie wäre es mit Klemmbrettern aus Holz für Notizen und plötzliche Geistesblitze?

Bild 4.45

Die Bibliothek im Merck Innovation Center in Darmstadt. Foto: Merck.

4.4.7.9 Prototyping-Raum und Lager

Ein wichtiger Aspekt im Design Thinking und bei den meisten Innovationsmethoden ist das Sichtbarmachen von Ideen. Gedanken sind flüchtig und deswegen sind lange Meetings, bei denen viel geredet wird, eines der größten Hindernisse für Innovationen.

Bild 4.46
MakerSpace im Merck Innovation Center in Darmstadt. Foto: Merck.

Die Phase 4 im Design-Thinking-Prozess (siehe Abschnitt 2.2.1) beinhaltet das Erstellen und Testen von Prototypen. Neben Skizzen auf Papier und kurzen Videos mit dem Smartphone sind besonders anfassbare Prototypen aus Papier, Pappe und sonstigen Materialien wichtig.

Planen Sie bei der Gestaltung Ihres Raums viel Platz für diese Utensilien ein und füllen Sie Ihren Prototyping- bzw. Lagerraum großzügig mit unterschiedlichsten Materialien.

Checkliste für den Prototyping-Raum oder das Lager:
- **Grundfläche:** Der kleinste Raum ist möglicherweise gerade groß genug für Ihr Lager. Beachten Sie, dass Sie in einem typischen Design-Thinking-Workshop ein Vielfaches an Material benötigen als im normalen Büroalltag. Möchten Sie den Raum nicht nur als Lager, sondern auch als Werkstatt nutzen, benötigen Sie natürlich mehr Platz.
- **Licht:** Der einzige Raum, in dem Licht nicht so eine große Rolle spielt, ist das Lager. Wenn Sie den Raum jedoch auch zum Arbeiten nutzen möchten, ist eine gute Arbeitsbeleuchtung sinnvoll.

- **Möbel:** Wenn Sie den Raum als Werkstatt nutzen, lädt ein stabiler Werktisch, der auch mal einen Kratzer verträgt, zum Arbeiten ein.
- **Technik:** Hier ist der perfekte Platz für 3D-Drucker, Laser-Cutter & Co.

Womit sollten Sie Ihren Prototyping-Raum befüllen? Hier ist eine Liste, um gleich loszulegen:

- **Bürobedarf:**
  - Papier (in A4- und A5-Format)
  - Haftnotizen in verschiedenen Größen, vom kleinsten Lesezeichen bis zum A5-Format
  - Antistatische Haftnotizen in verschiedenen Größen
  - Moderationskarten
  - Permanent-Marker, Flipchart-Marker, Whiteboard-Marker, Glas-Marker (je nach Möbel) und jeweils in verschiedenen Farben
  - Kugelschreiber und Kalligraphie-Stifte
  - Malerkrepp und Klebeband
  - Magnete
  - Pinnnadeln
  - Klebstoff
- **Büroutensilien**
  - Schere
  - Lineal und Maßband
  - Heftmaschine
  - Locher
  - Lochzange
  - Klebepistole
- **Prototyping-Material**
  - Zeitschriften zum Ausschneiden
  - Knetmasse
  - Filz
  - Papierrollen
  - Pappe
  - Bänder
  - Sticker
  - Faden und Garn
  - Pfeifenreiniger
  - Textilien
  - Bausteine
  - Spielfiguren
  - Kabelbinder
  - Schaumstoffplatten
  - Styroporkugeln
- **Moderationstools**
  - Timer mit Alarmfunktion
- **Signalgeräte zum Beenden von Pausen**

Case Study: Kai Uwe Eckmann, werner works

Der Architekt Karim El-Ishmawi hat gemeinsam mit dem Unternehmen werner works eine neue Produktlinie kreiert, die den Schrankinnenraum neu gestaltet. Das Produkt „parkour" ist eine Schrankkoje, die einerseits Platz für konzentriertes Arbeiten bietet, aber auch als Lounge zum Ausspannen oder als spontane Meetingzone verwendet werden kann. Parkour kann sowohl als Raumteiler als auch als Arbeitsinsel oder Wandskulptur eingesetzt werden.

Methode: Friedhof der Ideen

Ein „Friedhof der Ideen" kann ein Regal, ein durchsichtiger Kübel oder ein anderes Möbelstück sein, auf dem Ideen präsentiert werden, die es nicht in die Realisierung geschafft haben. Das können verworfene Skizzen auf Papier sein oder auch physische Prototypen.

Die öffentliche Zurschaustellung dieser „gestorbenen Ideen" soll daran erinnern, dass Fehlschläge auf dem Weg zu echten Innovationen dazugehören und dass es keinen Grund gibt, diese Fehlschläge zu verbergen. Im Gegenteil: Der Friedhof der Ideen ist ein Ort, der manches Mal sogar schon zu einer unerwarteten „Wiederauferstehung" einer alten Idee geführt hat.

Ein Prototyping-Raum kann ein guter Ort für den „Friedhof der Ideen" sein.

4.4.7.10 Verschiedene Zonen

Studien aus Amerika zeigen, dass bereits 75 Prozent der Besprechungsräume für vier Personen oder weniger ausgelegt sind. Angesichts des anhaltenden Bedarfs an größeren Räumen ist die Möglichkeit, Räume oder Freiflächen zu verbinden, ein weiterer wachsender Trend.

Auch Hierarchien sterben immer weiter aus. Die Funktion hat die Berufsbezeichnung auch in Sachen Platzzuteilung übernommen. Arbeitnehmer werden mehr in Zonen als in Berufsgruppen zusammengefasst. Das Ziel ist es, eine Verlagerung von „meinem Raum" hin zu „unserem Raum" zu fördern. Dadurch wird ein Gefühl der Zugehörigkeit geschaffen. Jede Zone kann durch einzigartige Möbel, besondere Lichtverhältnisse und Farben gekennzeichnet werden und so eine eigene visuelle Identität bekommen.

Mehrzweckzone

Mehrzweckzonen sind Räume, die für verschiedene Gelegenheiten genutzt werden können. Zum Beispiel Konferenzräume, Projekträume, Gruppenräume oder auch flexible Arbeitsplätze. Eine spezielle Form der Mehrzweckzone ist der Huddle-Raum. Ein Huddle-Raum ist ein kleiner

Raum für spontane Besprechungen. Der Begriff kommt aus dem American Football, wo die Spielzüge und Strategien in den Teams besprochen werden.

Lounge
Mit Lounges werden komfortable Räume bezeichnet, die vor allem eine entspannte Zusammenarbeit fördern. Sie gelten als eine Art soziales Zentrum und werden oft für wichtige Besprechungen und Vier-Augen-Gespräche genutzt.

Persönliche Arbeitsbereiche
Dadurch, dass es immer mehr größere Gruppenräume gibt, die die Zusammenarbeit fördern sollen, gibt es auch immer weniger persönliche Arbeitsbereiche. Trotzdem braucht es auch ruhige Zonen, in die man sich zurückziehen kann, um ungestört und ohne Unterbrechung zu arbeiten. In diesen Bereichen werden spontane Gespräche vermieden.

4.5 Ausblick/Ebene Stadt-Land-Nation-Welt

Was macht eine Stadt zu einem großartigen Lebensort?
Unser Gehirn wird ständig auf subtile Weise von unserer physischen Umgebung „informiert": Architektur, Städteplanung, Landschaftsgestaltung um uns herum geben uns Hinweise, was von uns in einer bestimmten Umgebung erwartet wird, aber auch wie wir in der Gesellschaft miteinander umgehen sollen. In einer Umgebung, in der sich beispielsweise ein Mann wohlfühlt, weil Familie und Freunde ihn umgeben, wird er sich anders verhalten als in einer dunklen Seitengasse, in der jeder Schritt laut widerhallt. Umweltsignale lösen eine sofortige Reaktion im menschlichen Gehirn aus.

Wenn wir über Städte sprechen, tauschen wir uns normalerweise darüber aus, wie verschiedene Orte aussehen und wie es sich anfühlt, dort zu sein. Die Umgebung, in der wir uns bewegen, vermag aber noch viel mehr: Sie beeinflusst unser Denken und unser Verhalten. Wir halten

Menschen für vertrauensvoller und großzügiger, wenn sie in einer schönen, gepflegten Gegend wohnen. Jede Stadt, sogar jedes Stadtviertel, vermittelt eine soziale Kultur, die die Normen und Werte der dort lebenden Menschen repräsentiert.

Die verschiedenen Wissenschaften versuchen bereits seit einiger Zeit, diese Zusammenhänge zu erklären. Die Psychologen haben beispielsweise die Theorie aufgestellt, dass wir Umweltbedingungen als Metaphern erleben. Menschen werden zum Beispiel von einer ständigen Angst vor dem Tod getrieben. Die Terror-Management-Theorie meint, dass wir deswegen rissige Bürgersteige meiden, weil sie uns unbewusst davon abhalten, mit den Menschen, die dort leben, in Kontakt zu treten.

Wenn wir uns nun in einer Stadt oder in einem Raum bewegen, springt der Hippocampus sofort an. Der Hippocampus reagiert nicht nur auf visuelle Signale, sondern auf alle unsere Sinne, einschließlich des Geruchs. Er zieht dann sogleich Vergleiche zwischen dem, was Sie gerade sehen, und Ihren früheren Erinnerungen. Auf diese Weise erstellt er eine mentale Landkarte und sendet Angst- und Belohnungsimpulse an den Hypothalamus aus, der wiederum eine hormonelle Reaktion auf diese Signale auslöst. Orte, die dunkel oder unbekannt wirken, bewirken die Freisetzung von Adrenalin und Cortisol – die Hormone, die direkt mit Angst und Furcht verbunden sind. Orte, die Sie gut kennen oder wo Sie sich schnell zurechtfinden, führen auf der anderen Seite durch den Ausstoß des Wohlfühlhormons Oxytocin dazu, dass das zwischenmenschliche Vertrauen belohnt und gefördert wird.

Der Anblick von Müll, Graffiti und Verfall führt vor allem bei älteren Menschen zu einem Gefühl der Entfremdung und Depression. Soweit muss es aber erst gar nicht kommen – es reichen schon weiße bzw. leere Fassaden, um Menschen abzuschrecken. Das haben Studien des Architekten Jan Gehl gezeigt. Er hat festgestellt, dass Menschen an einheitlichen Fassaden mit wenig Türen oder anderen Öffnungen möglichst schnell vorbeigehen. Hat eine Straße jedoch unterschiedliche Fassaden, viele Türen und Fenster, gehen die Menschen deutlich langsamer und machen öfter Pause. Auch altern Menschen in solch abwechslungsreich gestalteten Gegenden langsamer als anderswo. Der Grund dafür dürfte darin liegen, dass die einheitlich wirkende Architektur eine große Gehentfernung simuliert, die wiederum dazu führt, dass sich die Menschen schwächer fühlen, langsamer bewegen und weniger soziale Kontakte knüpfen.

Unser Hirn ist also so geschaffen, dass es sich automatisch der Umgebung anpasst, in der wir uns gerade aufhalten. Emotionen und Wahrnehmungen verbinden sich und schaffen so ein Erlebnis. So finden wir uns in kleinen, überschaubaren Städten schneller zurecht als anderswo. Wenn Sie dann noch den Geruch von Kuchen oder Kaffee wahrnehmen, stellt sich fast sofort ein Gefühl von Sicherheit und Ruhe ein.

Dieses Wissen ist gerade für Städteplaner von besonderer Bedeutung, denn die Umgebung, die sie erschaffen, führt nicht nur dazu, dass die Menschen sich dort wohlfühlen und Vertrauen und Empathie aufbauen, sondern dass sie einander auch gut behandeln.

In einigen Städten erlässt die Regierung deshalb entsprechende Gesetze. So müssen zum Beispiel in Amsterdam Häuser, die eine Breite von mehr als 15 Metern aufweisen, durch mindestens zwei nicht für Wohnzwecke bestimmte Geschäfte und transparente Fassaden getrennt werden. Denn die Regierung in Amsterdam hat erkannt, dass die Geschäfte die Seele einer Nachbarschaft sind. Hier treffen sich die Menschen und tauschen sich aus. Wir beschweren uns im Allgemeinen gerne über andere, aber in Wahrheit gibt es für uns Menschen nichts Schlimmeres, als wenn wir soziale Leere erfahren. Wir brauchen Familie und Freunde, um psychisch und physisch gesund zu sein. Je mehr wir mit anderen verbunden sind, desto besser schlafen wir und desto weniger wahrscheinlich erleiden wir Herzinfarkte, Krebs und Depressionen.

Die meisten Städte haben allerdings das Leben und die Umgebung nicht an die Bewohner angepasst, sondern um Autos und Verkehr herum organisiert. Dadurch werden den Stadtbewohnern aber die Freuden einer Stadt verweigert: Spazierengehen durch die Straßen, das Sitzen in einem Café auf einem offenen, belebten Platz, das Spielen von Kindern vor dem Haus – all das musste dem Platz (und auch der Geschwindigkeit) für Autos weichen.

Nun ergab eine schwedische Studie, dass Menschen, die in Stadtvierteln außerhalb eines Stadtzentrums leben, wo fast ausnahmslos das Auto als Fortbewegungsmittel genutzt wird, anderen Menschen viel weniger vertrauen als Menschen, die in Stadtvierteln leben, in denen der Wohnraum mit Geschäften und Arbeitsplätzen vermischt ist und dadurch das Auto öfter stehen gelassen wird.

Autofahren hat gewiss viele Vorteile, es geht aber auch mit einem Stresshormoncocktail einher: Je mehr Verkehr in Städten herrscht, desto mehr Adrenalin und Cortisol wird im Körper produziert. Das bewirkt, dass der Kampf- oder Fluchtmodus aktiviert wird, der wiederum das Herz kurzfristig schneller pumpen lässt, die Luftwege erweitert und die Aufmerksamkeit schärft. Langfristig ist das sehr ungesund. Sich ohne Auto fortzubewegen, macht uns nicht nur zufriedener und glücklicher, sondern auch gesünder. Der Mensch wurde mit einem Körper ausgestattet, der für Bewegung konzipiert ist. Wir wurden geboren, um uns zu bewegen. Wenn wir uns nicht bewegen, „rosten" wir, unsere Muskeln bilden sich zurück, die Knochen werden brüchig, die Konzentration lässt nach. Städte müssen sich also bemühen, Komplexität nicht nur in Bezug auf Verkehrssysteme, sondern vor allem in Bezug auf die menschlichen Bedürfnisse auszurichten.

Wenn Städte wirklich auf Menschen und nicht auf den Verkehr ausgerichtet werden, muss über kurz oder lang neu gedacht und geplant werden. Indem wir Städte so gestalten, dass die Erfahrung aller berücksichtigt wird, können wir Städte schaffen, die uns allen helfen, stärker, gesünder, vernetzter und aktiver zu werden. Wir müssen uns nur entscheiden, für wen unsere Städte sind. Und wir müssen glauben, dass sich das Stadtbild, wie wir es kennen, ändern kann.

Wie wirkt sich Architektur auf die Gesellschaft aus?

Sie kennen sicherlich auch das Gefühl, das Sie haben, wenn Sie einen Raum betreten, indem Sie sich einfach nicht wohlfühlen. Sie können nicht sagen, warum genau – irgendetwas fühlt sich einfach nicht richtig, nicht rund an. Architektur bzw. wie sich Architektur auf die Menschen auswirkt, lässt sich eben nicht mit normalen Metriken messen. Auf einer unbewussten Ebene schwingt immer eine Art emotionaler Verbindung zwischen dem Menschen und dem Raum mit. Wir wissen, dass Gebäude und Städte unsere Stimmung und unser Wohlbefinden beeinflussen können und dass Zellen im Hippocampus unseres Gehirns auf die Geometrie und Anordnung der Räume reagieren.

Wenn wir die Architektur eines Raums auf die Metaebene herunterbrechen, dann erkennen wir, wie die Architektur die Gesellschaft in gewisser Weise repräsentiert. Monumentale Strukturen der Antike oder historische Gebäude in jeder größeren Stadt wie Rathäuser, Kirchen oder Schulen spiegeln die Werte, die Erfolge und auch die Misserfolge der Bewohner einer Stadt wider. Wir erkennen anhand der Gebäude, wie die Menschen, die vorher und jetzt diese Stadt bewohnen, leben und wie sie die Welt sehen und sahen. Wir können anhand der Fassaden Einblicke in ihre Seelen gewinnen. Wir können erkennen, was ihnen wichtig war und manches Mal bekommen wir sogar einen Einblick in das, was sie dachten und machten. Architektur und Umwelt lässt uns tief in die Seele einer Gesellschaft blicken, denn Architektur ist auch immer Teil einer Kultur.

Architektur wirkt sich nicht nur auf kulturell-gesellschaftlicher, sondern auch auf persönlicher Ebene aus. Die Architektur einer Stadt oder eines Gebäudes hat tiefgreifende Auswirkungen auf die Menschen, die sich darin befinden. So wirkt sich die Raumaufteilung bis hin zur Auswahl der Materialien auf die Produktivität, die Fokussierung, die Effizienz und auch auf die Gesundheit der Menschen aus. Menschen, die in schönen Gebäuden oder in Räumen, die eine Verbindung zur Natur herstellen, arbeiten und leben, sind nachweislich entspannter und glücklicher. Deswegen ist es so wichtig, dass ein Architekt zunächst viel Zeit damit verbringt, Eindrücke zu sammeln und Fragen zu stellen, um so den Kunden und dessen Umgebung besser zu verstehen.

Je mehr sich die Städte im Laufe der Geschichte untereinander verbunden haben, desto weniger musste sich der jeweilige Baustil an natürliche Vorgaben halten, die durch Klima oder die verfügbaren Materialien bestimmt waren. Der Blick auf Grünflächen ist nicht nur repräsentativ für Städte. Es gibt Studien, die zeigen, dass sich die Menschen in grüneren Gebieten wohler fühlen und gesünder sind. Der Grund wird darin vermutet, dass der Blick auf Berge, Wälder und Wasser wie ein natürlicher Seelenbalsam wirkt.

In der Stadt sind Menschen oft mit einem Phänomen konfrontiert, das Forscher als „sozialen Stress" bezeichnen. Damit beschreiben sie das Fehlen sozialer Bindungen – vor allem in der Nachbarschaft. Das mag auf den ersten Blick befremdlich wirken: Eigentlich macht alleine die Anzahl der menschlichen Kontaktpunkte in der Stadt soziale Interaktionen viel wahrscheinlicher. Aber es sind die sinnvollen sozialen Interaktionen, die für die psychische Gesundheit entscheidend sind, und diese sind in Städten nicht einfach. Die soziale Isolation gilt sogar als Hauptrisikofaktor für viele Krankheiten.

Der Städtebau kann dazu beitragen, dass sich Menschen gut fühlen. Denn eine Sache, die zum Beispiel dazu führt, dass sich die Menschen unwohl fühlen, ist das Gefühl von Desorientierung. Um sich mit Orten verbunden zu fühlen, braucht es eine Art interne Navigation bzw. einen Orientierungssinn. Man muss wissen bzw. fühlen, wie sich die Dinge räumlich zueinander verhalten, damit man sich mit Orten verbunden fühlt. Wenn sich aber Orte zu sehr ähneln, wie es bei Kreisverkehren oft der Fall ist, dann unterstützen wir damit nicht die Orientierung, sondern wir verwirren unseren Orientierungssinn noch zusätzlich.

Was hilft, sind sichtbare Linien wie Bordsteine oder auch abgetrennte Parks, bei denen die Menschen vorgezeichnete Wege haben, denen sie folgen können. Solche Wege sind eine Art allgemeines Wissen darüber, wo andere Menschen bereits gewesen sind und wohin sie in Zukunft gehen können.

All das zeigt, dass eine Stadt dann gut geplant ist, wenn Menschen das Gefühl bekommen, dass sie eine gewisse Form der Kontrolle über ihre Umwelt haben.

05 Literaturverzeichnis

Amabile, T. M.: The Social Psychology of Creativity. New York: Springer, 1983.

Amabile, T. M.: Within you, without you: The social psychology of creativity, and beyond. In: *Runco, M. A.; Albert, R. S.* (Hrsg.): Theories of creativity (S. 61–91). Thousand Oaks, CA, US: Sage Publications, Inc., 1990.

Boden, M. A.: Dimensions of creativity. Cambridge, Mass.: MIT Press, 1996.

Boehm et al.: Does happiness promote career success? Journal of Career Assessment, 16, 2008, S. 101–116.

Brown, T.: Change by design: how design thinking transforms organizations and inspires innovation. New York: Harper Business, 2009.

Csikszentmihalyi, M.: Flow, das Geheimnis des Glücks. Stuttgart: Klett-Cotta, 2010.

Csikszentmihalyi, M.: Flow im Beruf. Stuttgart: Klett-Cotta, 2014.

Davenport, E.: Innovation, knowledge management and the use of space: Questioning assumptions about non-traditional office work. Journal of Information Science, 28(3), 2002, S. 225–230.

de Bono, E.: Lateral Thinking. London: Penguin, 2009.

Doorley, S., et al.: Make Space: How to Set the Stage for Creative Collaboration. New Jersey: Wiley, 2012.

Ehmann, S., et al.: Learn for life: new architecture for new learning. Berlin: Gestalten, 2012.

Gardner, H.: Smart Collaboration: How Professionals and Their Firms Succeed by Breaking Down Silo. Massachusetts: Harvard Business Press, 2017.

Gero, J. S.: Creativity, emergence and evolution in design. Knowledge-Based Systems, 9, S. 435–448, 1996.

Gerstbach, I.: Design Thinking im Unternehmen. Ein Workbook zur Einführung von Design Thinking. Offenbach: GABAL, 2016.

Gerstbach, I.: 77 Tools für Design Thinker. Insider-Tipps aus der Design-Thinking-Praxis. Offenbach: GABAL, 2021.

Gerstbach, I.: Dem Kunden verpflichtet. Mit Empathie und Kreativität Innovationen entwickeln. Offenbach: GABAL, 2018.

Gerstbach, I.; Gerstbach, P.: Design Thinking in IT-Projekten. München: Hanser, 2019.

Gerstbach, I.: Die Kunst der Online-Moderation. München: Hanser, 2020.

Gonçalves, M., et al.: What inspires designers? Preferences on inspirational approaches during idea generation. Design Studies, 35(1), 2014, S. 29–53.

Guidot, R.: Design – Die Entwicklung der modernen Gestaltung. Stuttgart: Deutsche Verlags-Anstalt, 1994.

Guilford, J. P.: The Nature of Human Intelligence. New York: McGraw-Hill, 1967.

Hedge, A.: Open versus enclosed workspace: the impact of design on employee reactions to

Hedge, A.: their offices. In: *Wineman, J. D.* (Ed.): Behavioural Issues in Office Design. New York: Van Nostrand Reinhold, 1986.

Hedge, A.: Design innovations in office environments. In: *Preiser, W. F. E.; Vischer, J. C.; White, E.* (Hrsg.), Design Intervention: Toward A More Humane Architecture. New York: Van Nostrand Reinhold, 1991.

Kelley, T.): Designing for Business, Consulting for Innovation. Design Management Journal, 1999.

Kelley, T.: The Art of Innovation – Lessons in Creativity from IDEO, America's Leading Design Firm. London: Profile Books, 2001.

Kelley, T.: The Ten Faces of Innovation. London: Profile Books, 2006.

Keltner.D.: The Power Paradox. New York: Penguin Press, 2016.

Kim, H.-C., et al.: Planning to Learn: The Role of Interior Design in Educational Settings. International Journal of Designs for Learning, 4(2), 2013.

Kohlert, C.; Cooper, S.: Space for Creative Thinking: Design Principles for Work and Learning Environments. München: Callwey, 2017.

Kristensen, T.: The physical context of creativity. Creativity and Innovation Management, 13(2), 2004, S. 89 – 96.

Lloyd, P.: Creative Space. Newport KY Peter Lloyd Inc. 2001, abgerufen am 29.09.2021 https://www.catalystranchmeetings.com/Thinking-Docs/Creative-Space-by-Peter-Lloyd.pdf

Lyubomirsky, S., et al.: The Benefits of Frequent Positive Affect: Does Happiness lead to Success? Psychological Bulletin No. 131, 2005.

Lyubomirsky, S.: The how of happiness: A scientific approach to getting the life you want. New York: Penguin Press, 2008.

Meusburger, P., et al.: Milieus of creativity: An interdisciplinary approach to spatiality of creativity (Vol. 2). Luxemburg: Springer Science & Business Media, 2009.

Nonaka, I.: The Knowledge-Creating Company: How Japanese Companies Create the Dynamics of Innovation. Oxford: Oxford University Press, 1995.

Pearl, J.: Causality: models, reasoning, and inference. Cambridge, U. K.; New York: Cambridge University Press, 2000.

Pink, D.: A whole new mind: Moving from the information age to the conceptual age. New York: Penguin Press, 2005.

Rowe, D.: Thermal comfort in a naturally ventilated environment with supplementary cooling and heating. Architectural Science Review, 47(2), 2004, S. 131 – 140.

Steidle, A.; Werth, L.: In the spotlight: Brightness increases self-awareness and reflective self-regulation. Journal of Environmental Psychology, 39, 2014, S. 40 – 50.

Takeuchi, H., et al.: The Association between Resting Functional Connectivity and Creativity. Cerebral Cortex, 22(12), 2012, S. 2921–2929.
Vischer, J.: Workspace Strategies: Environment As A Tool For Work. New York: Chapman et Hall, 1996.
Vischer, J.: Building-in-use assessment: Foundation of Workspace Psychology. Kapitel 9 in: *Preiser, W. F. E.; Hardy, A.; Schramm, U.* (Hrsg.): Building Performance Evaluation. New York: Springer Publishing, 2008.
Walden, R.: Assessing the performance of offices of the future. In: *Preiser, W. F. E.; Vischer, J. C.* (Hrsg.): Assessing Building Performance. Oxford: Elsevier, 2005.

06 Index

Symbole

3D-Drucker 179

A

agile   *siehe* Agilität
Agilität 188
Akustik 110, 114
Arbeitsbereiche   *siehe* Raumgestaltung
Arbeitsplatz 122, 195
Arbeitsraum   *siehe* Raumgestaltung
Aspekte des Wohlbefindens   *siehe* Wohlbefinden
Automatisierung 51

B

Beamer   *siehe* Technik
Bedürfnisse 196
Beleuchtungskonzept   *siehe* Licht
Beratungsmodell   *siehe* Innovationsmodelle
Bestuhlung 161
Büroeinrichtung   *siehe* Raumgestaltung
Bürogestaltung   *siehe* Raumgestaltung

C

Center-Modell   *siehe* Innovationsmodelle
College-Stuhl   *siehe* Bestuhlung
Community-Modell   *siehe* Innovationsmodelle

D

Definieren 75
Design Thinking 71
Design-Thinking-Raum 81, 83
Disruptive Innovation   *siehe* Innovation

E

Einfühlen 74
Erdtöne   *siehe* Farben
Established connectors   *siehe* Lebensphasenkonzept
Experimentieren 75
Explizites Wissen   *siehe* Wissensaufbau

F

Farben 109
Flexibilität 126
Fokussierung   *siehe* Wissensaufbau
Foundation formers   *siehe* Lebensphasenkonzept

G

Generationen 34, 126
Gesundheit 65, 162, 163
Großraumbüros 58
Grundfläche 149
Gruppenleistung   *siehe* Zusammenarbeit
Gruppenmodell   *siehe* Innovationsmodelle

H

Herausforderungen der Zusammenarbeit   *siehe* Zusammenarbeit
Heterarchie 207
Hierarchie 205
Hintergrundgeräusche   *siehe* Akustik

I

Ideen generieren 75
Implizites Wissen   *siehe* Wissensaufbau
Independent elders   *siehe* Lebensphasenkonzept
Inkubator 189
Innovation 34, 86
Innovationsmodelle 88
Interaktionen   *siehe* Zusammenarbeit
Interaktive Displays   *siehe* Technik

K

Kalte Töne *siehe* Farben
Knowledge sharers *siehe* Lebensphasenkonzept
Komfort 37, 57
Kreativität 53, 55, 77
Kultur *siehe* Unternehmenskultur
Kundenzufriedenheit 24

L

Lärm 38
Lärmpegel *siehe* Akustik
Lebensphasenkonzept 124
Lernen *siehe* Wissensaufbau
Licht 38, 218
loftartiger Raum *siehe* Grundfläche

M

Mannschaftssportart *siehe* Zusammenarbeit
Marktplatzmodell 88
Metallische Töne *siehe* Farben
Millennials *siehe* Generationen
Mindset 22
Mindset Design Thinker 81
Mitarbeiter von heute und morgen *siehe* neue Generationen

N

Nachhallzeit *siehe* Akustik
Netzwerkmodell *siehe* Innovationsmodelle
Neue Generationen 80
Nutzungsszenarien 153, 213
Nutzungsszenario 113

O

Offene Büros 58
Off-Site-Modell *siehe* Innovationsmodelle

P

Partnerschaftsmodell *siehe* Innovationsmodelle
Planung 62
Produktivität 37

R

Raum *siehe* Ziel des Raums
Raumgestaltung 85
Ringelmann-Effekt 70
Rückenschmerzen *siehe* Gesundheit

S

Schall *siehe* Akustik
Shadowing 76
Silodenken 21, 22, 27
Single strivers *siehe* Lebensphasenkonzept
Sitz-Steh-Schreibtisch *siehe* Bestuhlung
Sitzwürfel *siehe* Bestuhlung
Social-Loafing-Effekt 70
Sozialer Raum *siehe* Ziel eines Raums
Sozialisieren *siehe* Wissensaufbau
Spezialisierung 28
Stehtisch *siehe* Bestuhlung
Stress 37

T

Tageslicht *siehe* Licht
Technik 122, 126, 174
Technologien 189
Temperatur 38

U

Unternehmenskultur 119, 188, 191, 195, 196

V

Vertrackte Probleme   72
Vertrauen   24, 60
Virtueller Raum   82
Visualisierung   76
VUCA   28

W

Warme Töne   *siehe* Farben
Wicked problems   *siehe* Vertrackte Probleme
Wissensaufbau   96
Wohlbefinden   56, 62
Wohlfühlpyramide   56
Work-Life-Balance   65
Workshop-Bereich   218

Z

Zeitmanagement   66
Ziel eines Raums   86
Zufriedenheit   37
Zusammenarbeit   28, 29, 30, 31, 33, 83, 93
   siehe auch Wissensaufbau